穿越历史的忠奸之辨

陆玉芹 著

庚子事变中『五大臣』被杀研究

中国社会科学出版社

**图书在版编目(CIP)数据**

穿越历史的忠奸之辨:庚子事变中"五大臣"被杀研究/陆玉
芹著.—北京:中国社会科学出版社,2010.3
ISBN 978-7-5004-8482-0

Ⅰ.穿…　Ⅱ.陆…　Ⅲ.义和团运动—研究
Ⅳ.K256.707

中国版本图书馆 CIP 数据核字(2010)第 006243 号

责任编辑　李　是
责任校对　修广平
封面设计　杨　蕾
技术编辑　李　建

出版发行　中国社会科学出版社
社　　址　北京鼓楼西大街甲 158 号　　　邮　编　100720
电　　话　010—84029450(邮购)
网　　址　http://www.csspw.cn
经　　销　新华书店
印　　刷　北京君升印刷有限公司　　　装　订　广增装订厂
版　　次　2010 年 3 月第 1 版　　　印　次　2010 年 3 月第 1 次印刷
开　　本　710×1000　　1/16
印　　张　17.75　　　　　　　　　　插　页　2
字　　数　263 千字
定　　价　38.00 元

# 目　录

序 ……………………………………………………………… （1）

序幕　"五大臣"血溅菜市口 ……………………………… （1）

绪论 ……………………………………………………………… （1）

第一章　许景澄："历八国以将周,使四方而不辱" ……… （1）
　　第一节　究心朝章国故　专治经世之学 …………………… （1）
　　第二节　一八八四年至一八八七年任上的外交实践 ………… （7）
　　第三节　一八九〇年至一八九八年任上的外交实践 ………… （12）
　　第四节　外交方针和策略 ………………………………… （54）

第二章　袁昶："素性慷直,无所欺隐" ………………………… （64）
　　第一节　初任总理衙门章京 ……………………………… （64）
　　第二节　安徽徽宁池太广道任上改革 …………………… （67）
　　第三节　建言献策　力主抗击日本 ……………………… （73）
　　第四节　倡言改革　力主维新变法 ……………………… （80）

第三章　徐用仪："凡事斟酌于疑似间筹度于安危之计" ……… （89）
　　第一节　"王佐"兼"鬼使" ………………………………… （89）
　　第二节　甲午战争中"主和避战" ………………………… （91）

第四章　联元与立山两位满臣 ………………………………… （110）

小结 ……………………………………………………………… （114）

第五章　前所未有的危局 ……………………………………… （119）
　　第一节　戊戌—庚子间清廷中枢政局的变动与失衡 ……… （119）

第二节　"五大臣"与戊戌政变余波 …………………………（123）

第三节　许景澄与胶州湾事件 ………………………………（132）

第四节　"仇洋"情绪蔓延中华 ………………………………（137）

第五节　义和团运动兴起及清政府的态度 …………………（142）

第六章　"五大臣"被杀 …………………………………………（148）

第一节　宣战前"五大臣"反对"用拳御洋" ………………（148）

第二节　对列强宣战后"五大臣"主张"剿拳和洋" ………（164）

第三节　东南督抚的京中"坐探" …………………………（173）

第四节　"五大臣"被杀 ……………………………………（181）

第七章　"五大臣"昭雪 …………………………………………（202）

第一节　惩凶与平反 …………………………………………（202）

第二节　身后哀荣 ……………………………………………（207）

余论　"五大臣"被杀引发的思考 ……………………………（211）

附录一　袁昶、许景澄庚子"三折"质疑 …………………（222）

附录二　"五大臣"生平大事年表 …………………………（234）

主要参考文献 …………………………………………………（246）

后记 ……………………………………………………………（256）

# 序

十九世纪与二十世纪之交，是近代中国社会变迁最为剧邃的年代。庚子（一九〇〇年）是十九世纪的最后一年，这一年在中国北方爆发了震撼世界的义和团运动；辛丑（一九〇一年）是二十世纪的第一年，则发生了自中国进入近代以来，列强组织多国军队入侵中国的一次侵略战争，即通常所说的"八国联军"侵华战争，并强迫中国签订空前旷古的不平等条约《辛丑条约》。这两件事，给中国造成了"自有国家以来未有之奇变"。（《庚子纪事长札》，《义和团史料》（上）第六六一页）

义和团运动是鸦片战争后中国社会对外国侵略郁积已久的愤懑的喷发；也是因"戊戌变法"失败、民族精神苦闷、寻求出路的一种表达；其中既有传统小农与手工业者因自然经济瓦解的痛苦声诉；更有一种对西方文化的抵制；而绝不是一般民众的轻率行动，这里包含着深刻而复杂的社会内容。

当清政府欺骗并利用义和团去围攻外国驻大清国使馆时，最高统治集团内发生了分裂。少数具有世界眼光、了解中外大势、懂得国际外交知识的官僚许景澄、袁昶、徐用仪以及立山、联元等，从理性的思维出发，公开抗争，大力谏阻，结果惨遭杀戮，成为继"戊戌六君子"之后又一惨烈事件。这两个被杀事件，虽然性质、背景不同，但有一点是共同的，那就是他们都是为了民族、国家的安危而舍身取义的。五大臣的被杀，反映了在举国上下一时陷于盲目排外的狂热喧嚣时，仍有一部分中国人保持应有的理智和清醒。他们的冷静和理智是一种智慧，是中华民族历来所具有的识大体、务大局、遇事冷处理的处世方针的表现。顽固派的盲目排外，不能说是爱国，只能是"误国"、"祸国"，只能是将国家、民族拖入绝境。而许景澄、袁昶等所作所为，从表面上看似乎是对外妥协主和，但从根本上说却是对民族、国家的高度负责，是不应当否定的。

义和团运动后，"五大臣"先后被平反昭雪。许景澄、袁昶、徐用仪三人同为浙江人，被浙人尊为"三忠"，建祠于美丽的杭州西子湖畔；立山、联元则被尊为"双忠"，在京师建立专祠，四时祭祀。然而作为重大历史事件中发生的这五个重要人物，自他们被杀至今，一百多年来学术界尚无人对他们被杀一事进行专门研究，这不能不说是一件憾事。

二〇〇〇年我受聘为盐城师范学院兼职教授。同年秋，就访该校，有幸结识陆玉芹同志。次年，她以优异的成绩考取我的博士生。她擅长思辨，文字梳理能力非常好，学术功底不错。她入学时，我正受聘广东教育出版社，主编《国学传承》丛书，她承担了其中的《钱穆与他的弟子》一书，是书已由该社正式出版。随后又将"庚子事变中五大臣被杀研究"指为她的博士学位论文，要她去完成。

说句实在话，这是一篇难度较大的学位论文。首先，有关被杀五大臣的传记文字资料很少，至今学术界尚无一本关于被杀五大臣的专著和资料集；其次，由于义和团运动很复杂，五大臣在运动中的活动和表现不尽一样，各自被杀的历史真相并不清晰，均尚有待清理，因此写起来难度很大；再次，由于民族主义的影响，在学术界长期无形中存在一种看法，凡是主张抵抗的就是爱国，主张妥协议和的就是"卖国"的，这种看法对研究五大臣的被杀，难免存在不少思想顾虑。由于以上的几个因素，也使我一直担心她能否顺利完成这个选题。天下无难事，只怕有心人。对于一位志存高远、奋发有为的青年学者来说，玉芹同志并未知难而退，在丈夫李荣庆先生的支持下，克服了诸多困难，全身心地投入到这项研究。她多次冒着严寒酷暑，前往北京中国第一历史档案馆翻阅档案，足迹遍及上海、南京、杭州、桐乡、嘉兴、海盐的博物馆、档案馆、图书馆，搜寻查找五大臣的遗闻轶事及相关资料。前后历时两年多，数易其稿，最终撰成近二十万字的《穿越历史的忠奸之辨：庚子事变中五大臣被杀研究》一文。

论文从辩证唯物论和历史唯物论的观点出发，将庚子事变和五大臣的被杀事件放在近代中国社会变迁的大背景下进行考察，客观地论述了义和团运动中的"和"与"战"的特殊性，理性地分析了许景澄、袁昶等五大臣被杀事件的经过、原因，并对他们的死事作了实事求是的评价。论文脉络清晰，史料翔实，观点鲜明，行文流畅，在二〇〇五年六月论文评阅和答辩中，获得了张宪文、金普森、吴景平、戴鞍钢、李学昌、胡逢祥、盛邦和等众多专家的好评，认为论文填补了近代史研究、尤其是义和团运动史研究中的一项空白，具有一定的开拓性和创新性，是一篇较为优秀的博士学位论文。

本书就是在该论文的基础上，吸收了有关专家学者的建议和意见后修改而成的。同论文相比，无论在结构布局，还是文字表述等方面又进了一步。令人高兴，可喜可贺！

唐代文学家韩愈在《师说》中说：弟子不必不如师，师不必贤于弟子，闻道有先后，术业有专攻，如此而已。玉芹同志尊师重道、待人真诚，刻苦自励，奋发向上。凡是熟悉她的人，对她无不表示敬重。一个弟子在学问、事业、为人等方面达到如此地步，为师感到十分的欣慰和高兴。衷心祝愿她在今后的人生道路上取得更多更大的成就，谨此为序。

谢俊美

上海武定坊北州书屋

二〇〇七年二月二十八日

# ABSTRACT

This dissertation examines the execution of the five ministers (Xu Jingcheng, Yuan Chang, Xu Yongyi, Li Shan and Lian Yuan) in the 1900 — Incident against the background of modern China's social changes, analyzes the reasons for which the five ministers advocated suppressing the Boxers internally and avoiding wars and suing for peace externally, and attempts to make an impartial evaluation of the five ministers' actions, demonstrating thereby the importance of rational patriotism at a time when nationalistic sentiments are gathering momentum.

The dissertation consists of two parts. Part One reviews respectively the five ministers' ideologies and social experiences before their execution and explores the intrinsic relations between their words and deeds around the 1900 — Incident. Part Two sums up the background, causes, impact and redress of their execution and, on this basis, makes historical reflections upon the phenomenon. Finally, the dissertation conducts a textual research and analysis of the widespread "Third Memorial."

The main ideas of the chapters are as follows:

**Chapter 1 Xu Jingcheng: "Serving as an envoy to eight countries and retaining dignity on diplomatic missions in four directions"** During his tenure as an envoy, Xu Jingcheng took part in the negotiations concerning the Sino - French War, the Sino - Japanese War and border issues with Russia in Northwest and Northeast China, experiencing in person the villainous conspiracy and insuperable contradictions of the foreign powers in their invasion of China. At the same time, in recognition of the gap between China and the West, he advocated westernization reforms and participated in the construction of a navy. The eleven—year diplomatic experiences provided him with more knowledge than others of the international situation and helped him to cultivate a persistent and rational mode of thinking.

**Chapter 2 Yuan Chang: "Yuan is generous and upright by nature, never cheating or concealing"** Serving in the Viceroy's *Yamen* for nearly 10 years and HuiNingChiTaiGuangDao, Anhui, for nearly 6 years, Yuan Chang was more familiar than other people with the current affairs and the people's condition. He dared to remonstrate with his superiors and upheld "wise domestic administration and prudent diplomatic relations." This has close relationship to his bold postulations at the Imperial Council during the 1900—Incident and his stand of "wiping off the Boxers and making peace with the foreigners."

**Chapter 3 Xu Yongyi: "Always weighing between the certain and the uncertain, and considering between the safe and the dangerous"** Xu Yongyi served in Beijing for nearly 40 years, reputed both as "the prime minister" and "the devil's emissary." As an important member of the Empress's Party after the "1884 Coup D'état," he was promoted rapidly. His objection to making war in 1900 can be traced back to his advocate of avoiding war and seeking peace in the 1894 Sino—Japanese War.

**Chapter 4 Lian Yuan and Li Shan: Two ministers from the Manchu Nationality** Lian Yuan and Li Shan sympathized with reforms, insisted upon associations with enlightened bureaucrats from the Han Nationality, and were adept at dealing with the foreigners and accepting new knowledge and thoughts. All these have close connections with their independence at the Imperial Council of Zai Yi and Gang Yi who maintained pacifying the Boxers and opening war with the invaders.

**Chapter 5 The unprecedented: "critical situation."** After the 1894 Sino -Japanese War, China plunged into troubles arising from within and without, faced with an unprecedented "critical situation." On the one hand, from 1894 to 1898, personnel changes took place in the Council and Viceroy's *Yamen* of the Imperial Court. On the other hand, the foreign powers set off a violent upsurge of dismembering China and rumors about the dismemberment caused a great clamor. Meanwhile, the Boxer Movement, with "supporting the Qing Dynasty and exterminating the foreigners" being its slogan, sprang up and developed and aggravated the turbulent situation. As newcomers to the Viceroy's *Yamen*, Xu Yongyi, Xu Jingcheng, Yuan Chang and Lian Yuan were weak in strength and unsophisticated in experience; they differed greatly from the Manchurians Bureaucrats in foreign policies, and their negotiations with the foreign powers were hard and precarious.

**Chapter** 6 **The Execution of the five ministers.** The five ministers made bold remonstrance at the Imperial Council against "using the Boxers in resistance to the foreigners. " After the declaration of war, they persisted in "suppressing the Boxers and making peace with the foreigners," which had from the outset incurred hatred on the part of the advocates of war. As Tianjian was lost and the Allied Forces were approaching Beijing, the Imperial Court suddenly issued a decree to execute the five ministers.

**Chapter** 7 **The rehabilitation of the five ministers.** After the 1900 — Incident, the Imperial Court announced the five ministers' rehabilitation in response to the demands of the foreign powers. After the decree of redress was promulgated, people held solemn memorial ceremonies for them.

**Further commentary: reflections upon the five ministers' execution.** For most of their contemporaries, the five ministers had been loyal and to execute them for advocating peace was unjust. In fact, the five ministers' execution and its redress have far gone beyond the traditional mode of loyalty and traitorousness, calling for our reflections on the relationships between peace, war and patriotism in wars against aggression. They were tragic figures under the feudal despotism, but their rational thinking and courageous spirit to be a "scholar" provided the later intellectuals with a certain awareness of independent political sense.

**Key Words:** the 1900 — Incident; execution; the five ministers; redress; the Boxers

# 序　幕

## "五大臣"血溅菜市口

光绪二十六年七月初三。

是日下午一点钟光景。大暑节气里的北京城，赤日炎炎，骄阳似火，树上的知了不停地乱叫，地上的狗儿吐出了舌头，嘈杂的人群将京师南城菜市口围得水泄不通，着长白衫的、披黑马褂的、赤膊的、光脚的……围观的人，有的脸色沉重，面色戚然，有的带着好奇，向远处张望，一边相互交谈打听着什么，闷热的天气使得不少人焦躁起来，几个头扎红巾的大汉甚至开始骂娘。不过听说今天有大官要处斩，还是私通"洋人"的汉奸，许多人还是决定耐着性子继续等下去……

终于，刑部的囚车到了，一直驶入北半截胡同临时用芦席所搭的官厅。刑部侍郎徐承煜高坐堂上，想到刑车上的两个朝中大员的"汉奸"，将要由自己监斩，那份得意分明写在脸上。当他那双狡黠的眼睛落在囚车上的两个人时，不由得大怒，大声叱斥番役："你们当的什么差，怎么不把犯人的官服剥下来。"几个番役不知所措。

车上的两个犯人，一个穿着二品朝服，一个穿着三品朝服，汗水湿透了衣衫，却不失一股凛然正气。看到徐承煜趾高气扬的神情，其中一个高声说："你别骂他们！我们俩虽奉旨正法，未奉旨革职。况犯官就刑，照例服衣冠。你身为刑部堂官，连这个规矩都不懂？"

徐承煜一时语塞，想不到将死之人，思路还能如此清晰，满脸涨得通红，恼羞成怒，恨不得立刻问斩。只听得那人又高声责问道：

"我二人死固无恨，然何罪而受大辟？请监斩官明示，好让我们死能瞑目！"

徐承煜说："这是什么地方，还容得你们来讲道理！你们的罪自己最清楚，还劳我烦言！"

一旁看热闹的人群开始骚动起来，"杀汉奸，杀二毛子，杀汉奸，杀二毛子……"

囚车上的人向人群投去了愤怒和无奈的目光，似心中默语，"一群无知的百姓，一群误国的庸臣，一群无聊的看客……"

"我二人死，当有公论。一旦洋兵入京师，你们父子二人断无生理，我们在地下等你们！"

徐承煜更是恼羞成怒："你们两个奸臣，勿得多言。"

只听得徐承煜一声叱喝，两颗人头落地。

等人们开始回过神来时，才相互打听囚车中的人，原来他们是任职总理衙门的吏部左侍郎许景澄和太常寺卿袁昶。

许景澄和袁昶之死，为人在纳凉之余，平添了许多话题。有种传闻，颇为盛行，说袁昶临行之际，对刽子手笑道："且慢！等我吟完一首诗。"

> 爽秋居士老维摩，做尽人间好事多。
> 正统已添新岁月，大清重整旧河山；
> 功过吕望扶周室，德迈张良散楚歌。
> 顾我于今归去也，白云堆里笑呵呵。

据说，"呵呵"余音未断，已经白刃加颈了。

许景澄和袁昶究竟为何被杀，他们被斩后颁布的上谕似乎可以提供答案，上谕：

> 吏部左侍郎许景澄、太常寺卿袁昶屡次被人奏参，声名恶劣；平日办理洋务，各存私心；每遇召见，任意妄奏，莠言乱政，语多离间，有不忍言者，实属大不敬，若不严行惩办，何以整肃群僚，许景澄袁昶著即行正法，以昭炯戒。

十四天后，同样的场景再现，七月十七日，下午四点多钟，又有三位大臣弃首西市，他们是兵部尚书徐用仪、户部尚书立山和内阁学士联元。而上谕更是如出一辙：

兵部尚书徐用仪屡次被人参奏，声名恶劣；办理洋务，贻患甚深；内阁学士联元，召见时任意妄奏，语涉离间，与许景澄等厥罪惟均。已革户部尚书立山，平日语多暧昧，动辄离间。该大臣受恩深重，尤为丧尽天良，若不严行惩办，何以整饬朝纲！徐用仪、立山、联元着即行正法，以昭炯戒！

二则上谕如此相同，被正法者都是声名恶劣，都涉及办理洋务，都涉及语涉离间，然而，虽是明谕，并没指出"五大臣"所犯的确切罪行。时人云，"旬日中，连杀五大臣，昭词怩忸，无左证"。因此"五大臣"的死一直是个谜，有人认为奉旨诛杀，有人认为是"矫旨"诛杀，有人认为许景澄、袁昶是奉旨正法，徐用仪、立山、联元则是"矫旨"误杀，有人认为是仇杀，众说纷纭，莫衷一是。

"五大臣"的死，并没有阻挡八国联军入侵的步伐，三天后，联军攻入京城，神州陆沉，銮舆播迁，陵庙震惊，万众涂炭。

光绪二十六年十二月二十五日给"五大臣"平反上谕指明五大臣被杀是"首祸诸臣"所为：

本年五月间，拳匪倡乱，势日诋张，朝廷以剿抚两难，迭次召见臣工，以期折衷一是。乃兵部尚书徐用仪、户部尚书立山、吏部左侍郎许景澄、内阁学士联元、太常寺卿袁昶，经朕一再垂询，词意均涉两可，而首祸诸臣，遂乘机诬陷，交章参劾，致罹重辟。惟念徐用仪等宣力有年，平日办理交涉，亦能和衷，尚著劳绩，应加恩徐用仪、立山、许景澄、联元、袁昶，均著开复原官。

庚子年的夏天，是一个血腥与杀戮的夏天。义和团杀"洋人"、杀教民；朝廷杀主张和谈的大臣、杀志士仁人；"洋人"杀义和团民，杀清廷大臣。清廷对于五大臣的处死和复官的上谕，前后大相径庭，且措辞含糊，让人觉得甚为蹊跷，而这背后，定有不足为他人道的隐情。历史如一盘棋，飞车推卒，往往是下棋的最高统治者的事，而在京城行将被陷前处死"主和"的"五大臣"，西太后这一着，不可能草率为之……

# 绪　论

## 一　选题旨趣

一九〇〇年，农历庚子年，是年在中国北方大地上发生了一场义和团掀起的反帝爱国运动，他们以"扶清灭洋"为口号，遭到列强的干涉，英国、法国、美国、日本、德国等组成八国联军趁机发动侵华战争。义和团运动兴起和列强武装干涉咄咄逼人的形势将清政府卷入了剿与抚、和与战的两难抉择中，如何处理好义和团事件和避免列强的武装干涉并保全清朝统治，是摆在当时最高统治集团面前的严峻问题。以端郡王载漪、大学士徐桐、协办大学士刚毅为代表的顽固派官僚，坚持招抚义和团，进而鼓动西太后"以拳御洋"；以许景澄、袁昶、徐用仪、立山、联元五大臣[1]为代表的一部分官僚则主张镇压义和团，建议"剿拳和洋"，处于剿抚不定的西太后召开了由军机大臣、大学士、六部九卿参加的御前会议。御前会议上，主抚派明显占优势，绝大多数与会的官僚或随声附和，或明哲保身，嘿不一言。独许景澄、袁昶等五人虽深知在"飞蝗蔽天"的劣境中，

〔1〕庚子事变中死难大臣很多，本文被杀"五大臣"特指许景澄、袁昶、徐用仪、联元、立山五人。"五大臣"合在一起的提法主要受《清史稿》（列传二百五十三）"世传大节，并号'五忠'"的启发。

会"言出祸随"[1]，但仍置死生于度外，直白地表明自己的见解。在举国狂热的排外浪潮中，"五大臣"在御前会议上敢于"顶风"，不计个人安危，勇于直谏，反对攻打外国驻清使馆，反对对外开战，究竟出于何种动机？而清政府又为什么在败局将定时处死自己的大臣？为什么是这五人被处死，事后他们的"冤案"又是如何平反的？"五大臣"死后的历史影响如何？百年来史学界几乎无人对此进行深入系统的研究。本课题就是带着这一系列疑问，根据相关史料作一些实证性研究，并为在民族危机严重的形势下理性引导民众的排外情绪，避免民族灾难的发生提供一个视角。

## 二　研究综述

国外关于义和团的研究很多，但关于"五大臣"的专门研究几乎没有，而最早记载主要还见之于一些外国驻清使臣、使节夫人、基督教传教士关于各国驻华使馆被围事件的回忆文字中，他们着意描述的是使馆被围的恐惧气氛，这种追忆多少夹杂个人感情，对"五大臣"的描述只是片言只语，谈不上实证性研究。在一些以义和团为主体研究对象的研究成果中，涉及"五大臣"的被杀，国外学者有代表性的观点主要有两种：一是认为"五大臣"由于主张剿杀义和团和反对对外开战从而引起了保守派的仇恨而被杀，被视为"卖国贼"，如谭昌麟（Chester C Tan）在《拳祸》（*The Boxer Catastrophe*）一书中写道："为了巩固他们的地位（指保守派）以及让那些主和的人闭口，他们决定杀掉对列强友好而对义和团充满敌意的许景澄、袁昶、徐用仪、立山、联元。"[2]同样的观点又可见之于施泰格尔（George Nye Steiger）《中国与西方：义和团运动的起源与发展》;[3]另一些人认为许、袁因擅改朝廷谕旨而被杀，如马士（Morse）在其《中华帝国对外关系史》一书就持此说，书中写道："'逢洋人必杀，洋人退回即杀'，……这个命令在全世界人的心上留下了不可磨灭的印象；但是世界上的人也不能忘记在北京竟有人有这种勇气把'杀'改成'保'字。这项改动被认为是两位大臣袁昶和许景澄所为，他俩不久便因为他们的大胆行为而被斩首。"[4]

中国的香港与台湾地区关于"五大臣"的系统研究还没有。涉及五大臣的相关研究主要见之于戴玄之的《义和团运动研究》和陈捷的《义和团运动史》。戴书的附录（又见《大陆杂志》第二十八卷第三期，一九六四年）中对广为流传的"三疏"提出质疑，认为三份奏稿中只有第一折是真的，第二、三折都是假的。陈捷的《义和团运动史》专门写了"冤戮直臣"，认为许、袁由于上了三疏而被杀，徐用仪由于与徐桐有隙被杀，立山因家富被杀，联元因请停攻打外国驻清使馆被杀。这些研究分析了"五大臣"被杀的不同原因，但是对"五大臣"庚子事变前的作为却都没有介绍，使读者对五人的行为有一种突兀感，且对五人被杀的原因分析也不够深入。

　　国内学者关于"五大臣"的系统研究也没有。清末提及"五大臣"事迹的主要见之于时人的笔记资料，如《庚子西狩丛谈》、《春冰室野乘》、《拳匪记略》、《庚子传信录》、《崇陵传信录》、《庚子国变记》等，由于是当时人的记述，所以大多带有时代的烙印，并且各家记载不一，讹误较多。他们普遍认为"五大臣"被杀，"祸首"诸臣应承担主要责任，带有为朝廷辩护的立场。中华人民共和国建立前关于"五大臣"的记述最为详细的是秋宗章的《庚子拳祸与浙江三忠》（见《越风半月刊》第二、三、四期）和徐彬彬的《庚子之忠臣》（见《越风半月刊》第十一、十二期）。两者主要是对浙江"三忠"的生平事迹作了简单介绍，详述了"御前会议"和"昭雪之旨"，多是摘录的《崇陵传信录》和《庚子西狩丛谈》有关内容，并未对"五大

〔1〕中国史学会编：《中国近代史资料丛刊·义和团》（四），上海书店、上海人民出版社2000年版，第157—168页，又关于袁昶奏折史学界存在争议，本文在前人研究的基础上，对此进行了考证辨析，详见论文"附录一"。

〔2〕Chester C Tan：*The Boxer Catastrophe*，Columbia University Press，New York 1955，p. 108.

〔3〕*China and the Occident, the Origin and Development*，Yale University Press. 1927，p. 228.

〔4〕马士：《中华帝国对外关系史》第三卷，上海书店出版社2000年版，第253—254页。

臣"被杀事件作具体的考证分析。中华人民共和国建立后,几乎所有近代史的著作在论述义和团运动时,关于"五大臣"被杀的记述,或避而不谈,或谈之甚少。其观点主要有两种:一种持否定的观点,认为"五大臣"是"卖国贼",他们对内主张镇压义和团,对外反对开战,是出于宦海沉浮的个人目的,"五大臣""对内严厉镇压,对外屈辱退让……是满洲的也是帝国主义的精干奴才,在反义和团的运动中充分表现他们的残忍性。袁昶是个维新派叛徒,那拉氏说'袁昶在戊戌年,曾以康有为之阴谋奏予知之,此人甚好'。许景澄是淮系洋务人员,帮助李鸿章秘密出卖东三省。袁、许是京官,虽有凶心,并无实力,想杀人,却杀了自己"。结果西太后在"义和团的压力下,把许、袁二人推出斩首"。[1] "他们大都平日与帝国主义关系密切,得到列强的支持,他们对内仇恨人民的革命,对外屈服于列强的淫威,实际上已把自己的宦海沉浮和帝国主义在华势力的消长紧紧连在一起",其"用心歹毒"。[2]对于"五大臣"死后开复原官只字未提。一种持肯定的观点,认为五大臣被杀非"应得之罪",是个"冤案"。如陈旭麓在《中国近代史上的爱国和卖国》一文中,认为"尽管徐用仪、立山等其人无可取,杀之不足惜,终究不是应得之罪。至于许景澄、袁昶颇能了解国内外情势,在后党淫威劫持下的当时,不计个人安危,勇敢地站出来讲话,倒是有点责任感和爱国心的,他们的被杀,是个冤案"[3]。陈旭麓虽然未对这样的结论作具体的论证,但他的见解为"五大臣"的研究拓宽了思路。此外地方文史资料对他们的事迹也作了一些介绍(如《洋务派袁昶在芜湖》、《徐用仪之死》分别载《安徽文史资料选辑第十三辑》、《海盐文史资料选辑第一辑》),但都只是一般描述性介绍,缺乏深入的史学研究。

近十年来国内开始有了一些相关研究论文:如张国斌的《许景澄、袁昶与义和团运动》(《雷州师专学报》一九九〇年第二期);孔祥吉的《袁昶〈乱中日记残稿〉质疑》(《史学月刊》一九九一年第二期);马卫中的《论晚清浙派诗人袁昶》(《苏州大学学报》一九九五年第四期);张守常的《许景澄的两种遗集》(《北京档案史料》一九九七年第六期);程巢父的《徐用仪资助张元济》(《东方文化》一九九八年第四期);吴雪岩、孙梦健的《许景澄与中俄四厘借款》(《北方论丛》

一九九九年第三期）；陈伟桐的《浙江三忠始末》（《嘉兴文史资料通讯》二〇〇〇年第三期，内部资料）；祖金玉的《士大夫的理性与激情——许景澄在义和团运动中》（苏位智、刘天路主编《义和团运动一百周年国际学术讨论会论文集》，山东大学出版社二〇〇二年版）；邵业沛的《许景澄研究》（硕士论文，二〇〇四年），方慧的《许景澄外交思想和实践》（硕士论文，二〇〇六年），这些文章从不同的侧面论述了许景澄、袁昶、徐用仪的个人作为，其中与本课题关系较密切的学术论文主要是张国斌、祖金玉、邵业沛、方慧的论文。张文依据的主要史料是《景善日记》，而《景善日记》已被程明州、丁名楠等史学前辈证明完全是白克浩司（Backhouse）伪造的材料，史学界已形成公论，不能作为信史；祖文认为许景澄在义和团运动中敢于屡次上疏和直谏是中国传统士大夫本色的典型体现；邵文、方文对许景澄的生平和外交思想与实践作了较为详细的介绍，并认为许景澄在义和团运动中被杀的原因主要是由于与袁昶合上"三疏"而引起了顽固派的仇恨。限于篇幅和研究的侧重点不同，涉及本课题的研究不是很深入。迄今关于立山、联元的专文还没有。

　　通过对以往研究的了解，可以发现，以往的相关研究成果为本课题的研究提供了一定的背景知识，是本课题开展的良好基础。但是，笔者认为，以往的研究尚不够全面、深入，无论是"五大臣"个案研究还是"五大臣"被杀事件的研究，史学界还只是初

〔1〕《范文澜全集》第九卷，《中国近代史》（上），河北教育出版社 2002 年版，第 280—281 页。

〔2〕廖一中、李德征：《义和团运动史》，人民出版社 1981 年版，第 222 页。

〔3〕陈旭麓：《近代史思辨录》，广东人民出版社 1984 年版，第 40 页。

步，而将"五大臣"作为一个整体来研究更是无人涉入，因此无论是研究的广度还是深度，都可以在吸收前人研究成果的基础上进一步拓展。

### 三　研究取向

丧权辱国的《辛丑条约》的签订，在中国人的历史记忆中始终是个耻痛交加的结。在面临内忧外患危机的关键时期，清廷处于权力中枢的决策精英的能力与政治选择的倾向性，是值得重视的因素，其中核心人物的政治判断能力、组织能力是至关重要的，而非核心人物的政治智慧、策略技巧也并非一直是无足轻重的，非核心人物的角色作用有时在利益集团的权力分配上越发明显。本文正是通过"五大臣被杀"这一事件去分析中外矛盾、满汉矛盾、中央与地方之间的矛盾、南方与北方之间的矛盾等不同利益集团之间的矛盾在世纪之交的聚焦与升级，探讨被杀的为什么是这"五大臣"及五人被杀的社会影响，反思国家面临内忧外患之际，如何对待日趋高涨的民族主义情绪？本文力求从文化与政治结构的内在特征方面，而不是以道德裁判的角色去追究五大臣被杀的个人责任。基于此，"被杀"是本论文的一个基轴，围绕此，主要解决三个问题：

一、弄清"五大臣"历史和思想脉络，即"五大臣"被杀前的政治角色，从而探讨"五大臣"在庚子事变中"主和"的历史源流。

二、将"五大臣"被杀事件放在世纪之交的历史情境中加以考察，分析被杀的深层次的历史原因。

三、希冀能对"五大臣"对内力主镇压义和团和对外妥协求和的行为力求作出一客观的评价。

基于这一研究思路，论文分为上、下编。上编从个案入手，阐述被杀前"五大臣"的思想观念、政治活动，探讨他们庚子事变前后言论与作为的内在联系；下编从群体分析"五大臣"被杀的背景、原因、影响、死后平反，并对"五大臣"被杀现象作历史的思考。最后对广为流传的"三折"作出考证和分析。

**第一章　许景澄："历八国以将周，使四方而不辱"**许景澄在任清廷驻外公使期间，先后参与了中法战争、帕米尔交涉、中日战争、四厘借款、胶澳租界地、旅大租借地等重大交涉，一方面他用"以夷制夷"的外交政策为清政府争得了一些权益，另一方面他奉旨签订的屈辱条约也给他背上了"误国"甚至"卖国"的骂名。十一年的外交官经历，使他认识到中西之间的差距，认识到列强对中国的侵略既狼狈为奸又矛盾重重。正是他对国际形势和国际法的了解，使他在御前会议上反对对列强开战，"历陈兵衅不可启，《春秋》之义，不杀行人，围攻使馆，实背公法"。

**第二章　袁昶："素性慷直，无所欺隐"。**袁昶最初是总理衙门章京，近十年的总理衙门仕官经历，使他更多地了解时务。光绪十八年十二月（一八九三年一月）袁昶奉旨分巡安徽徽宁池太广道，在芜湖进行了一系列改革。他严约僚属，痛抑胥吏；创办中江书院，提倡教育；兴修水利，整顿关税。甲午中日战争期间，他虽任外台，却募兵筹饷，审察敌情；戊戌变法时期，光绪倡言改革，下诏求言，他根据任职总署和分巡道时的实践经验，上奏了近二万言的"戊戌条陈"，其中心就是"修明内政，慎重邦交"。他的改革措施不如维新派激进，因此"简在帝心"。他勇于进谏，提倡"修明内政，慎重邦交"，这与他在庚子事变期间御前会议上大胆直谏，主张"剿拳和洋"的立场有着密切的联系。

**第三章　徐用仪："凡事斟酌于疑似之间，筹度于安危之计"。**徐用仪京官生涯近四十年，既为"王佐"，又为"鬼使"，升迁至速，是"甲申变枢"后后党重要成员。甲午中日战争，他指出"东瀛方强，我师骄惰，未可轻敌"，并依附孙毓汶一意主和，一直受到时人的讥评，被逐出军机处和总署。即使这样，他还是认为中国"出兵浪战，率至一蹶不振，各国从此藐视我中国"，"此铸一大错也"。正是由于这种思想，所以在庚子事变期间，他多次提出，"试以甲午一役，仅止日本一国，尚不能敌，今欲以一敌八，岂不殆哉！"强烈反对对列强开战。

**第四章　联元与立山：两位满臣。**庚子事变被杀五大臣中，许景澄、袁昶、徐用仪是汉人，且都是浙江人，后人将他们并称"浙江三忠"。联元、立山是满人，后人将五人并称"五忠"。但由于资料等诸多原因，在论及庚子"五忠"时，总是详于"三忠"，次及立山，鲜于联元。

就现有资料来看，联元"明决爽直"、"操履端守"，富有改革思想。他长期外放，对下层社会有较深的了解，又与袁昶是至好，这些都使他不同于一般的颟顸满族大员。所以他虽是旗籍理学名家，但他既不像刚毅之流顽固守旧，也不似荣禄之辈首鼠两端，在第三次御前会议上，在载漪等人请攻列强驻清使馆，慈禧太后已经同意的情况下，他大胆直言反对："不可，倘使臣不保，洋兵他日入城，鸡犬皆尽矣！"

立山，久典内廷，家道富有，生活优渥，喜欢搜集古玩，往来于青楼瓦肆之间，是慈禧太后的宠臣。一般史学家皆认为"其人不足取"。抛开个人品格的道德评判，立山同情变法，喜欢与开明汉族官僚交往，长于与"洋人"打交道，因此他在御前会议上没有迎合载漪等人主抚开战是不足为奇的。

总之，"五大臣"都主张"经世致用"之学，提倡洋务，同情或主张变法，对列强侵略中国的行为有深刻的体会。戊戌政变后，慈禧太后认为"外部多不胜任"，命他们到总理衙门任职（除立山外），"五大臣"最终走到了一起，进入朝廷中枢机构。

**第五章　前所未有的危局。**甲午战后，内忧外患，清朝面临前所未有的"危局"，一方面，甲午—戊戌后，清廷枢、译两署（军机处、总理衙门）发生了人员变动。主张变法的帝党成员或被杀、或被贬、或被革，新进中枢机构的主要是顽固派官僚如载漪、刚毅、启秀等人，朝政把持在满族王公贵族手中。另一方面，帝国主义掀起了瓜分中国的狂潮，瓜分传闻甚嚣尘上。清廷上下、大江南北充满强烈的"仇洋"情绪。山东地区爆发了以反对"洋教"为主体的义和团运动，并提出了"扶清灭洋"的口号。朝廷中以载漪、刚毅为主的顽固派之流，为了一己私利，在"仇洋"情绪的刺激下，决定"以拳御洋"。义和团在朝廷剿抚不定政策的空隙中迅猛发展。新进总署的徐用仪、许景澄、袁昶、联元势单力薄，且资历不深，与满族官僚的对外态度上有很大的差异，与列强在交涉时如履薄冰。

**第六章　"五大臣"被杀**　随着义和团向北京发展，清廷中关于剿抚之争越来越激烈。西方驻华公使们对清政府的剿抚不定政策十分不满，向清廷蛮横地提出要求，欲由各国增派使馆卫队并派兵"代剿"。"剿抚"之争演变为"和、战"之争。御前会议上，"五大臣"慷慨陈词，反对"以拳御洋"。宣战后"五大臣"（主要以浙江"三忠"为主）与东南督抚主张"剿拳和洋"，但此主张没有被西太后接受。清军与义和团的实际作战能力大大出乎西太后和顽固派大臣意料，外国驻清使馆久攻不下，天津失陷后，联军逼近北京。穷途末路的西太后于心不甘，决定背水一战，保住北京城，并在此时下令处死"主和"的袁昶和许景澄，半个月后又下令处死了徐用仪、联元和立山。"五大臣"被杀，并没有阻挡八国联军的步伐，却对战局及"新政"革命产生了深远的影响。

**第七章　"五大臣"昭雪**　八国联军攻入京城，銮舆西迁，神州陆沉。西太后转向一味求和，清政府最终被迫接受了丧权辱国的《辛丑条约》。该条约的第二款规定：为被杀"五大臣"开复原官。平反上谕与诛杀上谕一样模棱两可。"五大臣"究竟为何而死，见仁见智。"五大臣"虽由"洋人"提出平反，但死后哀荣，盛况空前。官僚士绅对他们祭奠、请谥却反映了一个不为人道的话题：即"主和"的人也是"忠臣"，体现了自鸦片战争后人们思想观念上对大臣价值评判的变化。

"五大臣"被杀，时人多以忠臣蒙冤视之。实际上，"五大臣"被杀及事后平反，远远超出了中国传统的忠奸模式，他们的被杀引发我们对反侵略战争中主和、主战与爱国主义关系的思考，引发我们对封建专制主义集权政治的反思。"五大臣"虽然成为封建专制制度下历史的悲剧人物，但他们理性思考并勇于担当的"士"的精神为后来知识分子独立的政治意识提供了某种自觉的样式。

**此外本书对史学界存在争议的许景澄、袁昶庚子年间的"三疏"在前人研究的基础上也提出了自己的看法。**

总之，本文运用传统史学方法并结合政治学、战争学、国际法学、心理学的相关理论，将"五大臣"被杀放在近代中国社会变迁的大背景中，采取个案和群体结合、叙述和议论结合的方法，对"五大臣"被杀现象作细致的分析，并对"五大臣"的行为作客观的评价。

　　立山、联元，档案史料的记载极为简略，而私家文集中又别无传记，不得已从笔记和野史中去搜集一鳞半爪，藉作了解其人之用，因此行文中对立山、联元两位满臣的论述较少，这是一大缺憾。有待于继续收集有关他们的史料。

　　（注：文中一般采用旧历纪年，括号内为相应的公历）

# 第 一 章

# 许景澄："历八国以将周，
# 使四方而不辱"

庚子事变被杀"五大臣"中，唯一出过洋的是许景澄。他由翰林清望任驻外使节，出洋达十一年之久，足迹遍及德国、俄国、法国、意大利、荷兰、奥地利、比利时等欧洲诸国。多年的使节生涯，开阔了视野，也使他感受到中西之间的差距，激发了向西方学习的欲望，形成了谨慎、坚韧、理智的思维方式，积累了丰富的外交经验。

## 第一节 究心朝章国故 专治经世之学

许景澄，字竹筼，原名癸身，道光二十五年九月二十二日（一八四五年十月二十二日）生于浙江嘉兴城东角里街的一个世宦之家。他十五岁入县学，聪慧敏达，勤奋过人，"不以贫困稍挫志，暑夜读书，辄身披重葛，足置瓦缶，非午夜不止"，[1]养成了刻苦好学、不畏艰难的性格。同治六年（一八六七年），乡试中举，与他同时中举的还有后来一起遇难的桐庐袁昶，是科浙江乡试副考官是张之洞，因此他们二人都将张之洞奉为自己的座师，并相互间

〔1〕高树：《许文肃公年谱》，第 2 页。《国专月刊》第 4 卷第 3 号，抽印本，浙江省嘉兴市图书馆藏。（以下同）

保持着良好的关系。同治七年（一八六八年），考中进士，改翰林院庶吉士。同治十年（一八七一年），散馆，授编修。

许景澄"初工骈骊之文，及既入翰林，以时事方艰，词臣清要，非可徒以词章塞责，乃究心朝章国故及时政得失利弊，冀有用于当世"。[1]他目击外祸瀕仍，国难日亟，锐意"专治经世之学"。他认为有用于当世之学，当属外交之学，今日应该多学"国际法、外交使等新知"[2]。他预测"以后国家大势，必重邦交"。[3]因此，他利用各种机会与中外士商接触，从他们身上尽量多了解国外情势，是当时为数不多的通晓外情的官僚，受到洋务派领袖文祥、李鸿章等人的器重和赏识，并推荐他为清廷驻外使臣。光绪二年（一八七六年），清政府始议东辑时，他"先事辞去"；后来奉命出使英国的中国第一位驻外公使郭嵩焘又"招之西行，亦未能就"。[4]虽然没能出使成行，但他对中外交涉仍然十分关注。光绪六年（一八八〇年），昏庸的崇厚与俄国签订了辱国的《里瓦几亚条约》，在国内引起了强烈的震惊，朝野上下对崇厚的卖国行径无不感到义愤填膺。然而许景澄对此却有自己的一番见解，在给友人兼师长赵桐荪的信中说：

> 俄事议起，公愤所集，沿溯源流，实有三误："湘阴不揆交涉大局，在边言边，轻起索土之议，误一；枢廷择非其人，误二；士大夫不明新旧条约，以为一切皆此次所许，激愤盈廷，势成不解，办事者几无下手处，误三。"[5]

许景澄认为中俄伊犁问题有它的历史原因，崇厚虽然违训越权，但丢失土地的后果不应该让崇厚一人来承担，即外交不应仅仅是使臣的事情，这其中有最高统治者的用人不当，有封疆大吏的决策失误，还有士大夫对国际法的无知等。清政府为挽回损失，特派曾纪泽与俄国交涉改订"崇约"（《里瓦几亚条约》）事宜。当曾纪泽与沙俄讨论"崇约"中关于允许沙俄开辟由嘉峪关经西安或汉中至汉口的陆上通商线路以及沙俄可在松花江至伯都纳行船并在沿江一带进行贸易这两条时，中俄双方争执不下。许景澄闻听此事主张采取折中的办法，建议"俄商且缓行，可先令华商运茶至嘉峪关与俄商交易"。关于设置领事问题,许景澄向总理衙门建议:"科布多、乌里雅苏台、乌鲁木齐三处勿设领事,其次争乌里雅苏台、乌鲁木齐两处。"总理衙门采纳了许景澄的建议,并电告曾纪泽据此反复与俄国恳商,最终中俄协定"将乌鲁木齐改为吐鲁番",[6]领事只设在嘉峪关、吐鲁番两处。此次交涉,曾纪泽通过外交手段取得了令人振奋的成效——收回了伊犁及部分土地。《中俄伊犁改定条约》虽然仍是一个丧权失地的条约,但在沙俄武力要挟下,软弱的清政府能做到这一点已经很不容易了。而许景澄的建议虽然只是吉光片羽,却也不应忽略,"公此言关系伊犁条约甚巨"。[7]透过这次交涉的胜利,在朝廷官员欢庆之余,许景澄却看到了清政府外交的弊端,"中朝公卿,屡经会议于新定约章,仍不能详析条目,但浑统一词,"[8]批评了朝臣浮于议论,不能务实的思想。

通过伊犁事件,许景澄的外交才华再次显露,光绪六年(一八八〇年),"诏以侍讲升用,并加二品顶戴,充出使日本国大臣",成为继郭嵩焘、陈兰彬、何如璋后的又一位翰林公使。出使虽然可以带来升官发财的机会,但在"华夷之辨"的观念下,许景澄也同样受到时人的讥讽。才望倾朝的李慈铭对许景澄的才华非常赏识,但当他得知许景澄将出使日本时,惋惜之情溢于言表,"然坊局之选,得于凿空,侍从之华,用以媚夷;饕无名之厚禄,被非分之服章,虽为无识者所艳称,终非志士所乐道,吾深为竹筼惜之也。"[9]五年前郭嵩焘奉命出使英国时,亲朋

〔1〕《清故吏部左侍郎墓志铭》,许同莘著:《许文肃公遗集·外集》,第1016页,沈云龙主编:近代中国史料丛刊第十九辑,台湾文海出版社。

〔2〕郑揆一:《追忆陆征翔神父》,《传记文学》第47卷第6期。

〔3〕《许文肃公遗集·外集》,第1029页。

〔4〕《许文肃公年谱》,第3页。

〔5〕《上赵桐苏书》,《许文肃公遗集·书札》,第813页。

〔6〕《许文肃公年谱》,第4页。

〔7〕同上。

〔8〕《上赵桐苏书》,《许文肃公遗集·书札》,第813页。

〔9〕李慈铭:《越缦堂日记》第35册,光绪六年十一月二日,上海商务印书馆影印,1920年,第12页。

好友为他出洋"有辱名节"深感惋惜，"文章学问，世之凤麟，此次出使，真为可惜"。[1]甚至有人编出一副对联骂郭嵩焘："出乎其类，拔乎其萃，不见容尧舜之世；未能事人，焉能事鬼，何必去父母之邦？"事隔五年，许景澄出使日本，仍然避免不了时人的鄙夷与嘲笑。幸运的是许景澄由于父亲去世，旋丁父艰，"会遭严讳，未及东渡"[2]。此次出使，又未成行，清政府改派黎庶昌出使日本。

　　许景澄丁忧期间，中国国内的边疆危机更加严重。光绪七年六月（一八八一年六月），法国对中国的藩属国越南再度发动战争，并沿红河向上游进犯，企图将侵略的战火烧到中国境内。法国侵略越南的企图是为了进一步打开中国西南的陆上门户，清廷大臣对法国这一侵略行径持有不同的应对之策。以李鸿章为首的一派主张对越南问题采取"息事宁人"[3]的态度，初"不敢力主进取"，后又担心"深入鏖战恐无把握"，[4]主张和平了结。[5]时为清廷驻法国使臣的曾纪泽则主张抗战，指责李鸿章始终误于柔、让、忍。翁同龢、李鸿藻为首的一派则主张应乘法国立足未稳，军事不甚得手之际，亟图挽救。许景澄也请人代奏，提出了自己对越南事态发展的看法。他认为清政府应该做好应敌的准备："为今日计，非严防不足以阻敌谋，且非持久不足以收战效"，应该利用法军"先犯我援越之军"，后"称兵海上"这一周转时间，作好持久作战的应敌准备。他提出了七条抗法之策：一、重台湾之防；二、策越师进攻；三、慎购洋枪；四、习铁舰驾驶；五、审战例以安各国；六、筹洋款以裕军需；七、缓练广东水师。许景澄在抗法之策中，一方面从时局入手，建议清廷援助越南，积极抗战；一方面从长远考虑，坚持持久战，加强海防建设。首先，他预测到法国海军必将在战争中采取行动，因此他提出了"重台湾之防"，指出台湾孤悬海外，万一被法国踞屯，"大为肘腋之患"。为此，许建议一面"必须添调劲兵或令道员选练士兵择要屯守"，一面"建议北洋大臣增设电线接同福州省城以联声息"。其次，他提出了培养海军人才的迫切性，他指出光绪六年（一八八〇年），北洋海军曾向德国订购"定远"、"镇远"两舰，可是舰成后，德国以中法战争为借口，不肯挂旗派人驶送来华，而清水师人手生疏，无力出洋自驾，"诚有鞭长不及之憾"。鉴于此次教训，许认为应该"饬令李鸿章派弁勇前赴德国船厂，预行练习，冀收速效。"[6]

许景澄持久应战的建议在当时引起了最高统治者的注意："疏上，上嘉纳焉。"[7]光绪九年十一月二十日（一八八三年十二月十八日），军机大臣面奉谕旨：

升用翰林院侍讲许景澄奏敌情叵测，筹备宜严，条陈目前事宜一折，著该衙门议奏，钦此。[8]

令人遗憾的是，许的这些建议并没有引起主管外交事务的总理衙门足够重视，在给好友朱亮生的信中许说："……总署议复将后两条驳去，余但空言敷衍耳。"[9]

曾纪泽在中俄伊犁谈判中取得了一些成功，个人的品质和能力，起了很大的作用，另外此次交涉能取得成功的一个重要原因，正如曾纪泽自己所说的那样："西陲一带，左相（左宗棠）手握重兵，取伊犁或犹可期得手"，谈判仍有实力作后盾，"事犹可为"。而在一八八三与一八八四年间因法国侵略越南而引起的中法交涉中，由于当时清廷实际主持外

〔1〕李慈铭：《桃花圣解盦日记》丁集第二集，台湾商务印馆1973年版，第15页。

〔2〕《致郭筠仙侍郎》《许文肃公遗集·书札》，第821页。据《清季外交使臣年表》光绪六年十一月一日（一八八〇年十二月二日）谕命许景澄出使日本代替前使臣何如璋，光绪七年三月七日（一八八一年四月五日）许因忧免，以黎庶昌代任，许并没有正式就任。另据谕赐碑文有："历八国以将周，使四方而不辱"之语，他出使的国家从国别上实际上只有法国、德国、义（意大利）和（荷兰）、奥地利、俄国、比利时七国。

〔3〕《复翁叔平官保》，《李文忠公朋僚函稿》，沈云龙主编：近代中国史料丛刊正编第四辑，台湾文海出版社，第1588页。

〔4〕《致李兰荪中堂》，《李文忠公朋僚函稿》，沈云龙主编：近代中国史料丛刊正编第四辑，台湾文海出版社，第1589页。

〔5〕谢俊美：《翁同龢传》，中华书局2000年版，第247页。

〔6〕以上引文均见中国第一历史档案馆藏：光绪九年十一月二十日《大学士翰林院掌院学士宝鋆、徐桐代递编修许景澄封奏折》。《录副奏折》，缩微号：658，第3309—3313拍。

〔7〕《史馆本传》，《许文肃公遗集·外集》，第1006页。

〔8〕中国第一历史档案馆藏：《军机处录副奏折》缩微号：658，第3313拍。

〔9〕《致朱亮生观察采》，《许文肃公遗集·书札》，第854页。

交的李鸿章主张对法妥协，牺牲越南，一心主张抗法的曾纪泽的苦心孤诣也就失败了。[1]腐朽的清廷，由于惧战，将曾纪泽视为求和的障碍。适逢许景澄服阙期满，清廷于光绪十年四月初四日下谕："免掉曾纪泽出使法国大臣兼职，改任许景澄为出使法、德，并义［意大利］、和［荷兰］、奥三国大臣，未到任前，使法大臣由使德大臣李凤苞兼署。"[2]光绪十年九月（一八八四年十月），许景澄接替李凤苞担任驻德公使从此开始了他的外交生涯。当时总税务司赫德（Robert Hart）对许褒扬有加，他说：许"这位新任驻法等国公使是个十分聪明伶俐的人，非常有生气，并且生就一种显得很好奇的性格，我毫不含糊地喜欢他，尽管他有点粗鲁不庄重，我认为他的智力在常人之上。"[3]在这里，赫德其人当别另论，但他从外交角度来衡量许景澄却非毫无道理。

据笔者统计，一八七五至一九一一年，清政府派出常驻公使五十九人，出驻十九个国家，而且多为一人兼数国使节，其中一八八四至一八九八年期间任职的使节见下表：

| 公使姓名 | 所驻国家 | 在任年份 | 备注 |
|---|---|---|---|
| 曾纪泽 | 英、法、俄 | 1879—1886 | |
| 刘瑞芬 | 英、法、俄、意、比 | 1886—1890 | |
| 薛福成 | 英、法、意、比 | 1890—1894 | |
| 洪钧 | 俄、德、奥、荷 | 1887—1891 | |
| 许景澄 | 德、法、意、荷、比、俄、奥 | 1884—1887<br>1891—1898 | 1880年12月2日，谕命出使日本、1881年4月5日因忧免 |
| 龚照瑗 | 英、法、意、比 | 1894—1895 | |
| 李凤苞 | 德、意、奥、荷 | 1879—1884 | |
| 何如璋 | 日 | 1877—1882 | 张斯桂任副使 |
| 黎庶昌 | 日 | 1882—1884<br>1888—1891 | 两次使日 |
| 徐承祖 | 日 | 1884—1887 | |
| 李经方 | 日 | 1891—1892 | |
| 汪凤藻 | 日 | 1892—1894 | |
| 郑藻如 | 美、西、秘 | 1881—1885 | |
| 张荫桓 | 美、西、秘 | 1886—1889 | |
| 崔国因 | 美、西、秘 | 1889—1893 | |
| 杨儒 | 美、西、秘 | 1893—1897 | |

资料来源：《清季中外使臣年表》；《清史稿》；《清史列传》；《清代七百名人传》。

将许景澄与一八八四至一八九八年间任职的其他清廷驻外使节相比,可以看到以下三个特点:

第一,许的出使次数多。先后有三次出使机会。其中第一次出使日本,由于父亲去世,没有正式上任。从一八八四至一八九八年间,先后又曾两次出任公使。

第二,许的出使时间长。其间除一八八七年由于丁母忧归国外,任职时间长达十一年。

第三,许的出使国别多。包括德国、法国、意大利、和(今译荷兰)、比利时、俄国、奥地利七国,且为兼使(当时只有派往日本的是专使),因此事务多,任务重。

因此,许景澄先后两度出任,历十余年,出使七国,时间之长,国别之多,在清末诸多使臣中堪称独树一帜。而他在使任上,国内的洋务运动,国际的重大交涉,他都适逢其会,参与其中。

## 第二节　一八八四年至一八八七年任上的外交实践

### 一　接办中法关于越南问题的交涉

许景澄接替清廷前任驻法国公使曾纪泽的首要任务是继续处理中法之间的冲突。由于曾纪泽在中法之间的主要立场比较强硬,主张"备战言和","特谓吾华必实筹战备,乃可望和",他"深知吾华练兵制器虽已日有进境,然头绪很多,章法不一,散阅大有可观,合全局而运用之,犹未能操必胜之券",因此"不敢侥幸生事,存孤注一掷之心"。为此,他曾

〔1〕钟叔河著:《走向世界——近代中国知识分子考察西方的历史》,中华书局2000年版,第283页。

〔2〕中国第一历史档案馆编:《光绪宣统两朝上谕档》第10册,(光绪十年四月初四),广西师范大学出版社1996年版。

〔3〕中国第二历史档案馆、中国社会科学院近代史研究所合编,陈霞飞等译:《中国海关密档》第3册,1207号,中华书局1992年版,第547—548页。

经奏请简派重臣专办越南事务，以利于谈判，然却未获清廷批准。曾纪泽积极主战，成为清廷内主和派的求和障碍，而他"办事过刚"的工作作风，以及在法国特立独行的性格，法国提出要求撤换曾纪泽[1]。许景澄正是在这样的背景下出任驻法国公使的。他一方面与法国外交部反复交涉，一方面刺探法国舆论军情。

光绪十年四月十二日（一八八四年五月六日），李鸿章与法国舰长福禄诺曾会于天津，不久，签订了"天津简约"或称"李、福协定"。主要内容有：法国不侵占中国边境；中国撤回在越南的北圻驻军；法国不向中国索要赔款；中国同意法国在中越边境开埠通商；中国政府承认法国与越南订立的条约等。此条约传到京城，遭到朝廷内主战派翁同龢、张之洞等人的极力反对。慈禧太后虽然内心也想求和，可是眼睁睁看到越南脱离中国的藩属又觉得面子上过不去，加上清流派等人的放言高论，舆论力主与法国一战。中法战争开始后，法国首先占领了基隆，并进而封锁台湾，不久又摧毁了福建海军。马江之战，中国大败。但是陆战，中国取得了谅山、镇南关大捷。海陆作战，中、法各有千秋，双方处于胶着状态。

光绪十一年正月十二日（一八八五年二月二十六日），许景澄向李鸿章汇报："驻德法使介人请询中国，倘肯议和，另有和平办法，可先密告。"[2]相隔一天，又给总署提供了重要情报："法使又介人催询，语气微露肯退基隆，不押关，不索费，另商办法。"[3]这些情报，对于本来就抱求和态度的清政府来说，无疑是十分及时和必要的。战争的结果，原主战的清流派不再放言高论，主战派的气焰顿挫。西太后原先所谓宣战，也不过是强顾颜面，因此原先力主求和的李鸿章得到许景澄从德国发来的法国愿意讲和的电报后，立即电告总署。总署立即委托赫德着手谈判方案。赫德遂命总税务司驻伦敦委员金登干，以交涉释放在台湾海域被法舰扣留的海关巡船为名赴巴黎商谈。巴黎的谈判在紧锣密鼓地进行。谈判期间，许景澄又打听到法国由于谅山大败，议会不信任内阁，茹费理被迫辞职一事。法国议会准备"允五十兆佛，调万人赴越"。[4]扩大对在越南的战争，李鸿章及总署得知消息后，皆认为，以中国的处境与国力，难与法国对峙到底，且担心日本与法国联手对中国夹击，因此虽然中国在陆战上取得了谅山大捷，但这并不能改变主和派们迅速求和的态度。李鸿章说"茹（指茹费理）退不必专为越事，但新执政必反旧执政所为，且谅山已复，此时平心与和，和款可无大损，否则兵又连矣"；[5]许景澄更是直言不讳地指出："德国外交部约见我，传达首相俾斯麦的意见，认为中国谅山战胜，可乘机议和，否则战祸无已。德法有隙，所以专劝中国。"[6]清廷上谕更是说得露骨："现在桂（指清政府广西驻军）甫复谅（谅山），法即据澎（澎湖），冯（指冯子材）、王（王孝祺，协助冯子材收复镇南关的将领）若不乘胜即收，不惟全局败坏，且孤军深入，战事亦无把握，纵再有进步，越南地终非我有。而全台湾隶我版图，援断粮绝，一失难复，彼时和战两难，更将何以为计？"[7]道出了当局者乘胜求和保全台湾的心理。光绪十一年四月二十七日（一八八五年六月九日），法使巴德诺（Patenotre）与李鸿章在天津签订《中法新约》。许景澄听说此消息后认为："谅山之捷，巴黎震动，茹费理为议院哗攻去位，诸部皆罢，扰旬月始定，而和局适于此时订成，可谓差强

〔1〕曾纪泽与法国外交部关系不睦。中越山西（山西为越南境内北圻军事要地）一战，中国失败。山西战后，法国人纷纷要求中国进行赔款，并占有舟山、台湾、海南岛。曾纪泽致书德国报纸，对法国的侵略行为倍加讥诋，说得到山西，法国人举国"手舞足蹈，如收回麦次（Metz）及士塔士布（Strasbourg）情状。……（然）中国虽失山西，尚未似十年前法国失去师丹（Sedan）之故事"。讥讽普法战争时法国大败的情形。法国人认为受到莫大侮辱。可参考郭廷以《近代中国史纲》（上），中国社会科学出版社1999年版，第234页。

〔2〕顾廷龙、叶亚廉主编：《寄译署》（光绪十一年正月十三日），《李鸿章全集》（电稿一），上海人民出版社1985年版，第430页。

〔3〕《驻德许使致译署》（光绪十一年正月十四日），《李鸿章全集》（电稿一），第433页。

〔4〕《急寄译署》（光绪十一年二月十七日）《李鸿章全集》（电稿一），第462页。

〔5〕《寄译署》（光绪十一年二月十六日）《李鸿章全集》（电稿一），第462页。

〔6〕《出使法德义和奥国大臣许景澄电》（光绪十一年二月十四日），《中法战争》第六册，第367页。

〔7〕《军机处寄两广总督张之洞电旨》（光绪十一年二月二十五日），《中法战争》第六册，第385页。

人意。"[1]

许景澄由最初的一意主战到后来主张乘胜即收,是有很大的原因的:

第一,法国上下意气奋发与中国朝臣的和战不定形成鲜明的对比。许景澄当初未出任法国公使前,一意主战,认为"中国之驭夷狄准乎理为进止而已,彼既无悛悔逊训之图,我万无隐忍苟安之道,不得已而始出于战,成败利钝非所预计",[2]是想乘此机会给"法夷"以重重一拳。然而到了法国后所见所闻,耳闻目睹,改变了他的一些看法。经历普法战争失败后的法国正力图复仇,民众意气奋发,不断要求增加东京(指越南河内)的经费与兵力。新上任的茹费理是一个狂热的殖民主义者,对越南是志在必得,"所忧者,法志务举全越,我军并非精坚,久必不敌,此举仍付画饼,为外国笑耳"[3]。对战争的结局带有深深的隐忧。而后来中法战争正式爆发后,前线将领指挥不一、狼狈逃跑的行为更让许景澄失去了中国必胜的信心。许景澄原先估计的战争发展态势也发生了急转直下的变化,法军在越南并没有转圜很久,而是迅速侵犯福州、台湾,因此他原先在"抗法七条"中注重优先发展陆军,缓慢发展海军的理论也逐渐破产。随着战争进程的发展,他开始由最初的一意主战,开始转向言和。

第二,许景澄的主和立场,与国内主和派是遥相呼应的。国内最大的主和派是慈禧太后和李鸿章,主和派也是实力派,他们是决策者。作为驻外公使,虽然有一定的自主权,但服从总署的命令是第一位的。

第三,前任驻法公使曾纪泽的遭遇使他不得不有所顾忌。如前所述,曾纪泽要求备战的强硬态度和工作作风使法国外交部对他十分不满。因此法国外交部要求撤去曾纪泽的驻法公使的兼职,这在外交史上是不多见的。

因此在中国积弱不振的总形势下,在法国没有将增兵计划付诸行动的情况下,许景澄认为"和局适于此时订成,可谓差强人意"。

中法战争结束后,光绪十一年六月十六日,许景澄会见法国国王,在受到法国君主隆重接待的同时,他不忘自己的本职"伏年法事交涉本甚纷繁,近以越南一案新定约章,分界通商在在尤关紧要……臣惟当于联络之中存防维之计,随时随事函商总理衙门,悉心办理以崇国体而答宸廑"[4]。

## 二 保护华人权益,主持中荷国籍问题交涉

一八八六年,荷兰当局为了攫取更多利益,采取强制措施逼迫荷属南洋群岛(今印度尼西亚)的华侨加入当地国籍。许景澄认为荷兰政府的这一举动,明显违反了国际法的有关规定。针对荷兰政府提出的"居住华民多系本地妇人所生,即作荷兰子民"的观点,许景澄依据国际法及相关条约进行了辩驳。他指出:"查欧洲诸国通例,本国国民在他国娶妇,其妇应从本夫之籍,所生子女应从夫籍,与贵大臣所言不能符合。且中国与美国所定续约第六条载:中国人在美国者,不能即时作为美国人民。中国人民侨寓外国,在中国业有办通章程,不能另有变更。所有贵国属地之华民,为本地妇人所生,概作荷兰子民,中国国家不能允论,特此陈明。"[5]许景澄的这份外交照会,虽然字数不多,但却一语中的,充分运用国际法和荷兰法的相关条例来维护在荷侨民的利益。当时国际上赋予原始国籍的标准主要有两种:出生地原则和父系血统原则。前者为英美法系诸国所采用,子女的国籍以出生地为准;后者为大陆法系诸国所采用,子女随父亲的国籍。许景澄经过调查,发觉荷兰民法采用的是父系血统原则。因此荷兰所说的"由本地妇人所生即为荷兰子民"是与本国法律相悖的。此外,许景澄以美国这个大国为例,说明荷兰对中国的要求是违背国际法的。他指出,《中美续增条约》即"蒲安臣条约"第六款规定:

[1]《致朱亮生观察采》,《许文肃公遗集·书札》,第857页。

[2]《军机处录副奏折》缩微号:658。中国第一历史档案馆藏。

[3]《致朱亮生观察采》《许文肃公遗集·书札》卷二;《中法战争资料》(四)第538页。

[4]《往法赍递国书事竣折》,《许文肃公遗集·奏疏》卷一,第53页。

[5]刘锡鸿:《驻德使馆档案钞》,吴相湘编,《中国史学丛书36》,台湾学生书局1966年版,第662页。

"美国人民前往中国，或经历各处，或常行居住，中国总须按照相待最优之国所得经历、常住之利益，俾美国人一体均沾。中国人至美国，或经历各处，或常行居住，美国亦必按照相待最优之国所得经历与常住之利益，俾中国人一体均沾。惟美国人在中国者，不得因有此条即时作为中国人民，中国人在美国者，亦不得因有此条即作为美国人民。"[1]许景澄以中美条约中的规定来向荷兰表明，中国在美国这样的大国交涉中已向世界说明中国执行的是血统主义原则。正是由于许景澄的有力辩驳，荷兰政府不得不作出妥协。

### 三 积极介绍和参与国际组织

许景澄在一八八四至一八八七年间的初次驻外任上，时间不长，棘手事务不是很多。他利用一切时间实地考察了解外国的情况，包括政治、经济、军事、风土人情、宗教习惯等。为使清政府更多地了解国际社会，他向清政府积极介绍国际组织，并尽可能参与其中。

一八八五年，意大利拟设养生会，邀请中国派员参加。总理衙门令当时兼任意大利公使的许景澄处理此事。许景澄接到邀请后，认真研读了该组织的会议章程和条款。他向总理衙门汇报，养生会的召开是基于"西国疫病传染危害最重"，"每遇疫病，各国禁令不一，商民交累"[2]，是为"爱民恤商"而举行的；同年，他向清政府介绍了战场救生会，救生会是为了"保护战场病伤士卒，将敌军医院列为局外，彼此皆勿扰害"[3]。为了让国内更多地了解战争中的这些法律，他还向清政府寄送了战场救生会公约十条以及续增条款十五条。一八八六年，他向清政府介绍了欧洲水利公会，"奥国于春间创立，函请中国入会，拟八月三十日开办"[4]。一八八七年，他汇报了比利时刊印税则会，认为该会"惟英、俄已允，余法、德、美、奥等邦皆未在列，亦觉同声之寡"[5]。许景澄通过自己的独特判断，建议清政府有选择地派员参加这些国际组织，从而更多地了解国际法，参与国际活动。

## 第三节 一八九○年至一八九八年任上的外交实践

十九世纪九十年代，世界资本主义完成了向帝国主义过渡，资本主义国家的力量对比发生了变化。后起的资本主义国家日、德和老牌资本主义强国俄、英、法展开争夺世界殖民地的大赛,并且开始了争夺铁路的筑路权、矿山的开采权和资本输出,中国面临着被瓜分的危险。再度被任命为驻外公使的许景澄,因为清政府国内衰微,腐败无能,外交日显艰难,签订了一个又一个不平等条约。

## 一　中俄界务交涉

光绪十六年七月二十五日(一八九〇年九月九日),三年丁忧刚满(一八八七——八八九年)的许景澄奉命出使俄、德、荷、奥大臣,次年正月十五日(一八九一年二月二十三日)许景澄抵达俄国首都圣彼得堡,正式就任。下车伊始,他就认识到中俄事务的复杂性,"查中国与俄互市最先,接壤最近,交涉事件视各国更为繁重,今年又值修约之期,尤须讲求利病,徐与磋磨"[6]。综观在俄期间交涉,涉中俄界务的主要有旗屯事件、巴尔鲁克借地案、帕米尔交涉等,其中帕米尔交涉是许景澄在任上耗时最长、费力最多、影响最大的一桩边境交涉案。

### (一)旗屯事件

所谓旗屯事件[7]是指中俄两国关于黑龙江左岸旗屯之地的归属问题。主要包括三方面土地归属问题:一是华人苏忠阿耕种之地;二是精奇里河南岸原为满人游牧,后经俄人于光绪九年划去之地;三是光绪六年两国驻该处大员派员段量设立封堆之

〔1〕王铁崖编:《中外旧约章汇编》第 1 册,生活·读书·新知三联书店 1957 年版,第 262 页。

〔2〕《咨呈总署议设养生公会遵伤派员赴会会文》,《许文肃公遗集·遗稿》卷四,第 127 页。

〔3〕《译战场救生公会来函》,《许文肃公遗集·遗稿》卷十二,第 774 页。

〔4〕《致总理衙门总办函》,《许文肃公遗集·遗稿》卷五,第 225 页。

〔5〕同上书,第 229 页。

〔6〕《许文肃公遗集·奏疏》,第 65 页。

〔7〕江东六十四屯,是指黑龙江左岸,从瑷珲县黑河镇对岸的精奇里河口处开始,往南直到孙吴县豁尔莫勒津屯对岸为止的一段工地(南北长约一百四十里,东西宽约五十至七十里)。这里很早就是中国人聚居的地方,历史上曾有过六十四个中国居民村屯,因此人们习惯地称它为江东六十四屯。因为这些旗屯地处江东,向以屯数取其总称,曾有"江东二十八屯"、"江东四十八屯"之称。

地。两国关于这三个方面存在严重的分歧。根据一八五八年《中俄瑷珲条约》第一款规定：黑龙江、松花江左岸由额尔古讷河至松花江海口划归俄国所有，但同时规定"黑龙江左岸由精奇里河以南至豁尔莫勒津屯原住之满洲人等，照旧准其各在所住屯中永远居住，仍著满洲国大臣官员管理，俄罗斯人等和好，不得侵犯"[1]。根据这个条约规定，中国人在此（即今江东六十四屯）享有居住权，中国政府对该处居民享有管辖权。然而，俄人不守条约，强占满人土地，"北近精奇里河者现被俄人占去，又南近豁尔莫勒津屯一带地方本属满人，现亦被俄人杂居"[2]。因为双方都争夺土地，所以致使华人所开的田间沟道不能及时完工，给满人的生活和生产带来不便。许景澄得知这一情况后，立即查阅中俄档案，于光绪十七年四月初六照会俄国外交部，要求俄方遵守条约内容，"转饬该处地方官将俄人所占黑龙江左岸满洲屯村各地段作速退还满洲人居住，彼此相安"。但俄外交部以该地地处偏远之地，主要以地方总督治理为主，多次以种种借口推托问题的解决。光绪十七年十月，许景澄得知辖管旗屯之地的俄国远东阿穆尔省总督廓尔甫将要来彼得堡，并向俄国外交部提出利用此次机遇，共同协商旗屯一案。

廓尔甫总督来一趟俄都彼得堡很不容易，"廓督暂住即去，约晤不易，不能多作顿挫"。所以许景澄十分重视这次约见，为将此案和平了结，做好了充分的准备，他提出了三种解决问题的意见：

一，华人苏忠阿耕种该地业已年久，本为满洲屯游牧之地，现知彼处俄官为睦邻起见，仍听该华人照常耕种，愿乘此美意，允听华官饬将从前所开界沟未完工者接连开至江边，即以此沟为两国屯民之界，令苏忠阿之地永远安守，并使旗屯居民只在界沟之内耕种游牧，不致越出界外，所有两国争论之事从此可以涣释。

二，精其里河南岸一块草地，按照地势应与旗屯连属，且江左旗民生齿日繁，游牧之地更不可少，拟请廓总督秉公办理，让回地段，俾满人可以照旧游牧。

三，光绪六年（一八八〇年）两国大员派员段量设立封堆之地，曾经俄国委员路新换立满文字字据，画有押据，计据俄人现犁之界约有八里，中国公使之意，如能将以上情节商妥，将来拟请国家将此条不再追论。[3]

光绪十七年十月十八日（一八九一年十
一月十九日），许景澄与俄外交部副部长基斯
敬及俄阿穆尔省总督廓尔甫、总办格必尼斯
就旗屯一案进行商谈。在谈判中，许大使坚
持认为苏忠阿所种之地是满人游牧旧区，应
照华官所画未完之沟画至江边，让苏忠阿永
远耕种；精奇里河以南草地也是满人游牧之
地，均应归还。如以上两节议妥，那么两国
委员所立封堆之地可以不再追论。廓尔甫狡
辩地说："苏忠阿之地以前是否满人游牧之地
我不能指出，即贵大臣亦无确据，即使果是
满人游牧之地，则八十三年（一八八三年）
画与满人许多空地，理应归还。"廓尔甫认为
如果俄国这样做，那么满人就会失去更多的
土地，以此来威胁许景澄放弃对苏忠阿之地
的争取。许景澄辩论说，准许满人仍旧居住，
余地也应归其游牧耕种，是根据《北京条约》
中"中国人所占渔猎之地，俄国均不得占"，
是有条约依据的；廓尔甫又认为《北京条约》
所说准华人渔猎之地未包括满屯在内，不能
引以为据。许景澄反驳说，《北京条约》虽未
明确说明，但《北京条约》中的此条是"申
明瑷珲约内分界之文，理应相连互证"。廓尔
甫无言以答，只得承认原满人可以永远居住。
但他又认为，《瑷珲条约》所云不过是"自精
奇里河以南至豁尔莫勒津屯所有原住之满民
准其永远居住而已，并未云自精奇里河以南
之地皆应听满人居住游牧也。"即允许满人可
以居住在此，却不能在此占地游牧。许景澄

〔1〕王铁崖编：《中外旧约
　　章汇编》第一册，生
　　活·读书·新知三联
　　书店 1957 年版，第
　　85—86 页。
〔2〕57《许文肃公遗集·
　　公牍》，第 144 页。
〔3〕《许文肃公遗集·杂
　　著》，第 720—721 页。

辩驳说满人作为一个游牧民族,向来游牧之地是连着满屯的,就好像住房一区必有院落空地相连一样。

谈判双方争执不下,廓尔甫最终只答应苏忠阿可以在原地耕种,但必须以租种的名义,"苏忠阿租地照本国极远年例以九十二年(一八九二年)为期,每年每响本定租税十五戈比[1],而减至十戈比即再减至五戈比……精奇里河之地则已有俄人居住,万不能答应"。表面上看他对满人苏忠阿好像宽宏大量,租期较长,租税一减再减,苏忠阿交的税比俄国牧民要低得多,就连廓尔甫都自信地说"我知苏忠阿必悦从也",并"情愿代苏忠阿出钱完租,不能免租"。实际上如果答应了廓尔甫的要求,虽然暂且相安无事,但只要中国答应领租,势必成"杀鸡取卵"之势,试问,过了租期怎么办呢?苏忠阿到时还能耕种土地吗?苏忠阿的子孙后代们以后该怎么办?答应领租,实际上就等于承认了自精奇里河以南至黯尔莫勒津屯的这块土地归俄国所有,中国就会丧失对此地的领土主权。因此,许景澄坚决不答应廓尔甫的要求。最后,廓尔甫以中国地图绘制不准确为由,要求由他回阿穆尔省重绘一图,不同意许景澄提出的画沟至江的边界要求。[2]

光绪十八年四月二十四日与光绪十八年闰六月十一日,许景澄又分别照会俄国外交部申论苏忠阿种地一事,再次强调苏忠阿是满洲原住之人,苏忠阿所种之地属于《瑷珲条约》所限定的范畴,请求允许苏忠阿"永远耕种以符条约"[3]。廓尔甫表面同意许景澄的要求,但是必须苏忠阿"有立约时耕种其地之据",此法"殊为狡巧"。但许景澄也认识到在此案中要求俄方让出原之占领的土地,理由也不够充分,因为原《瑷珲条约》中说法就十分模糊,"查约文指明自某至某原似有界可言,其误在下文紧承原住满人在所住屯中居住,遂至彼得执以藉口。且江左之地,约中明言作为俄属,与之论地,亦苦牵碍"。由于中俄《瑷珲条约》内容的模糊性,中、俄双方只能按照各自的意愿,徒作口舌之争。对此,许景澄认为并不能彻底解决问题。因此,他向总理衙门建议,与俄方声明约束"于现圈满屯界内禁止俄人不再侵占,则原屯四十八处藉以永久相安,虽无济于补牢,似尚可以善后。若徒以空言相持,结议无期,于屯务转无实益"。这样中国虽然看上去吃亏了,但重新确定协议,对以后安定牧民的生产生活,免除两国之间的边境纠纷是有益的。从这可以看出他务实的一面。而后来据黑龙江省调查,苏忠阿所垦之地的确"在立约之后,而此时地已归俄,势难以东三省驻防成例与之开导。"苏忠阿耕地最终的归属可想而知。

从旗屯一案交涉可以看出,许景澄依约办事,决不让出一分土地,且在条约许可的范围内,实事求是,务求实效。旗屯事件最后失败,并不是他的外交无能,而是《瑷珲条约》在签订之时,歧义太多,结果给俄人钻了空子,他说"此约寥寥数行,而铸错不一而足,真可笑矣"。条约的不严谨,给了他深刻的教训,使得他在以后与列强的签约中,力求严谨。

(二)巴尔鲁克俄民迁徙案

巴尔鲁克山,位于今新疆塔城西南大山山脉余脉,地居伊犁、塔城、乌苏、精河的交汇地,地理位置十分重要。该山"地势平衍","诸水错出",山下"草色葱茏,一望无际"[4],是有名的形胜之地。光绪九年九月初三(一八八三年十月三日),颠顶腐败的清政府在俄国的威胁下,同意沙俄"援照旧约"(指《中俄勘分西北界约记》第十条[5]),让俄以"租借"的名义占领巴尔鲁克山。又《中俄塔尔巴哈台西南界约》第四条规定:"今换此约日起,其巴尔鲁克之哈萨克,予限十年,仍旧巴尔鲁克山内游牧,限满后两国官员如不另行商办,则即将该哈萨克迁住俄国地方","十年限内,中国官员将中国人民毋庸迁住巴尔鲁克山内,亦无须设卡。"[6]根据条约规定,十年内此块肥沃的土地大清子民不能到此居住,清政府也不能在此行使自己的主权,而俄国则以"租借"的

〔1〕戈比,俄国货币的辅币。

〔2〕《许文肃公遗集·函牍》,第292—296页。

〔3〕《许文肃公遗集·公牍》,第145—147页。

〔4〕王树楠:《新疆图志》山脉六,上海古籍出版社1992年版,第1—2页。

〔5〕同治三年《中俄勘分西北界约记》第十条规定:"塔尔巴哈台所属巴克图卡伦迤西小水地方,旧有种地纳粮民庄五处。该处地面,按今议定界址,虽已分在俄国,惟该民人所种田地断难令迁移,应于立界后,限十年内,令伊等陆续内迁。"不久又根据"人随地归"的原则将此居民强制划为俄国属民。见王铁崖编:《中外旧约章汇编》,第48页。

〔6〕王铁崖编:《中外旧约章汇编》,第447页。

名义将俄属哈萨克部民迁到此处游牧，沙俄政府在此增收赋税，鱼肉人民，"名为借住，已与彼境连成一片了"[1]。

根据《塔城界约》，俄属哈萨克部民在巴尔鲁克山内游牧应该从立约之期起满十年时迁住俄国，原居住地归还中国。光绪十七年四月初三（一八九一年五月十日），塔尔巴哈台参赞额尔庆额上奏，指出俄人租借巴尔鲁克山年限将满，为防止俄"临期推诿"，"久假不归"，[2]要求总署预先知照俄国驻华公使喀希尼，做好如期交还借地的准备。光绪十七年七月初四（一八九一年八月八日），总理衙门致电许景澄，要求他通知俄国外交部尽早准备交还借地。许景澄接到电报后，立即着手处理这件事。首先许对总署来函提出自己的修改意见。他指出：条约是光绪九年九月所定，应到十九年九月方满十年之期，相距尚两年有余，因此总署来函"尽此一年之内，语意浑称有余之语"与"约限不合"；又认为条约标明满十年然后迁住，与总署来函"现商预谋迁移稍有区别"[3]。许景澄认为，虽然新疆地方的官员和人民要求俄国交还巴尔鲁克山，但国际交涉，应该按照条约办事，总署来函明显有与《塔城界约》不合之处。如果如此照会，肯定会遭俄方诟病，反而在外交中处于被动。为了让俄方有一个思想准备，他还是很婉转地于光绪十八年三月二十四日（一八九二年四月二十日），照会俄外交部，建议俄外交部"行文该处边界官，及时设法陆续迁徙，于限满之日一律腾空，以符约章"[4]。

俄方接到中国照会后，到光绪十八年四月（一八九二年五月）俄国驻华公使喀希尼向中国提出"该民一时迁徙不易，请再展限十年以两项利益奉酬中国。"[5]两项利益指：如允展借，俄国可准伊犁塔尔巴哈台华民在七河、斜米两省自取盐觔，并准该处华民由察罕鄂博任便出入。[6]总理衙门犹豫不定，许景澄向总署提出忠告，"核其酬答之利，亦宜防其现在之弊"。如果答应了再借十年的要求，那么俄属哈萨克部民杂处中国境内，"其于边防舆情必不能一无窒碍"，建议总理衙门详加查察以备辩论。

为更多地了解巴尔鲁克山，许景澄向巴鲁克山地方官员详细打听此地的风土人情和地形地势。许景澄很快从伊犁将军长庚的来信中得知，巴尔鲁克山"四通六辟，防不胜防，此形胜之在所必争者也"[7]。

长庚将军在来信中还告诉许景澄,俄方"让路取盐"是借口,以"画饼虚名而欲我受弃地之实"。如果此地不及时收回,那么后患无穷,至少有七大危害:

> 该山为形胜之地,东达新省(乌鲁木齐——引者),西达伊犁,北达塔城,如骨鲠在喉,倘遇有事,则该处哈萨克即其向导,伺隙久而路径熟,其危害一也。

> 伊犁极边恃新省为后路,如彼分扼精河老风口或横截库城,则伊、塔皆有断绝粮饷之虞,而新省以无右臂,其为害二也。

> 该地本为塔城额鲁特牧地,嗣因俄属哈萨克借住,以致蒙哈(蒙古哈尔萨部)无地游牧,又借科布多所属乌梁海之阿尔泰山暂居,近年乌梁海蒙古屡向塔城索还,钦派沙振亭星使前来勘办,现与塔城额都护议定自光绪十八年立限三年,无论巴尔鲁克山能否收回,届期即行交割,是塔城立待收回巴尔鲁克山,以便安插蒙哈人众,其情甚迫,否则,塔属蒙哈即无地栖止,有窘生计,流离堪虞,其为害三也。

> 中属蒙古哈萨克与俄属哈萨克同以恃牧养为生,乃俄属哈萨克盘踞该山频时,抢夺我蒙哈牲畜,跟迹追捕,阻于俄界。行文俄官,又不究办。旋即纵放复来,仍行抢夺,逼处滋嫌,日久断难相安,其为害四也。

〔1〕《许文肃公遗集·函牍》,第369页。

〔2〕《清季外交史料》(四),第1554页。

〔3〕《许文肃公遗集·函牍》,第271页。

〔4〕《许文肃公遗集·公牍》,第145页。

〔4〕《许文肃公遗集·函牍》,第346页。

〔5〕《清季外交史料》,第1616页。

〔7〕《许文肃公遗集·函牍》,第374页。

　　该山泉甘草肥，俄属哈萨克久居其地，以资蕃庶，将来生齿日繁，更必视为固有，久假不归，其为害五也。

　　况该俄属哈萨克于库精雅玛图等径，频出抢劫，行人不安于途，又俄人护符藏垢纳奸，久则为逋逃渊薮，其为害六也。

　　且自此山议借之后，我所应设之巴尔鲁克莫敦巴尔鲁克各卡伦至今未设，彼族出入毫无稽查。既该山树木，华民亦难往采。既失地利，又溃大防，其为害七也。[1]

长庚将军从军事安全、政治稳定、生活生产诸方面论证了收回巴尔鲁克山的重要性，并论证了俄国方面所谓"让路取盐"两项利益对中国牧民的生产生活影响并不大，"西域多产盐之地，无待仰给俄盐也"，而"其地容走不容走于我无所损益"，如果仅仅为了这两个原因，而不能收回此地，那么中国就"太觉不值"了[2]。他要求许景澄必须坚定立场，毫不放松，否则"稍涉游离，终必无索还之日"，俄国就会借此拖延，以遂其"久假不归"之计，进而威胁伊犁、塔城及新疆全省的安全。"该山一日不收，伊、塔后路一日不靖。失地利，扰行旅，断后路，危远疆，为害甚大"[3]。另外长庚将军提出了解决问题的办法，如"其限满立卡一层，先立界以资根据，如能办到，颇为扼要"。许景澄认为长庚将军对巴尔鲁克的形势利弊的分析"至为深切"。所提方法可谓"老谋深算"，[4]但他又认为长庚将军所想"人随地归"的办法欠妥。长将军曾建议：如果俄方到限不迁，那么就根据同治三年人随地归之约（土地分在何国，其人丁即随地归为何国管辖），并山收管。许景澄认为此法虽从道理上说得通，可是"借住哈民至六千户之多，临时钳制，亦甚不易"[5]，地方官能否有此力量管理俄属哈萨克部民呢？这些都不能逞一时之愤，不从长远处着想。许景澄向总署建议能否将中俄订接的电线条约延缓开办，以此给俄方造成一定的压力。

　　至光绪十九年七月，俄属哈萨克部民还不见迁徙的动静，许景澄再次前往俄外交部会见格毕尼斯，催询巴尔鲁克交还事宜。告诉俄方年限日迫，华属哈萨克借住蒙古部落牧地必须腾还，要求俄属哈萨克部民从速迁移，但俄方坚持中俄交涉巴鲁克山的谈判必须在塔城由"地

方官与俄领事商量",俄外交部又以等待"领
事所商来信再谈"为借口,仍是"一味延
宕"[6]。许景澄感到俄方是故意刁难,巴尔鲁
克"议借之时,迁就过多,现在办理更为棘
手"[7]。

清廷时中俄在塔城的谈判一筹莫展。此
时清政府又正忙于应付沙俄对中国帕米尔地
区的侵略,想尽快结束有关巴鲁克的交涉,
被迫"曲从大局",同意沙俄继续再"租借"
巴尔鲁克山三年,只是同时提出:"三年期
满,即将俄哈迁回俄境,如(到)限期不迁,
应照人随地归之约办理。"尽管清廷采取了重
大让步,仍然不能满足俄国的欲望,俄坚持
中国"再让十年"的无理要求。此举遭到清
政府的严正反对。沙俄看到中国不再退让,
为了集中力量交涉帕米尔和旗屯二案,更害
怕到时人随地归,落得人地两空,决定放弃
巴尔鲁克山,"如仅限三年,可不必借"。于
是,延宕达二年之久的中俄巴尔鲁克山问题
的交涉才算结束。[8]光绪十九年九月初三(一
八九三年十月十二日),中俄代表在塔城订立
《中俄收回巴尔鲁克山文约》,中国"将巴尔
鲁克山额敉勒河南岸各该处地方,于九月初
三日由俄国官员手内全行接收"[9]。光绪十九
年十一月二十五日(一八九四年一月一日),
中俄又在塔城订立《中俄会订管辖哈萨克等
处条款》规定未能按时迁徙的俄属哈萨克部
民的归属及财产诸问题。

巴尔鲁克山收回的文约最后绕过清廷驻
俄公使许景澄在塔城签订,但许景澄前期所
做的工作却是不容忽视的。俄国本想避开许

[1]《许文肃公遗集·函
牍》,第374—375页。
[2]同上书,第376页。
[3]《清季外交史料》(光绪
朝)卷八四,第1554页。
[4]《许文肃公遗集·函牍》,
第414页。
[5]同上书,第368页。
[6]同上书,第388页。
[7]同上书,第369页。
[8]王彦威、王亮:《清季
外交史料》(四),沈
云龙主编:近代中国
史料丛刊三编第二辑,
台湾文海出版社,第
1616页。
[9]《中俄边界条约集》,
商务印书馆1973年
版,第99页。

景澄，通过地方性的谈判获得从许景澄身上得不到的东西，最终俄国的如意算盘还是打错了。

（三）帕米尔交涉

帕米尔，位于中国新疆西南，全境分为八帕。[1]帕米尔地区地势险要，不仅是中国西部地区的天然屏障，拱卫着新疆和西藏，而且是沟通西域费尔干纳盆地和印度平原的重要通道，战略地位十分重要，因此俄国、英国对这一地区觊觎已久。早在十九世纪七十年代英、俄就开始相互勾结觊觎帕米尔地区，签订了臭名昭著的《格兰威尔—戈尔恰科夫协议》，规定从萨雷库里湖起，以帕米尔河和喷赤河作为彼此在中国帕米尔地区势力范围的分界线，河流以南属于英国的势力范围，以北属于俄国的势力范围。但俄并不满足，光绪十年（一八八四年）又强迫中国签订《中俄续勘喀什噶尔界约》，其中第三条规定：自伊尔克什坦自然界往南，至乌孜别里山谷止，勘分两国末端边界。……俄国界线转向西南，中国一直往南，所有界线以西，及顺该处河流之西，归俄国管辖，其界线以东，及顺该处河流之东，均归中国管辖。[2]这是一份别有用心的条约，"俄人争帕之根早伏于喀城定约之年"！[3]八年后负责帕米尔交涉的清廷总理衙门总办奕劻曾发出过这样的感叹！自光绪十七年起，俄国的扩张野心更趋膨胀，帕米尔地区再次成为中、英、俄交涉的焦点。

驻俄公使许景澄是中俄帕米尔交涉的直接参与者，一方面奉朝廷之命谈判磋商、"通声气"、"采虚实"，传递情报，一方面根据自己对帕米尔和俄国侵略意图的认识，许提出一些建设性的意见为清廷的决策提供参考依据。兹分述如下：

1. 建议"严保我界，三国各不侵占"

光绪十七年六月二十二日（一八九一年七月二十七日），俄国派员带兵在中国帕米尔一带以打猎为名，勘察地形。"俄马兵分三起越界，一起塔敦巴什与阿黑素睦尔瓦（亦译作阿克苏），一赴雪底拉，一驻伯什拱拜孜，其步队驻苏满。又……竖杆粘贴"[4]。最先对俄国这一行为提出质疑的是英国。许景澄在致总理衙门总办函中说"英外部询令俄国是否派兵侵占帕米尔"，俄国答复"曾带八十人在彼（指帕米尔一带——引者）打猎，并无他事"[5]；直到一个多月后即八月十二日（九月十四日),总署才收到陕甘总督杨昌睿的电文,"本年六月二十二日,俄国头队兵官伊万洛甫(杨诺夫)等共马步兵三百余名,到新疆黑孜吉牙叱伦(卡伦),分起过苏满、阿克素睦尔瓦两卡,系直径中国属境……该兵头等无故违约,带兵入境,其意叵测"[6]。要求总理衙门向俄国驻华公使提出抗议。总理衙门一边向俄驻华公使喀希尼(Palovitch Count)提出抗议,一边致电驻俄公使许景澄,指出黑孜吉牙卡、苏满卡、阿克素睦尔瓦卡都是中国卡伦,而俄国"无故越境侵占,殊属违约",要求许景澄立即和俄外交部交涉,要求俄方"速将越境兵队撤回"。[7]接到电文的许景澄,多次向俄外交部查询此事,俄外交大臣狡辩称:"数十人岂能占人界地,决无此事。"[8]"所列木杆只为记认路径,可听撤毁,并无粘贴俄文告示之事"[9],俄外交部一直否认俄国军人越界帕米尔一事。直到光绪十七年九月初一(一八九一年十月三日)许景澄再次质询,此时俄军已经完成使命返回塔什干,俄外交部副大臣基斯敬才承认俄兵越界入帕米尔一事,但同时他又对帕米尔归属问题提出无理的疑问,称"该处地方分

〔1〕"帕米尔"是塔吉克语"屋顶"的意思,"世界屋脊"之意。八帕分别为和什库珠克帕米尔、萨雷兹帕米尔、郎库里帕米尔、塔克敦巴什帕米尔、阿尔楚尔帕米尔、大帕米尔、小帕米尔、瓦罕帕米尔。

〔2〕王铁崖编:《中外旧约章汇编》,生活·读书·新知三联书店1957年版,第457—458页。

〔3〕王彦威、王亮:《清季外交史料》(四),沈云龙主编:近代中国史料丛刊三编第二辑,台湾文海出版社,第1583页。

〔4〕王树楠:《新疆图志》,"国界志四",上海古籍出版社1992年版,第90页。

〔5〕《许文肃公遗集·函牍》,第273页。

〔6〕光绪十七年八月十二日总署收陕甘总督电,甘肃师范大学历史系编:《帕米尔资料汇编》,1978年,第87页,复旦大学图书馆藏。

〔7〕光绪十七年八月二十六日总署发出使许大臣电,甘肃师范大学历史系编《帕米尔资料汇编》,1978年,第87页。

〔8〕《许文肃公遗集·函牍》,第276、278页。

〔9〕同上书,第281页。

界不甚清楚，或云属英，或云属归俄国保护之布喀尔，此次俄兵所到之处，中国虽以为中国界，尚难决定"[1]。

此时身居国外的许景澄，由于"未得新疆有司确报"，仅根据他所拥有的帕米尔的知识，向总理衙门通报：（一）帕米尔在喀部（喀什——引者）以西，地壤荒脊，一无殖产，中国向不过问。（二）当地居民凶悍，难于管理。（三）中国在此人才兵力有限，难以防守。接着阐明了自己的意见，"揣度目前人才兵力，但令严保我界，时时巡察，弗任强邻（指俄罗斯、英国等——引者）侵轶一步……英与我同有忌俄日辟之心，不若即与密商，能将此部土地约同中、英、俄三国彼此，……略如巨文岛前案[2]，似亦英所乐从。如能办到最为稳著"[3]。

可以看出，对俄的企图许景澄也不甚清楚。[4]总理衙门接到许景澄的电报后，考虑到"英、俄皆注意于帕米尔，将来事变甚多，若作为三国各不侵占之地，或可相安"[5]。对许景澄的建议表示认可，并要求许景澄向俄国外交部探露此意，同时要清廷驻英公使薛福成探听英国的口风。薛福成向英国试探，"英颇乐闻"[6]。但是，当许景澄将此解决办法转告俄国时，俄国"但言俟商"[7]，言辞狡猾，拖延观望。虽然总理衙门和许景澄认为"帕米尔地为中国所属，今中英俄三国各不相占"的交涉对策"公平极矣"[8]，即使如此，俄、英两国出于各自的利益和目的，对此策"两国之意皆不甚以为然"[9]。许景澄的建议遂成泡影。

2. 赞同对帕米尔地区"派员会勘，定分各界"

俄国在帕米尔的所作所为虽然没有引起许景澄和清政府的高度重视，但是却引起远在大西洋边的英国、德国各新闻媒体的强烈关注，俄为避免引起与英德纠纷，抛出了"愿约中俄英三国派员会勘，定分各界"的烟幕弹。并由俄外交副大臣基斯敬提出。光绪十七年九月十二日（一八九一年十月十四日）基斯敬在与许景澄的商谈中就表达了这样的想法，"如要分清界限，除非中、英、俄三国派员到该处勘明地界"，许景澄追问，"如中国愿意派员前往分界，贵国有同心否？"基斯敬说"甚愿意"，并请中国政府向英国驻北京公使转达勘界的意愿。[10]

中英俄协议"派员会勘，定分各界"，虽由俄国提出，但在许景澄看来，这是"三国各不侵占"之策的发展，是解决帕米尔问题的一种切实可行的途径，认为清政府应该利用这次机会与俄英两国划清在帕米尔地区的界限。其理由：一是可以将英国牵扯进去，可收"一石二鸟"之效，"俄得此部可以通道印度，乃英人唇齿之忧，……英之谆谆全为自谋，此形势一定之徵，不必藉他人见闻多所却愿者也"；二是认为勘界中国可获得好处，"现查喀城西界，光绪十年勘定中俄界限至乌孜别里山口为止，自此而南，即与帕部毗连，为勘界所不及，今若更拓新界，则葱岭之阴尽归我有，亦为形势之利"；三是中国可以不失体面，符合清政府的羁縻政策，"以属部羁縻，意在杜人侵窬，初非贪其

〔1〕《许文肃公遗集·函牍》，第283页。

〔2〕巨文岛为中国藩属国朝鲜的领土。十九世纪八十年代，英俄在远东地区的角逐加剧，一八八五年四月十五日，英国舰队突然占领巨文岛。清廷担心俄国会以英国占领巨文岛为借口占领朝鲜某战略要地，要求英国撤出巨文岛。为此中国、英国、俄国三方展开了一系列外交斡旋，最终三国达成协议：巨文岛仍属中国藩属朝鲜，英军从巨文岛撤退（一八八六年十二月二十四日，英国撤出），俄国允诺不侵占朝鲜领土。巨文岛事件的解决是清政府利用外交手段处理英俄矛盾比较成功的特例。许景澄在帕米尔问题上，也想仿行此法，希望帕米尔地为中属，但各方不住军，维持原状。

〔3〕《许文肃公遗集·函牍》，第278—279页。

〔4〕俄国的真实企图 H. A. 哈尔芬在《中亚之归并于俄国》中分析得非常详尽。他指出，这次远征是沙皇政府发出的一种信号，即它要从没有结果的外交公文往来和交换那些什么也产生不出来的照会的活动中转入更加坚决的实际行动。《帕米尔资料汇编》，1978年，第80页。

〔5〕顾廷龙、叶亚廉编《李鸿章全集》（电稿二），上海人民出版社1986年版，第449页。

〔6〕同上。

〔7〕同上书，第451页。

〔8〕中国第一历史档案馆"电报档"，2036（五），光绪十八年五月十五日军机处发出使薛大臣电。

〔9〕同上。

〔10〕《许文肃公遗集·函牍》，第289—290页。

土地，今与俄英画定界段，各守其疆，控制较易，收效略同"[1]。此时，许景澄的关于帕米尔交涉的外交策略仍是以英制俄，认为俄占帕米尔意在"通道印度"，中国不能上英国的当而全力以赴地与俄去争那块贫瘠不毛之地。但他又认为："鹬蚌方争，中国独处局外，未免示弱于人"，现在俄提出三国共同勘界，既然中国没有贪图土地的要求，那么答应俄国与中国分界，中国不仅不会吃亏，还可以"借力于英或可如愿"[2]，而且还可以获得"葱岭之阴尽归我有"的好处，何乐而不为呢？

许景澄极力赞同三国派员勘分各界的主张，也得到清廷的赞成。但是，俄军占领帕米尔不退，使得英国对俄国的提议充满疑虑，于是光绪十八年（一八九二年）春，英国抢先占领了扼守护卫印度的战略要地坎巨堤。[3]原本就对帕米尔存有企图的俄国指责说，"中国前将乾竺特（指坎巨堤）全部之地拱手与人，现在某国在彼驻兵据为己有，以致帕地受逼，何以坎巨堤让之如此容易，帕米尔在中国实为无用之地，反而如此慎重？"[4]声称要"坚定不移地捍卫对帕米尔地区的权力"[5]。甚至威胁要占领属于中国的色勒库尔作为对英国占领坎巨堤的回应。[6]并蛮横地提出了中国必"先撤卡"作为三方勘界的先决条件。

3. 反驳"先撤卡，后勘界"

卡伦（边防哨所）是一个现代国家行使管辖权的最主要证据，卡伦具体位置何在，设置于何年，是搞清历史真相的关键。俄国最初要求中国撤卡，主要是指苏满卡伦。而关于苏满卡伦的具体位置，存在争议。[7]苏满卡伦究竟设在何处？立碑之处是不是中俄两国的边界？为此，许景澄利用西方地图，查实"雅什里帕米尔去喀城太远，确非内地，乾隆碑文但言追霍酋至此勒石记功"，认为"新疆督抚来文据此为旧管之界，实与掌故不符"[8]。这时总理衙门来电也证实了此地没有确切的证据证明属于中国界内，要求许景澄在将来的辩论中只能称为属地，不能称为界内。因为称为属地，表明中国军队曾经到过此处，中国有权在此设卡驻兵，"如后来议及地界，正可作为实据"，与俄国争论；而称为界内，没有条约依据，容易给俄以口实。

由于新疆地方督抚坚持"断无将中国碑文（石）立在界外之理"，

开始向苏满卡伦增兵以御俄敌而遭到了俄国的反对。当光绪十八年正月二十六日（一八九二年二月二十四日）许景澄会见嘎尔斯（Giers）时，嘎尔斯说"中国以前派兵在大小帕米尔等处，尚离中国地界不远，至于阿尔楚尔帕米尔一带，与我费尔干纳省甚近，而离喀什噶尔甚远，于理似应属俄，故不欲中国派兵到该处"。他还说，"此地应属何国总应勘议方是，倘中国此刻派兵前往，俄国亦不得不调兵到该处"[9]。许景澄考虑到俄国的实力与昔日回部（西域地方伊斯兰教民）的实力不可同日而语，中国兵力、饷力亦不如昔，更何况"设卡穷远，无益边防"[10]，纵使"援军深入，后援难继"。因此觉得为了苏满卡而去与俄发生边衅是不明智的。总理衙门也认为苏满设卡有碍约章。"今考地已在乌孜别里以西，设卡复在光绪十年以后，中国历与洋人交涉，用稳妥之脚步据理力争，尚未必能尽如我意，若欲弃国家之大信，召彼族之衅端，则虽局外之人（亦将）议论纷纭"。[11]为此，总理衙门提出"撤卡内徙"的计策。

中国撤回苏满增防军与许景

[1]《许文肃公遗集·函牍》，第287—288页。

[2]中国第一历史档案馆："电报档"2036（五），光绪十八年五月十五日军机处发出使薛大臣电。

[3]英国军队占坎巨提可参照许建英《试析清政府在帕米尔交涉中的对策》，《中国边疆史地研究》2002年第3期。

[4]《许文肃公遗集·函牍》，第406页。

[5]［俄］哈尔芬：《中亚归并于俄国》，莫斯科，1965年版，第396页。转引《帕米尔资料汇编》，第88页。

[6]C. P. Skrine and Pamela Nitingale：Macartney at Kashgat, England, 1973, p. 58.

[7]根据当时通用的洪钧印制的地图，苏满卡伦标在大小帕米尔之间，而且该处有乾隆年间所立已断缺旧碑为证。而新疆巡抚魏光焘考证，"设卡之地尚不在大小帕米尔，竟在雅什里帕米尔"（即阿尔楚尔帕米尔）（《许文肃公遗集》第301页）新疆督抚认为"断无将中国碑文（石）立在界外之理"，"苏满卡设在雅什里帕米尔，现有御碑为中确证，若将帕境作为瓯脱，须从雅什里湖以西议起，庶不失旧界"（《许文肃公遗集》第320页）为保护边界，新疆督抚开始增兵苏满卡伦，加强边疆防卫。

[8]《许文肃公遗集·函牍》，第305页。

[9]同上书，第314—315页。

[10]同上书，第305页。

[11]《清季外交史料》（四），总第1595页。

澄认为"苏满卡地远在迤西，于地势并不能扼阻，徒召争端，殊为非计"的主导思想有极大的关系。但许景澄并不是故意将苏满卡让给俄国。许景澄主张撤兵的主要原因：一是害怕两国增兵引起边衅，中国不能应付；二是俄国答应撤兵后中俄可以对此地进行重新勘议；三是他严格按照条约办事，因为当时他依据的是洪钧根据"中俄界图"翻译的地图，此图将苏满卡及雅什里划在中国界外。作为一个外交人员，按约办事谈不上错，即使是在今天看来本是不平等的条约。许的失误是其此时对俄国的侵略野心还没有足够的认识，轻信俄外交部的话，对国际外交背后的运作还不是十分了解。[1]

清政府撤出苏满增防军后，俄国又得寸进尺，要求中国撤回设在帕米尔地区的全部卡伦。许景澄立即与俄国外交部副大臣基斯敬和总办格毕尼斯交涉。基斯敬说"地既未有定属，不当一国先有卡伦"，坚持先撤卡后勘界。许景澄争辩说，中国之所以不撤卡伦，是因为"阿富汗屡来争地，中国正须设防，断不能撤此卡伦，且现留卡伦无碍于勘界，一撤卡伦，阿酋必来认地，无益于俄"。声明中国不撤卡伦的理由是为了防毗邻的（已沦为英国殖民地）阿富汗，不是为了防俄国。格毕尼斯狡黠地说："阿富汗不能越界，俄英早有成约，不必顾虑，帕地既须公商，中国不撤卡伦，便是先据其地，俄国故不能允。"许景澄反驳道："各卡系平定回乱时札设，在喀城分界之先，当时俄官皆无他说。"[2]但是俄国并不理会，仍催中国撤卡。这次谈判，再现了当年俄强词夺理和俄英勾结的情形。尽管清政府电示许景澄"（俄国）似此得步进步，漫无限制，万难轻允"。[3]许景澄也在交涉中严正指出，中国"现留卡伦原设已久，仅有巡查之兵在彼，何至于会勘事有碍"？但是俄国仍然要挟中国，若不撤卡就无法和中国勘界。

俄国不但坚持"先撤卡，后勘界"，而且公然出兵，武装进犯帕米尔地区，他们占领了属于中国的郎库里帕米尔，破坏了清军在阿克塔什的卡伦，并拘押守卡官兵；强迫清军撤出在阿克塔什、阿克苏河一带的驻军；再次占领苏满。[4]对沙俄的武装侵略，清政府反复电示许景澄向沙俄政府提出照会和交涉，抗议沙俄破坏中国设在阿克塔什的卡伦和拘押中国守卡官兵。对许景澄的严正要求，俄方搪塞说"俄兵仅巡阅帕地，不久扎"[5]，拒绝撤兵。许景澄再三声明"郎库里属于乌孜别里东边,实属中国无疑",可俄方并不理睬。格毕尼斯看许景澄态度坚决,不好对付,竟说:"所有界事当在北京由喀使一手经理"[6],殊是蛮横无理。

4. 出札守兵,坚持陈约

俄国在中国从苏满撤兵后,不仅迅速占领了苏满卡和郎库里帕米尔,而且还变本加厉要求中国撤出所有在帕米尔的其他卡伦,谈判时俄外交部的出尔反尔,使许景澄才真正察觉到俄占领整个帕米尔地区的野心。光绪十八年九月二十八日(一八九二年十一月十七日)许景澄上奏为敬陈新疆南路边境情形折,提出了对帕米尔地区"非清画地界不足以弭衅争,非先增缮边备不足以决界议"[7]的观点,"所奏各条,不为无见",光绪皇帝命军机处以密寄的形式六百里密寄陕甘总督和甘肃新疆巡抚,必须"熟筹审处,严密布置"。[8]

从光绪十八年九月起,许景澄多次奉国内指示约见俄外交部总办格毕尼斯就中俄勘界之事协商。双方在勘界原则上各持己见,会谈毫无进展。谈判中,许景澄坚持以光绪十年(一八八四年)签订的《中俄续勘喀什噶尔界约》(简称《喀约》)为原则,即勘界从乌孜别里往南划分:从乌孜别里山口起,"俄国界线转向西南,中国界线一直往南,所有界线以西,及顺该处河流之西,归俄国属辖,其界线

〔1〕许景澄曾劝总署不要鲁莽行事,他认为俄英"各怀私图,议界断不能就,终成拖局",应该充分利用英俄之间的矛盾,时间长了,就可维持原状,"我不居撤徒之名,而收保境之利"(《许文肃公遗集》306页)。然而,在俄国要增兵的军事威胁下,清政府撤出了派往阿尔楚尔帕米尔一带的增兵,撤回了增防苏满的军队。

〔2〕《许文肃公遗集·函牍》,第318页。

〔3〕光绪十八年四月二十三日总署发许景澄电,《帕米尔资料汇编》,第111页。

〔4〕编写组编著:《沙俄侵略中国西北边疆史》,人民出版社1979年版,第329页。

〔5〕光绪十八年闰六月二十日、二十九日军机处收许景澄电,《帕米尔资料汇编》,第102—103页。

〔6〕《许文肃公遗集·函牍》,第362页。喀使,俄国驻中国公使喀希尼。

〔7〕同上书,第74—75页。

〔8〕《军机大臣密寄陕甘总督及甘肃新疆巡抚陶函》,《帕米尔资料汇编》,1978年,第107页。

以东，及顺该处河流之东，均归中国属辖"。这是当时中俄两国勘分帕米尔未定界地区的唯一条约规定。"而俄国则不愿遵守此条约，它的交涉底线则与此大不一样，想以萨雷阔勒岭为界"，并诡称："如按地势将山岭分水之处分之，不拘东西南北之说，则尽善矣。"[1]在谈判中，格毕尼斯或以喀什噶尔界约语意宽混，难以作准，或认为俄文文本中并无"一直"二字，或认为郎库里俄国驻兵无多，无碍分界之事，找出各种借口，不同意中国坚持原来订立的条约中的分界要求。无论沙俄怎么强词夺理，许景澄都坚持《喀约》分界原则，毫不动摇。由于俄军已经占领了帕米尔的险要地区，俄方谈判者估计中国又不敢先开边衅，所以对许景澄的态度十分蛮横。"分界之事乃中国先愿相商，我们并不着急，现已电喀使暂且停议"[2]。许景澄与格毕尼斯谈判多次遭挫后，认识到仅凭口舌之争，强权面前难持公理，便向总署建议"出札守兵二策"[3]，"一面严兵自守，杜敌内犯，一面据约诘论，不与定界。……此策之先人而于理可行者也"[4]。

　　作为驻外使节身居异乡的许景澄，向总署的建议初看未免有"纸上谈兵"之嫌，然而这就是他外交谈判的经验所得。历次的谈判使许认识到"辩论与兵力每相须而行"，[5]他认为以前曾纪泽《中俄改订条约》谈判成功，而法国占领越南后中法的谈判却告失败，主要是因为"一则楚军（左宗棠在新疆的部队）新捷，声势可倚；一则粤师（指中法战争中在前线的广西部队）屡挫，敌无所忌"。[6]他坚持国内必须增缮边备，即使在李鸿章来函说明洪钧所摹帕米尔图是根据俄国界图而来的，而俄图有错。在众多官员都在为洪（钧）译地图没有注意虚实线的区别，将俄图虚线画为实线，满朝文武都在责怪弹劾洪钧时，许景澄却认为洪图虽然有错，但俄国在议界时，并没有以虚线处作为中俄之间的界限，"俄外（交）部与我争界，但言地势应然，并未牵引图线作证，可见俄亦不以此虚线为可据也"[7]。因此中俄议界的实质性问题不是地图问题，而是实力问题，"所患者俄人恃其力征，导谕不应，其兵继出，再谋进占，界事棘手正在此，不在彼耳"[8]。他指出了中国与俄国交涉，虽然地图和条约很重要，但最重要的是实力，可谓一语中的。只有以武力为后盾，才能达到"中俄之兵，均不出人"，"暂免衅争"的目的。

许景澄的建议被清政府采纳,"中国在界上添兵运粮,调聚驼马",给俄国造成了一定的威慑力。由于两国议界各持己见,最后"约明两国今岁各不进兵,以待和商",[9]同意暂不出兵,有关边界勘定仍未谈成。对此,许景澄非常着急:"窃维俄兵果不进占,于目前事局稍得宽展,然界务不定,则边事繆辍终不得清。"[10]

### 5. 举荐庆常　继续交涉

许景澄与俄交涉帕米尔归属问题的同时,还与俄交涉旗屯一案、巴鲁克移民迁徙案,三案交织一起。由于身体多病,繁杂的界务让许深感力不从心,但他仍希望在自己任大使时能彻底解决帕米尔问题,因此他利用俄外交大臣嘎尔斯在奥地利养病之机,向总理衙门建议调用熟谙外语并且与嘎尔斯关系较好的中国驻法国参赞官庆常前往奥地利与嘎尔斯直接交涉,以期能够划定中俄间帕米尔的界线。许景澄要求庆常在谈判中,必须坚持"保和好、守喀约、止派兵"三端为谈判底线。[11]嘎尔斯顽固坚持不以《中俄续勘喀什噶尔界约》(简称《喀约》)为划界依据,诡称帕米尔属于浩罕国,俄占领帕米尔是"继承浩罕遗产",否认中国在帕米尔地区的主权,并借口防止英属印度北进,俄国必须占领阿克苏河以东通往印度的道路。对此,庆常一一进行了批驳。

为了尽快解决中俄勘界问题,许景澄又向总理衙门建议将庆常直接调到俄国充任代理使臣,与嘎尔斯直接面谈。庆常按照许景澄的嘱咐,始终坚持以《喀约》为原则,俄

[1]《许文肃公遗集·函牍》,第353—354页。

[2]同上书,第360页。

[3]同上书,第380页。

[4]同上书,第366—367页。

[5]同上书,第380页。

[6]同上书,第381页。

[7]同上书,第390页。

[8]同上。

[9]《许文肃公遗集·奏疏》,第83页。

[10]同上书,第397页。

[11]《清季外交史料》(四),沈云龙主编:近代中国史料丛刊三编第二辑,台湾文海出版社,第1624页。

外（交）部对划界事宜则像踢皮球一样，从其外（交）部踢到其兵部，从其兵部踢到从丹麦回国的俄皇身上，最后又踢到在北京的驻华公使喀希尼身上，踢来踢去，就是不想真正按照《喀约》的要求与中国解决边界纷争问题。在谈判中俄国坚持要中国让出郎库里北半之地，许景澄认为俄方所提要求离约太远，予以驳斥。为寻求解决，许景澄向总理衙门请示，按照约文往南地势顺阿拜塔河至小帕米尔山岭略示通融，"若顺乌孜以南山梁接郎库以西山梁，至留库兹塞马克拉札中间山梁，转西至阿克苏河，自此沿河，至伊什提克河汇处，改沿乌勒干奇告克中间小岭，南至小帕山北为止"[1]。然而俄还不答应，要求中国让出通往印度的要地郎库里至阿克塔什一带，许景澄坚持郎库里至阿克塔什一带为中国注重之地，万不能让。[2]虽然庆常数十次与俄方谈判，最后的谈判结果仍是："俄官仍札原处，于帕界未经定议以前，不准前进。"

由于中日甲午战争爆发在即，清政府欲要借助俄国牵制日本，所以此时已无心再进一步和沙俄交涉，遂决定暂行搁置。光绪二十年三月（一八九四年四月），俄国外交大臣向许景澄提出在帕米尔地区"两国各不进兵以作调停"。[3]接着双方从一八九五年四月十二日到四月二十三日，连续进行了四个外交文件的交换，规定双方互约止兵，直到俄国和中国对帕米尔划界问题得到最终解决为止。[4]许景澄想依靠擅长与外国人谈判的庆常与俄解决双方在帕米尔地区划界的愿望最终没有成功。

此次中俄划界虽然没有达到中国按照《喀约》的要求划定界线的目的，但终于免于边界冲突，倒也差强人意。诚如许景澄所说："窃惟中外交涉之案，商议不和，势必出于相持，惟当边境两军，事机辄虞牵制，今互约止兵，议由彼发，冀于顾全事体之中稍收消弭衅争之益。"[5]但他也认识到，这只不过是一时之计，"其互约止兵一层，原以议不能结，为暂弭边衅之计，诚不足以持久"[6]。

不久俄国抛开中国政府，伙同英国私分了中国的领土帕米尔。中国帕米尔地区除了塔克敦巴什帕米尔和郎库里帕米尔的一部分以外，全部被英俄瓜分了。清政府对英俄抛开中国政府瓜分中国领土私分帕米尔的无耻行径十分愤慨。"英俄不顾中国允认与否，遽行定界，迹近强占，尤出情理之外，即分电许（景澄）、薛（福成）二使与俄、英外

(交)部执约力辩",[7]郑重声明中国坚持《中俄续定喀什噶尔界约》中的原则,"中俄界址,此后日必重申前说",[8]有关帕米尔地区的归属遂成为悬案,直至最近几年方解决。

从以上许景澄关于中俄帕米尔的交涉过程来看,中俄相持五载,最后"两不进兵"的交涉结果是应该值得肯定的。

清政府对许景澄交涉结果是满意的。光绪十七年,许景澄第二次出使,充任大清驻俄、德、奥、和(荷兰)四国公使,但许大部分时间都是在处理中俄之间的事务。他认为自任职以来,舌敝唇焦,一意交涉,"两岁之中,驻德者仅六阅月"。但莅俄以来,交涉日多,虽历遵照总理衙门指示,据理辩争,不敢稍有松动,然而"办理迄今总无寸效",认为"若再因循恋栈,将来设有贻误,负戾滋深",[9]既有几分自责,又有更多的不安,露出力不从心之感。光绪十九年借任期已满之际,许向总理衙门提出辞呈,要求回国。然而清政府并没有接受他的要求,不仅让他继续留任,处理中俄之间的交涉,而且诏命补内阁学士兼礼部侍郎衔。光绪二十一年,又授工部右侍郎。没有派人取代他以及官位的升迁,足以说明朝廷对他的出使基本是肯定的。

许景澄在帕米尔交涉中思想上有一个逐渐成熟的过程。起初许只想保持现状,将帕米尔地区作为中国、俄国、英国共管之地,各不侵占;但是俄侵帕野心不死,于是他又寄希望于联合英国,三国共同勘界,但由于俄、英之间的矛盾和各自的利益,此想法也

〔1〕《清季外交史料》(四),沈云龙主编:近代中国史料丛刊三编第二辑,台湾文海出版社,第1625页。

〔2〕《许文肃公遗集·奏疏》,第84页。

〔3〕《许文肃公遗集·函牍》,第459页。

〔4〕《中俄边界条约集》,《帕米尔资料汇编》,第129页。

〔5〕《许文肃公遗集·奏疏》,第85页。

〔6〕《许文肃公遗集·函牍》,第474页。

〔7〕《总理各国事务衙门致新疆巡抚书》,《新疆图志》,"国界志五",第119页。

〔8〕《清季外交史料》(五),总第1981页。

〔9〕《许文肃公遗集·函牍》,第407页。

无法实现；在中国撤出苏满卡和附近边防军后，俄不仅不遵守划界的诺言，反而得寸进尺，占领苏满。这时的许终于认清俄侵略帕米尔的真实用心。现实的教训促使他向清政府建议"增缮兵备"，以"出札守边"为外交谈判的后盾，以期能彻底解决帕米尔问题。由于国际时事变幻，帕米尔问题在他任上最后没有能够圆满解决，中俄之间只作到"两不进兵"。即使如此，"帕案虽界议犹悬，而俄害稍戢，公之功也"。[1]

在中国积弱不振的情形下，达成双方"两不进兵"，粉碎了沙俄侵占整个帕米尔地区的阴谋，其结果可谓差强人意。由于此时的清政府已不具备与俄争夺帕米尔的决心与实力，又由于中日战争爆发在即，"以俄制日"已成朝野共识，在此情形下，许景澄施展外交才干的空间有限，折冲樽俎很难得心应手。因此审时度势，"两不进兵"可以说已是当时最好的交涉结果了。

有关边界纷争的交涉是个复杂的问题，受多种因素的制约。许景澄在中俄旗屯案、巴尔鲁克山案、帕米尔交涉中最终没能彻底解决边界问题，虽主要是由于俄国的蓄意侵略造成的，但与清政府外交失误有着很大的关系：

第一，条约保存不善、内容模糊不明，增加了谈判难度。如关于《中俄瑷珲条约》，许景澄曾托后来在庚子事变中遇难的徐用仪在总理衙门查寻外文的文本，竟然未找到官方保存的文本。而《中俄瑷珲条约》最后一条清楚地载明条约用"满洲字（汉字）、蒙古字、俄罗斯字缮写"，辩论条约，最重要的依据是条约原件。于是许景澄在俄国，遍访各书店，也没能获得原版本，仅从俄"土著"手中购得汉文、蒙文、俄文缮写本，但这些抄本在抄写的过程中讹误太多，不足为据，"俄文本所叙大约与现行之汉文相同，惟首条黑龙江松花江左岸一语，俄文无松花江字样，由额尔古纳河至松花江海口一语俄文作黑龙江海口"[2]。清政府没有条约原件，许景澄在俄国只能依据俄国民间所存的条约，拿什么去与俄所持有的条约比照核对呢？而俄国谈判时依照条约中对己有利的条约内容，谈判时白纸黑字，就会争取主动权。对此，许景澄曾有深刻的体会，他曾对俄外交部总办格毕尼斯说过："我在此与贵总办商过三宗要事，一江左旗屯一案,一巴尔鲁克山俄民迁徙之案,一即帕米尔之案,大概于俄有益者,贵国即以条约为凭,无益者即不以为凭,未免有欠公道。"而《瑷珲条约》在签订之时,条约文本本来歧义就很多,结果给俄人钻了空子,许说"此约寥寥数行,而铸错不一而足,真可笑矣",他虽然尽心尽力,疲于应付,但却无法以充分的理由驳倒对方。

第二,帕米尔交涉中,俄国占领苏满卡伦之前,"以夷制夷"变成"依夷制夷"是总署和许景澄外交策略中一个缺陷。作为驻外公使,许主要遵循总署的意见与俄外交部协商,个人能发挥的余地空间不是很大,对此,许景澄曾在给时任代理两江总督张之洞的电稿中表明自己的无奈,"使者往复传电而已"。[3]许多次谈到在这个问题上要以英国制约俄国,促成"两雄之自争,冀免二敌之并受"[4]。正是因为这种心态,使他不能认识俄国在和平谈判幌子下的真实用心,"三国各不侵占"整个帕米尔地区和"定分勘界"的建议使得原本就害怕边衅的清政府没有及时采取强硬立场,使得俄国利用这段时间,探测帕地,搜集情报,逐步调兵。后来许虽建议"增缮兵备""出兵守札",但是已经失去解决帕米尔边界争议的最好时机。

第三,中国国力不强是许景澄不能解决边界的根本原因。近代国际关系盛行以强权制胜,造成弱国无外交。在给友人的信中,许多次谈到曾纪泽能取得中俄改订条约谈判胜利的重要原因除了曾纪泽个人的外交才能外,与左宗棠湘军军事背景背后的支持是分

〔1〕《许文肃公遗集·外集》,第1015页。

〔2〕《许文肃公遗集·遗稿》卷六,函牍二,第255页。

〔3〕苑书义、孙华峰、李秉新主编:《张之洞全集》,河北人民出版社,第6348页。

〔4〕《许文肃公遗集·函牍》,第329页。

不开的。许景澄虽然熟悉俄国的社会政情，掌握利害得失的尺度，善利用英俄之间矛盾，熟练使用谈判技巧，令对手大感头痛。虽然他坚持按约办事，但客观上部分利权流失。究其原因，则在于对手依据公理的技法或许与这个清廷的谈判代表相当，但依靠强权的实力却远过之。所以，一旦对方超越公理的范围行事，许这个弱国代表便一筹莫展，无计可施。他在给友人的信中述及帕米尔交涉时曾说："彼此两不进兵，盖尚为未了之案也。中国内政涣弛，又不致力兵备，致为外人所轻，使事一无可为。"[1]可谓力不从心与无可奈何之态毕现。

　　第四，清政府缺乏精确的地图以及对边疆概念模糊也是许景澄在界务交涉中失利的重要因素。许在涉及边境谈判之初，就认识到"辩论地界，非图不明"[2]。然而即使这样，来自国内的地图总是难如人意。因此在谈判的过程中，他主要是依据西方地图，然后根据国内地图，进行考证，然而大多数情况下，国内地图与西方地图却并不吻合。如关于旗屯一案，黑龙江省地图与俄方地图悬殊较大，并且标注模糊简略。为在谈判中争取主动，许景澄特意将"俄图开方拓大，绘呈一幅"，要求黑龙江省地方官员能就此图"填明屯界四至，并何处为俄人所占，何处为封堆"，希望根据俄图考察清楚，以便在以后的谈判中"借矛刺盾"，防止俄人"托词狡展"。[3]然中国人对地图知识的缺乏，在许与帕米尔交涉中表现更加明显。清廷总理各国事务衙门的官员竟然不知道帕米尔何在。新疆地方所提供的地图"所开卡伦地名，核与喀城向设名色无一符合，考之中俄界约及俄文地图，皆无此称，仅就地势揣测得其仿佛"。为此，作为官方的谈判代表的许景澄已经认识到，中国在此方面的弱点，势必给将来的边事谈判带来不便。在给总理衙门总办的信中他说，"边事至重，后虑方长，若在外辩论，依声配译不能确指实地之所在，办理殊苦鏐鞒"。在此情况下，许根据俄文地图，"按三倍拓绘一幅，拟请递交新疆抚署，将现设卡伦及营房屯地测准方向一一填注"。[4]然而即使这样，来自国内的地图依然是难如人意，许景澄在交涉了一年多后才接到陶模（时任新疆巡抚）从新疆发来的一幅地图，虽"边隅形势亦颇鲜明"，但"边外迤西，则方向不甚准合"，对于交涉至关重要的"大小帕米尔一带尤有舛误"。[5]因此许景澄在谈判初期,不仅得不到来自国内的依据和支持,反而频频被总署询问某地在某处。在这样的情况下,许景澄只能花费较多的时间查阅他所能找到的西方地图,考证核实。如总署问:"六尔阿乌无考"[6],许核定为"六尔阿乌即为穆尔格阿布"[7];在对英俄界图发生怀疑时,总署又问"卜希路拿是何部?帕米尔河究何处?"[8]许考证后答复:"查卜希路拿即布哈尔,为俄人保护之国;以帕米尔名河,洋人图说均无是称,阿(富汗)布(哈尔)二国经英俄议定以阿母河为界,是帕米尔河即阿母河无疑。"[9]其他如苏满卡在雅什里帕米尔,萨雷阔山即郎库里等中西地图不同的地理名词的地理方位,都是许景澄查实核对的。这些有利的证据为他在谈判之时提供了有利的条件,增强了说服力,但在研究地学方面也耗费了许大量的心血,虽然他的研究与他的谈判的实践是联系在一起的,但是如果国内能提供比较精确的地图,那么许景澄在与俄的谈判中就会节省许多精力与时间。为清楚地了解帕米尔地形地貌,他查阅了大量西方地图,编成《帕米尔说》和《帕米尔图叙例》。对此,时任总理衙门总办的奕劻称赞说:"出使大臣许景澄收集英俄法德图说,十余种,详稽博考,订成一图,益为赅备。"[10],为后人解决帕界问题留下了诸多借鉴。也可以看出官方对边界事务的管理缺乏力度,且无章法可循,造成许景澄单兵作战之态,自然,许的谈判成功的可能性极小。多么悲哀的一件事呀。

[1]《许文肃公遗集·书札》,第853页。

[2] 光绪十七年八月致总理衙门总办函,卷六,函牍二,第278页。

[3]《许文肃公遗集·遗稿》卷六,函牍二,第258页。

[4]《许文肃公遗集·函牍》,第288页。

[5] 同上书,第365页。

[6] 薛福成:《出使日记续刻》,岳麓书社1986年版,第563页。

[7]《许文肃公遗集·函牍》,第368页。

[8] 同上书,第321页。

[9] 同上书,第334页。

[10]《清季外交史料》(四),第1594页。

## 二　甲午后"还辽"问题的交涉

中国与日本之间的甲午战争，因中国的失败而告终。中国被迫与日本签订了既丧权又辱国的《马关条约》。条约的第二款的内容实质是规定了割让土地。割让奉天南部：从鸭绿江口溯该江以抵安平河口，又从该河口划至凤凰城、海城及营口而止，画成折线以南地方。所有前开各城邑皆包括在划界线内。该线抵营口之辽河后，即顺流至海口止，彼此以河中心为分界；辽东湾东岸及黄海北岸在奉天省所属岛屿，亦一并在所让界内；台湾全岛及所有附属各岛屿；澎湖列岛。[1]辽东半岛、台湾岛、澎湖列岛都在条约割让范围之内。以往清廷与列强所订条约虽有失地之事，但或为边缘荒凉地区，或为海中小岛，而此次所割均属"腹心根本，膏腴要害"，尤其辽东是清廷的龙兴命脉所在，竟然要让给"蕞尔小国"，国内上下，痛恨万状，王公大臣、翰詹科道以至部院司员，单衔、联名之奏折，几如雪片。京外前敌将领以钦差大臣刘坤一为首，各省疆吏以署两江总督张之洞为首，纷纷致电朝廷，坚决反对承认条约。台湾士绅，痛于乡土沦亡，尤为激昂。各省参加会试的举人，纷纷联名，汇成"公车上书"，反对签订和约。身在海外的许景澄听到《马关条约》签订的消息后，对他的学生、时任驻俄使馆翻译的陆徵祥说："国际强弱，自昔恒有，惟人心不可死，今日割台湾，洵可辱也。然法兰西为普法战败，曾割阿、罗两省请盟，当时蒲尔泽议员，退出议院，大声疾呼，昌言否认，此所谓人心不死，即先例也。"[2]希望清廷不要批准这个条约生效，重新备战。张之洞提出结强援，联英、俄以迫使日本废约，并于光绪二十年十一月二十七日（一八九四年十二月二十三日）电告许景澄："倭患日深，辽沈急，京畿急，非借强援不可。……英忌他国夺东方之利，俄亦不愿倭强，志在自得，海口似均可商，但必须饵以重利，恐须商务、矿务、界务等事于彼有利益，方能相助。"[3]希望许景澄能够与俄国、德国秘商，如能答应调停，不惜给予重利。

光绪二十一年正月（一八九五年二月），许景澄从俄国外交部探知，如果日本方面要求太奢，俄国将约英国、法国交涉，[4]似有不许日本依《马关条约》占地之意。得此情报，清廷对俄国为首的三国情劝寄予厚望："其所筹如何办法？并向倭如何措辞？能否制以实力？著许景澄密探电复。"[5]

许景澄身为清廷驻俄、德公使，往来于俄、德外交部之间，为争取外援可谓舌敝唇焦。他先探得德国同意劝日本"所索不宜太过"，[6]中日之间息战"专听俄廷定夺"。[7]于是他一意与俄国外交部交涉。当时中日《马关条约》尚未交换双方文书，但换约之期日益迫近，日本方面又大放厥词称，如果中方不及时换约，那么已经签订的停战协议自动无效。正处于焦灼中的总理衙门收到许大使的电文，"如日果坚拒，俄只好用力"。清廷将此话当作救命稻草，电示许景澄："俄廷能否以兵舰来泊辽东海面，为我臂助，倘真用兵力，中国愿与俄立定密约，以酬其劳。"[8]清廷只想解决燃眉之急，没想到"前门驱虎，后门进狼"，三国干涉还辽（辽东半岛）结束后，俄国立即要求中国酬报，并用欺骗的手段强迫中国签订了《中俄密约》。

清政府想以三国公劝为由，拒绝或推迟批准已与日本签定的《马关条约》生效，然而俄国又警告中国，"不愿中国率说三国之事"，俄国这种行为，曾引起清廷的猜疑："日本复三国公使云，百姓因屡战皆捷，无殊酒醉，如将中国拟让奉天之地，辞而不受，必激成内乱等语，据此，则是日本已有复语，何以俄廷不以告我"，[9]并要求许景澄"务须随时探询，一有确音，即行电奏。此数日最关紧要，不得坐待不

[1]《中外旧约章汇编》第1册，生活·读书·新知三联书店1957年版，第614—617页。

[2]《许文肃公年谱》，第12页。

[3]《张之洞全集》，第5941—5942页。

[4]《清季外交史料》（四），第1868页。俄国与法国当时是联盟国。俄国最初曾拉拢英国。英国认为日本在华获得利益，可以阻挡自己的竞争对手俄国向南扩张势力范围，因此，拒绝加入"干涉集团"。而德国鉴于俄法同盟，动摇了德国在欧洲的地位。因此，德皇威廉二世决定干预中日议和，换取俄国支持其在东亚的扩张。因此，最后干涉还辽的"三国"是俄、法、德。

[5]《李鸿章全集》，（电稿三），第507页。

[6]《清季交涉史料》（四），第1887页。

[7]同上书，第1906页。

[8]《李鸿章全集》，（电稿三），第512页。

[9]同上书，第514页。

一催询也。"[1]通过与俄、德外交部的接触，许景澄已经认清了俄德法三国干涉还辽的真实用心，即俄、德实际上是在有意识地纵容日本。因此，许向总理衙门表明自己的想法："详查利害，不换约，倭必构战，如换，三国争辽如故，恐收地后别作办法。"[2]为避免新的战争，许建议换约大臣及时与日本方面换约，但必须在约后添注："辽地俟日本与三国议定另约专条"，[3]这样，既免于日本借口挑起战争，又为解决辽地留下空间。

既然直接占领辽东半岛已经不可能，在三国武力恫吓下，日本政府只得让步，提出将辽地改为"暂押"。光绪二十一年五月四日，日本内阁在京都举行紧急会议，决定完全接受三国的劝告，放弃辽东半岛的所有权，而《马关条约》的批准交换日期不变。日本向三国宣称："鉴于俄、德、法三国政府的友谊忠告，约定放弃永远占领辽东半岛。"[4]俄国在得到日本的允诺后，一改帮助中国废约的允诺，反而要求中国按前约定日换约。许景澄说："约既批准，恐于三国商改有碍。"俄外交大臣罗拔诺夫对许景澄说："准而不换，约仍无用，即使已换，亦不能阻三国所商。"[5]要求中国准时换约。日本是在无可奈何的情况下接受三国"劝告"的，其内心并非真的愿意归还辽东半岛，日本方面的真实意愿是"对于三国纵使不能不完全让步，但对于中国则一步不让"[6]。因此在还辽问题上对清政府漫天要价，最初提出赎辽代价为一万万银两，企图以如此巨额的偿金，使得中国无力偿付，这样，既对三国有个交代，又达到了其长期占领辽东半岛的目的。但这种阴谋被俄国所窥破，俄国联合德、法两国要求日本将赔款数目作适度的调整，"日本（向清廷）索赔过多，退期迁延，意颇不善，但（清廷）不给费断不能办，现惟核减（中国向日本的）赔款，撤去商约，冀早结局"[7]。中国亦欲借助三国之力，抵制日本苛刻索取。日本在三国压力下，遂将赔款减少到五千万两。清政府再次电示许景澄，"此次赔款过甚，财力已竭，日索辽东赔费，万难再允"。许景澄将中国为难情形向罗拔诺夫切实言之，"属其力驳以副俄国家始终相助之意"[8]。由于三国施加压力，日本被迫又减去两千万两。虽然许景澄再次声明三千万两的赔款"中国力实不能办"，认为日本索赔过苛，希望俄国继续向日本施加压力，但俄国认为，三千万两已经是最低底线。九月十一日，俄、德、法国驻日公使同至日本外务省，递交了备忘录，建议辽东半岛的赎款应减少至三千万两,赎款一旦付清,日军立即撤出辽东半岛。日本震于三国声势,接受了三国的要求:将辽东半岛的赔款减至三千万两,并在中国交清三千万两赔款之后,不以签订《中日通商条约》为条件,三个月内即行撤兵。十月九日,俄外交副大臣基斯敬正式将三国"还辽"办法通知许景澄,并称已得到日本政府承诺。[9]

俄、德、法三国干涉还辽,虽然没有废除赎辽费,但毕竟将赔款从一万万两减至五千万两,又减至三千万两,而且清廷的龙兴之地毕竟没有失去,这多少给泱泱大国留了点"可怜的面子"。辽东半岛能够赎回,最主要的原因是俄、德、法国为了各自在华利益暂时的联合与妥协,直接参与交涉的清廷大使许景澄在其中也起了重要作用。正如张之洞所言:"俄以争回辽、旅顺,阁下功不小"[10],"辽、旅全归,俄之力,君(许景澄)之劳也。"[11]张之洞对俄充满了感激之情,希望进一步依靠俄国解决日本割占台湾问题,并希望许景澄能承担这份重托,他说:"枢、译两署皆麻木不仁,必得使臣筹有办法,尚有端倪,或可冀采纳照办。此时使臣为枢纽,国家将危,力所能为,务望商之。"[12]然而在张之洞及王公大臣做不切实际的幻想时,在谈判第一线的许景澄尖锐地

〔1〕《李鸿章全集》,(电稿三),第524页。

〔2〕同上。

〔3〕同上。

〔4〕伊藤博文:《秘书类纂》,附件第八十四号,第八十五号转引自中国史学会主编《中日战争》第七册,上海人民出版社1957年版。

〔5〕《清季外交史料》(四),第1940页。

〔6〕陆奥宗光著、伊舍石译:《蹇蹇录》,商务印书馆1963年版,第160页。

〔7〕《清季外交史料》(五),第2018页。

〔8〕同上书,第2015页。

〔9〕《许文肃公遗集·电报》,第623页。

〔10〕《张之洞全集》,第6344页。

〔11〕同上书,第6347页。

〔12〕同上书,第6348页。

指出，俄争全辽之所以如此费力的真正原因是"自卫重于援邻，故尽力"，[1]并向张之洞说明使臣的职能是很有限的，"使者往复传电而已"，[2]表明自己在此事上的无奈。一向主张亲英国的张之洞认为，"使臣自有可办之事，人臣出疆，苟利社稷，未尝不可出一谋，画一策，各国使臣皆然。来电谓尊处不过来往传电，窃不谓然，结强援岂能无厚报？果有厚报，自可立密约，何援不能结，何寇不能御!"[3]依旧对列强充满期待。张要求许景澄私下先与俄外交部密谈，了解俄国索要什么报酬，才肯答应帮助中国逼迫日本退还台湾。许景澄通过自己的切身经验认识到，俄、德、法三国干涉还辽，"俄人怀自便之谋，德人挟责报之意"，[4]指望三国为中国而开罪日本，犹如与虎谋皮。"窃以三国代争辽地，卒致赔给巨款，已非尽美，而相助之国，方挟以为德，各怀忮求，在我尤不暇应接，时局日艰，曷胜忧愤"[5]。对各国以还辽为借口索要报酬的侵略行径十分气愤。俄答应干涉"还辽"后，国内朝野弥漫着一股亲俄的热潮，清政府对野心勃勃另有企图的俄国的过分依赖，很快就尝到苦果。

### 三　反对"借地筑路"与出任东省铁路公司总办

（一）反对"借地筑路"

为支付《马关条约》所议定的向日本的巨额赔款，清政府不得不举借外债。西方各国争当债主，最后俄国以欺骗和威胁的手段成功成为债主。一八九五年七月六日，许景澄在彼得堡代表清政府在《中俄四厘借款合同》上签了字。该合同规定中国借款总额为四亿法郎（折合白银约一亿两），年息四厘，九四又八分之一扣，自一八九六年三月起，三十六年还清，以海关担保。《中俄四厘借款合同》的成功[6]，极大地刺激了沙皇政府对中国扩大侵略的贪欲，俄财政大臣维特（Witte）为更好地利用法国金融资本，决定成立一家由俄国控制的银行，这家银行"将以最广泛的方式在东亚诸国开展活动"[7]，银行被命名为"华俄道胜银行"，吸收中国股银五百万两，由中俄两国"合伙开办"。一八九六年九月二日，许景澄与道胜银行总办罗启泰签订了《中俄银行合同》五款。"由于其章程所订活动范围极其广大，俄国政府在该董事会中又占绝对优势，几乎成了俄国政府在世界帝国主义舞台上进行政治大赌博的一个富有的无孔不入的强大工具"[8]。这家银行成立后的首要目标就是促成西伯利亚大铁路的成功开筑。许景澄反对"借地筑路"，与俄国在诸多方面进行了反复谈判交涉，维护了清政府的权益。

一八九五年，维特对许景澄说："俄国防日（本）甚亟，现已赶造西伯利亚铁路"，希望中国造路与彼相连，则中俄"两收调兵通商之利"[9]，同时俄国《新报》也不断制造舆论，论及"西伯利亚铁路取道东三省，以达黄海"。许景澄立即将这一消息电告总理衙门。总理衙门大臣认为边界铁路，两国接连是常事，但在中国尚为创举，其中利弊，"亟应预为考究"，要求许景澄"与俄外（交）部详探确情，速筹办法，据实密陈"[10]。

清朝国内疆臣对"造路通接"也参与了讨论。署两江总督张之洞认为俄造铁路，意在网罗亚洲东方贸易，他主张在中国境内的铁路，皆由中国自己修造，这样"我由此路可操纵各国经由货物之利权，运价少多由我酌定，其利甚大，既可振中国富强大局，且防无穷

〔1〕这一点在一八九五年四月十一日（俄历三月三十日）的特别会议上俄财政大臣维特的一席话中可知端倪："假使我们现在让日人进入满洲，要保护我们的领土及西伯利亚铁道，就需要数十万军队及大大增强我们的海军，因为迟早我们一定会与日人发生冲突。……因此我们坚决声明，我们不能容许日本占领南满，假使不履行我们的要求，我们将采取适当的措施。张蓉初译《红档杂志有关中国交涉史料选译》，生活·读书·新知三联书店1957年版，第154、155页。

〔2〕《张之洞全集》，第6348页。

〔3〕同上书，第6368页。

〔4〕《许文肃公年谱》，第12页。

〔5〕《许文肃公遗集·函牍》，第497页。

〔6〕关于此次借款的论述可参考吴雪岩、孙盟健《许景澄与中俄四厘借款》《北方论丛》1999年第3期；以及刘存宽《维特与1895年中俄四厘借款》，《黑龙江社会科学》2002年第3期。

〔7〕罗曼诺夫著、陶文钊等译：《俄国在满洲（1892—1906）》，商务印书馆1980年版，第90—91页。

〔8〕罗曼诺夫：《日俄战争外交史纲》，上海人民出版社1976年版，第250页。

〔9〕《清季外交史料》（五），第2057页。

〔10〕同上。

后患，不可不竭力挽回"。奕䜣等人认为，中国自造铁路，"通商之权利尚可稍分，而辽海之形胜不致坐失"，张之洞等人从经济和国防利益考虑，主张中国自造铁路，但他们不得不承认，"腹地未造，岂能远及边疆；岁息难偿，何容更借巨款？"[1]可以看出，人们对此也是一筹莫展。

其实，维特根本不想中国"自造铁路"，他不过是借此来试探清政府的态度而已。当许景澄将中国国内要求"自造铁路"的意见告诉俄国外交部后，维特又迫不及待地对许景澄说："为中国代计，目前未必有款，又无熟悉工程之人办理，恐难迅速"，为避免因为中国施工进展速度缓慢，进而影响俄国修筑通至海参崴铁路的速度，维特建议，"莫如准俄人立一公司承造此路，与中国订立合同"[2]。维特自以为找到了一个很好的理由，不料遭到许景澄的拒绝。许景澄说"公司办法与前奉本国训条自造之说不同"。在给总理衙门的电报中许特别指出，成立公司这一做法虽然西方国家也有，但西方国家多为私人公司承办，"其主国或纳其税赋，定若干年后购为本国之产"。凭以往与俄国打交道的经验，他提醒总理衙门维特此举"明系托名商办，实则俄廷自为，盖即借地修路之谋，变通其策，以免诸国之忌而释我之疑"[3]。但许又认为成立公司与借地自造相比，两害相权取其轻，故他主张不如选择成立公司，因为成立公司"如何议订合同，取益防损，在我得操其权，与借地之授权于人，譬之两害相权自觉较轻"[4]。

"借地筑路"的要求遭许景澄拒绝后，俄国转而利用在北京的驻华公使喀西尼直接与总理衙门谈判。虽然沙俄不断给清政府施加压力，但清政府害怕如果答应了俄国，列强就会群起效尤，因此拒绝了俄国的借地筑路的要求。因此俄使在北京的交涉也未成功。

为了实现"借地筑路"，俄国决定还是将谈判放在彼得堡举行。俄国抓住了清政府将要派使赴俄参加沙皇加冕典礼的机会，他们使用阴谋让清政府派遣了亲俄的李鸿章。在彼得堡，他们又采用了威胁加贿赂的手段，诱迫李鸿章签订了《中俄密约》。通过《中俄密约》，沙俄以订立"防守同盟"的空头支票，获得了它垂涎已久的"借路自筑"的权利[5]。李鸿章代表清政府给予了俄国这个权利，而关于具体的借地筑路事宜的谈判却是由许景澄与俄国交涉的。

在谈判中,俄方提出十二条要求,其主要内容为:铁路应自合同批准之日起十二个月内开工;铁路轨距应与俄国的标准一致(即宽轨);铁路公司所需土地不纳地价;铁路公司在铁路附近开采矿苗亦皆免税;凡由该铁路运入或运出中国之货物,按中国关税三分之一纳税;自通车之日算起,八十年后路产全归中国等。许景澄看到合同后,立即给予驳斥。坚持铁轨按中国定式四尺八寸五分,交界设栈换车;坚持俄货经此路征半税;坚持将八十年改为三十六年。[6]经过多次争论,俄方虽同意三十六年后中国可议价收回,但关于过境征半税的要求和按照中国轨式问题,没有谈成。尤其是关于轨式问题,清政府尤其坚决,不同意用宽轨。俄竟以废《密约》相威胁。清廷见此只好妥协,"改轨不允,当即定议"。[7]光绪二十二年八月初二日(一八九六年九月八日),许景澄与俄国签订《东省铁路公司合同》十二款,又称《东清铁路合同》。

《东清铁路合同》满足了沙俄大部分无理要求,但在三个问题上,沙皇政府未能如愿以偿:一是关于中国东北煤矿开采问题。许景澄在致总理衙门总办函中称:"煤矿一节,去秋成订合同时,维特本欲在第六条提明,不在另议办法之列,弟驳以不归另议,则与开采沙石同,于理未允。"[8]一是关于护路问题。"合同"第五款明确规定:"凡该铁路及铁路所用之人,皆由中国政府设法保护。"三是关于电线问题。合同

〔1〕《清季外交史料》(五),总第2040页。

〔2〕《许文肃公遗集·函牍》,第504页。

〔3〕同上书,第505页。

〔4〕同上。

〔5〕《中俄密约》内容共六款,其中第四款规定,"今俄国为将来转运俄兵御敌,并接济军火、粮食,以期妥速起见,中国国家允于中国黑龙江、吉林地方接造铁路之事,不得借端侵占中国土地,亦不得有碍大清国大皇帝应有权利,其事可由中国国家交华俄银行承办经理,至合同条款由中国驻俄使臣与银行就近商订。褚德新、梁德主编《中外约章汇要(1689—1949)》,黑龙江人民出版社1991年版,第287—288页。

〔6〕《李鸿章全集》(电稿三),第662页。

〔7〕同上书,第672页。

〔8〕《许文肃公遗集·函牍》,第571页。

规定，电线只用于铁路。这些都为后来在实际开工过程中，俄方的种种刁难，提供了有力的反驳依据。许景澄在力所能及的可能下，为清政府争回了部分利权。

（二）出任东省铁路公司总办

《东省铁路公司合同》第一款规定："华俄道胜银行建造、经理此铁路，另立一公司，名曰：中国东省铁路公司……该公司总办由中国政府选派，其公费应由公司筹给。……其专职在随查该银行暨铁路公司于中国政府所委派之事是否实力奉行；至该银行暨该公司所有与中国政府及京外各官交涉事宜，亦归该总办经理。该银行与中国政府往来账目，该总办亦随时查核。"[1]银行总办罗启泰建议清政府任用许景澄为总办："若由澄在洋兼办，彼此兼便。"[2]清政府考虑到许景澄与罗启泰、维特的私人关系"素熟"，[3]又久任驻俄公使，谈判经验丰富，而且参与了铁路合同的谈判，对合同内容比较熟悉，对复杂的交涉会有好处，因此也认为许景澄是合适人选。虽然"恐归事又有延阻"[4]，许景澄还是接受了任职，并对铁路交涉提出了自己的看法，"勘地之初，首在清画程途以明限制，开筑以后则在辑和交涉以期相安"[5]。许时刻不忘自己的职责主要是维护清政府的利权。

协调与总监工茹格维志的关系。《东省铁路公司合同》签订后，东省铁路公司董事会于一八九七年七月初举行首次会议，聘用茹格维志（俄国人，后为中东铁路总工程师——引者）担任东省铁路总监工，主持铁路的勘察、设计和施工事宜。身为公司总办的许景澄知道总监工将直接到中国勘地筑路，其态度对铁路进程会有重要影响，而且还会直接影响黑、吉两省官民与俄国官方的关系，甚至会影响中俄两国之间的关系。为防止施工过程中俄方人员与中方人员之间的纠纷，他私下里拜访总监工茹格维志，彼此"意渐亲近"。并暗示总监工"到工以后，凡事必照合同办理，并约束各工员勿滋事端"[6]。为避免因沟通不便等可能引起的冲突，许景澄还派了使馆翻译人员刘式训到当地协调关系，以期"居间传达，冀免不协"。[7]

铁路路基走向。沙俄最初拟订的东省铁路走向是经呼伦贝尔（海拉尔）、齐齐哈尔、呼兰和宁古塔以北（即今满洲里至绥芬河铁路的基本走向）。后据勘察人员反映，此路所经兴安岭山峻雪大，行车困难，要求改向。光绪二十三年（一八九七年）初，俄外长向许景澄提出拟改为"循原线至呼伦贝尔改向东南，沿依本河、乌奴尔河过岭，沿绰尔河上流渡河，经蒙古扎鲁特旗地，渡陀喇河，沿嫩江西岸，经蒙古郭尔罗斯前旗地，渡松花江，至伯都讷，沿松花江北岸至宁古塔，至胡布图河出界"[8]。此路线较原来旧线约南移一百五十公里，而且穿越蒙古、吉林省城，逼近盛京，有利于俄国在中国东北获得更大的势力范围。许景澄反驳说"吉林一带民居过众，拨地不便"，而且"自齐齐哈尔之南须经行蒙古境内，为两国原订凭件未载，亦有窒碍，不如用原意"[9]，最后双方经过交涉，俄国同意"自伯都讷河径行往东，不至吉林边门以内，亦不绕双城堡、拉林诸城"，达到了许景澄所希望的主客相安的结果。

关于架设电线　光绪二十三年（一八九七年）正月，东省铁路公司为了传递信息方便，向许景澄提出"现在勘办造路工程须先安设电线以便传递信息"。许景澄认为按照合同电线只能设在铁路地段内，"今路地未经勘定，公司尚无设线一定之所，宜暂缓办"。后来公司又以电线为造路"开手（首）要务，万不能从缓"。为征得清政府的同意，最后双方达成协议。公司保证："一，所设电线，专归公司自用，二，此线现系暂设，俟铁路地段画定，既将地段以外电杆移置路内。"

入关检验运料　《东省铁路公司合同》第四款规定，"公司建造铁路需用料件，水路转运，中国谕令该地方官尽力相助等"；第七

〔1〕《中外约章汇要》，第299页。

〔2〕《李鸿章全集》（电稿三），第694页。

〔3〕同上书，第652页。

〔4〕《许文肃公遗集·书札》，第838页。

〔5〕《许文肃公遗集·奏疏》，第96页。

〔6〕《许文肃公遗集·函牍》，第565页。

〔7〕同上书，第556页。

〔8〕同上书，第559页。

〔9〕同上书，第557页。

款规定"凡该公司建造修理铁路所需料件，应免纳各项税厘"。许景澄认为这项规定过于宽泛，因为承运商有可能借此机会夹带私货逃税，因此，主张对运料进行验查。但俄国以运料"系承办中国国家工程之物，非商货可比，一经点查，易致稽延行程"。而且认为货物数量多，货宗大，合同没有载明要查验，拒绝由中国盘查，只要由公司"自给行船执照，在入中国界时，附近卡伦呈验，以凭往来载运"。但许景澄认为仅凭总局自给船照，没有监督，"究涉宽泛"，不同意俄国及公司的要求。由于许景澄的坚持，最后俄国方面及公司只好让步，"改由总办给照，并照合同听总办稽查"。许景澄认为"船照归我缮给，较为正办"，因此与公司的商董订定了合同：一，公司运船以及拖带的船只必须编号；二，每条船必须挂公司的旗帜；三，每条船的执照以一年为限，期满缴销另给；四，执照由总办发交总局转给；五，船入中国界第一关卡，呈验执照，关卡官必须迅速验完放行；六，总办有权派人在卸载处查验物件；七，公司与船主具认，装运公司料件粮草之外，不得夹带他货。[1]经过这样，避免了逃税漏税，给清政府争得了一些权利。

拒绝领用总办公费　《东省铁路公司合同》规定，许景澄作为总办，应该由公司发给公费。经公司总局公议，总办公费每月上海规银一千二百五十两，一年共一万五千两。但许景澄认为自己作为公使，兼职总办的初衷是因为"于中俄接路原委夙经接洽，或冀少尽驽驾之责，是以未敢推迟，非图增益禄入"[2]。所以许向华俄道胜银行总办罗启泰声明："现在使任及以后到部，中国本有随俸，不愿多支。"主张实用实支，只要将电报费及凡涉及公司用项计数开支就行了。但公司各董事皆认为，任职总办，理所应得。最后许景澄向总理衙门建议，将此项公费，岁提规银一万两，转解衙门储存，俟有涉局用项再行咨请核发。罗启泰对许说，我们难允总办不要此费，至如何用法，却不管。于是许存规银五千两作为总办办公之用。[3]许景澄这种大公无私的行为在贪污盛行、颟顸腐败的官场可谓凤毛麟角。令人扼腕的是，许景澄卸任公使回国到工部任职后，原本想利用存在总理衙门的这笔钱修建北京的道路，可惜还没有来得及办理，就罹难了。

许景澄作为东省铁路公司总办，凡合同规定由总办管辖的范畴，他都认真办理。他坚持按约办事，与俄国交涉铁路开筑的过程中，虽然为清政府挽回了部分权利，但最终签订的条约还是使中国丧失了许多权利。而在出任东省铁路公司总办时，将俄国所下发的每年一万五千两白银移作国内他用的做法，在顽固派看来简直是有辱国格，以致在义和团运动中，许被入京"拳民"视为首先要杀的人物之一。[4] 正因为许景澄曾任东省铁路公司总办，所以庚子年间对他的被杀，俄国人也觉得"大失体面"，以至于俄国驻华公使对朝廷为五大臣"开复原官"的上谕措辞十分"愤慨"，要求清政府另发上谕。[5]

### 四　旅顺、大连租借地交涉

俄、德、法三国干涉还辽后，德国借机不断谋求向东方发展。身兼数职的外交官许景澄疲于奔命，因而感到处理有关事务很不称心；加上俄、德的微妙关系，德国也希望清廷能够有专任驻德公使。光绪二十二年九月（一八九六年十月）许景澄向清政府建议，俄、德分驻两使。清廷原拟派黄遵宪为驻德公使，却被德国拒绝。[6] 光绪二十二年十一月二十六日（一八九六年十二月三十日），谕命许景澄专任驻德国公使，[7] 杨儒任清廷驻俄公使。

作为清廷首任驻德国公使，上任初，许景澄就遇到了胶州湾问题（详见第五章）。德国占领胶东半岛胶州湾成功后，俄国撕下它伪装的面纱，开始向中国谋求租借辽东半岛南端"不冻港"旅顺、大连。

德占胶州湾，态度强硬，清政府觉得单靠自己的力量不能遏止德国的行为，以李鸿

〔1〕《许文肃公遗集·函牍》，第568—569页。

〔2〕同上书，第563页。

〔3〕同上书，第563—564页。

〔4〕袁昶：《致夫子大人函文》，光绪二十六年六月初二，见《袁忠节公手札》。

〔5〕《泰晤士报》1901年3月11日，第5版。

〔6〕《国外中国近代史研究》第24辑，中国社会科学出版社1994年版，第61页。

〔7〕《许文肃公遗集·奏疏》，第94页。

章为首的亲俄派很自然地想起了"老朋友"沙皇尼古拉二世。这时俄国又以中国"救星"的姿态出现。光绪二十三年十一月初八（一八九七年十二月一日），沙俄外长对中国驻俄公使杨儒说："德事（德国租占胶州湾）愿效力而难于措辞，或请中国指定海口，俾泊俄舰，示各国中俄联盟之证，俄较易借口，德或稍敛迹。"[1]接着俄国军舰在"保护中国的幌子"下，开进旅顺，并且声明，俄在此只是"暂泊"、"过冬"，并无他意。[2]俄占领旅顺、大连成为事实后，立即自食其言，背弃"暂泊"的保证，逼迫清政府接受租借该地的要求。

　　光绪二十四年二月十一日（一八九八年三月三日），沙俄驻华代办巴甫洛夫来到总理衙门，正式提出"旅大租地及造支路到黄海两事，以为其君决定要办，限五日答复"[3]。第二天，沙俄代办又向总理衙门递交照会，要求在三月二十七日（一八九八年四月十七日）前将此事议结，否则，俄国将不履行《中俄密约》规定的"援助"中国"御敌"的义务。[4]对俄国迫不及待的强硬态度，总理衙门感到惶恐不安。这时他们想到了长期与俄国打交道的许景澄，希望许景澄与俄国磋磨，能使事态有所缓和。因此，就在二月十一日巴甫洛夫提出前述要求的当天，决定派驻德公使许景澄为头等钦差大臣，赴俄直接谈判，后在许景澄的要求下，又派驻俄公使杨儒为会办，协助交涉旅、大事宜。

　　许景澄到俄国后，先与沙皇见面。许景澄恳求沙皇将俄船退出旅、大，"免中国为难，并保东方太平之局"。不料，俄皇狡辩说，"俄船借泊，一为胶事，二为度冬，三为助华防护他国占据"，而于退船一层，避而不答。许景澄与之辩论。俄皇答应，"俟春暖拟离口，或留小船照看。惟冬令尚须回泊"，又说："中国须拒他国兵船屯泊"。许景澄紧追不放："俄船早退，中国自易拒却他国。"[5]接着又与俄外长穆拉维约夫见面，穆拉维约夫坚持侵略要求，还振振有词地说："胶事已定，英已得长江利益，法亦有索件，故俄必须租得不冻港口，为水师屯地……。至租界内收税理民，仍归中国自主。"许景澄告以如果中国答应了俄国的条件，其他列强必然仿而效之，有损东方和平，所以请俄放弃此要求，中国可允俄船在旅、大过冬，并扩大俄国在该地的屯煤地段；对此，穆拉维约夫并不接受，只是一味强调："俄主意在必成"，"词意坚持，大非昔比。"[6]同时沙俄驻北京公使馆代办巴甫洛夫也到总理衙门,声称"旅大租地,开通铁路,断不能改。已奉训条在此(北京)议论,限一日复,至缓两日"。总理衙门告知许景澄已作为专使在俄商议,巴甫洛夫竟说:"可将许使搁开,在我商办",[7]言毕,"竟拂衣而去。"[8]

光绪二十四年二月二十三日(一八九八年三月十五日),许景澄又向俄皇陈述中国政府难以允借旅顺、大连湾两口情形,希望俄国践行过去的诺言,军舰在中国只为过冬,不租借该地。尼古拉二世说"外交部所定条款及画押期限,早经筹定,实难改动,惟望转达贵国政府,早日允办",甚至违反国际礼仪,问:"贵使几时回去?"许景澄也不卑不亢:"俟商办妥洽,然后回国。"[9]同日,俄外交部利用公宴的机会再次警告,"如过三月初六未成订,俄国另有办法"[10]。第二天,俄外交部又通知许景澄说:"奉国主谕旨,派巴甫洛夫代办为全权专使,商办旅、大各款,并须如期在京议结。"[11]他们想避开许景澄,直接在北京达成协议。

二月二十五日(三月十七日),总理衙门电告许景澄、杨儒:"巴使急欲图功,性情刚愎,本署实难与议。"[12]仍然要求许、杨二人在俄国交涉。许景澄奉命再次交涉,但俄外交部称"俄计已决,无论何国出阻均所不计,词甚决绝",并再次威胁必须在三月初六前订定,"过期无复,俄国自行办理,不能顾全联盟交谊"[13]。许景澄见俄方规定的时限将至,十分着急。

巴甫洛夫在北京的谈判并不顺利,后来沙

[1]《清季外交史料》(五),总第 2210 页。

[2]《英国议会文书》,中国,第 1 号(1898年),第 10 页。转引《沙俄侵华史》,第 104 页。

[3]《翁同龢日记》(六),第 3098 页。

[4]总理衙门档案:《清季俄国租地》第 1 部分,第 8 号文件。转引自《沙俄侵华史》,第 113 页。

[5]《清季外交史料》(五),第 2238 页。

[6]《许文肃公遗集·函牍》,第 638—639 页。

[7]《清季外交史料》,第 2247 页。

[8]《翁同龢日记》(六),第 3101 页。

[9]《许文肃公遗集·函牍》,第 578—580 页。

[10]同上书,第 640 页。

[11]同上书,第 578—580 页。

[12]《清季外交史料》,第 2252 页。

[13]《许文肃公遗集·函牍》,第 641 页。

俄又故技重演，再次采取贿赂的手段，收买了李鸿章和张荫桓[1]。光绪二十四年三月初六（一八九八年三月二十七日），李鸿章、张荫桓与巴甫洛夫在北京签订了《旅大租地条约》。条约共九款。许景澄在圣彼得堡的努力失败了，但双方在圣彼得堡的谈判并没有结束。

《旅大租地条约》第二条规定：租借地和隙地的确切界限，由许大臣在彼得堡与俄外交部商定"另立专条"；第八条规定：东省铁路支线造路方向及经过处所，也由许景澄与东省铁路公司在圣彼得堡商定。[2]因此，许景澄不得不再次留下来继续谈判。而在此后的谈判中，许景澄焦头烂额，受尽屈辱，最后签订的条约使他落得了一个"误国"的骂名。

关于谈判方针，总理衙门曾对许景澄有明确指示：一、改减租界，留隙地；二、金州城厢及往来道路、营汛不能归入租界；三、铁路专至大连湾，不达别口。[3]经许景澄详缮节略，指陈利害，多次执论，俄方只同意"在所拟租界内画出周环金州城距三俄里"处，不入租界地。[4]双方磋磨期间，俄国兵部接到其在华水师"金州清兵开枪轰击俄营"的报告，遂决定改变原来金州城由中国自治的初议，欲派兵径赴该州，隐图占守。许景澄再三与俄外交部执论，外交部才同意不派兵进入金州城。光绪二十四年闰三月十七日（一八九八年五月七日），许景澄、杨儒与俄国签订了《中俄续定旅大租地条约》。

《中俄续定旅大租地条约》客观上是不平等条约，但也是许景澄、杨儒在原来俄外交部拟订的初稿上已进行了力所能及的修改的结果。尽管他们为了旅顺、大连的租借范围的划分与俄国的交涉已经竭尽全力，但条约传到国内，仍是舆论喧哗，尤其是对"金州自治"的规定引起了当地居民的极大愤怒，金州副都统寿长更是认为许景澄的签约行为是欺上误国行为。

"查续约六条内仅云北界应从辽东东岸亚当湾之北起，穿过亚当山脊至辽东东岸貔子窝湾北尽处止，并无亚当即普拉店之文。许景澄定界于万里外，稍一疏忽，流弊滋多，况地名最关紧要既不详考地志，又不咨询疆臣，率然加以亚当之名，诚不知何所据而云。然又查该使臣续约原奏鳃鳃然，颇以争得金州一城为功，不知环城以外，尽租于俄，仅留孤城中悬于数百里租界之内，出入皆形阻滞，且界内人民归彼治理,界内粮租归彼征收,凡城内大小旗民大小官员三千余人,去之则空城犹存,留之则所司何事?……"[5]

因此寿长对许景澄"率然"签订的这个条约表示"骇异",责备许景澄"既不详考地志,又不咨询疆臣"的行为是"欺上误国"行为,并认为许景澄争得的"金州自治"毫无意义。愤激的寿长发出"凡有血气,谁肯事仇"的怒吼,并提出了具体的抗俄计划,然而他的意见并没有得到清政府的重视。客观地说,在给俄国租借辽东半岛时保留金州城:由中国人自行治理。正体现了许景澄在处理外交问题上的"用心良苦","金州自治"正标志中国对整个租界的主权,有助于租约届满时收回租界。

从一八九〇年至一八九八年,许景澄在与俄国的交涉中,代表清廷签订了一个个不平等的条约。其中影响较大的主要有《四厘借款合同》、《合办东省铁路公司合同》、《续订旅大租地条约》,虽然对每个条约都尽力交涉,尽力维护清廷利权,但最后签订的条约几乎都是屈辱的,更重要的是,在他手上失去的领土又是清朝的"龙兴之地"。在满族官僚看来,正是李鸿章、许景澄这些"亲俄分子"[6]葬送了他们祖先的领土,因此他遭到满洲顽固派贵族的唾骂也就毫不为怪了。而许景澄在交涉中,有时自以为是,也犯了一些错误,如关于旅顺、大连租借地中东西海岸的界限问题,他

[1]关于李鸿章、张荫桓旅、大租借地收贿分析详见马忠文《旅大租借交涉中李鸿章、张荫桓的"受贿"问题》,《学术界》2003年第2期。
[2]《中外约章汇要》,第308、309页。
[3]《许文肃公遗集·电报》,第643页。
[4]同上书,第644页。
[5]《清季外交史料》,第2303—2304页。普拉店即普兰店。
[6]就维特看来,他认为许景澄是他们比较满意的中国驻俄国公使。在一九〇一年十一月七日维特给波兹德涅耶夫的电报中说:"随着失掉李鸿章和许景澄","我们这一派已经完全没有台柱子了。"(罗曼诺夫:《俄国在满洲》,第329页注②)许景澄任东省铁路公司总办,是得到俄国赞许的。更值得注意的是,一八九八年初,俄争揽对华贷款权时,巴甫洛夫于一月二十五日以增加"酬金"为诱饵,点名要李鸿章派许景澄到圣彼得堡去办理这项交涉(罗著,第199页注②)。

认为"此处尚非腹地要隘",[1]而没有咨询地方疆臣的意见,因此寿长对他的抨击也不是毫无道理的。

## 第四节　外交方针和策略

### 一　力维和局,维护国家主权

在对外交涉中,许景澄基本上是遵循了"外须和戎,内须改革"的外交方针。从一八八四年至一八九八年在公使任上,许景澄参与了中法战争、中日战争及中俄西北、东北界务的交涉。未出使前许也曾是对外积极主战的官僚,如本书前面分析的许对于法越战争的分析,但出使后,随着他对国外的了解,他更强调遵守条约,维持和局,加强内政改革。

（一）依约交涉

许景澄对外主张"和",并非是一味卖国,而是坚持依约交涉。"按照近代国际法的惯例,条约是国际法的一项重要制度,一经签订,就应该遵守和维持,否则就是违约,应负国际责任"[2]。鸦片战争后的最初十多年,清廷官僚和地方士绅的守约意识不强,经常会被具有侵略野心的国家藉此寻衅,挑起更大的争端,甚至发生战争,结果中国丧失更多的主权。随着"天津教案"、（云南）"马嘉理案"的发生,清政府的守约意识进一步加强。[3]许景澄办理外交时期,正好处于清政府守约时期。许清楚地认识到清政府内以西太后、李鸿章为主的实权派对外"主和"的想法;认识到鸦片战争后外国强加给中国的不平等条约体系已形成;亲身感受到了中西之间经济、军事上的差距。作为清廷所派公使的许景澄,在交涉过程中坚持遵守条约,并且利用条约中的一些条款来维护国家现有主权。在《中法新约》中关于通商问题的交涉,在《中俄四厘借款合同》中对利息的争取（年息四厘,九四又八分之一扣）,在旗屯事件中依据《瑗珲条约》争取关于苏忠阿所种地区的土地归属权,巴尔鲁克山案中依据《塔城界约》争取俄属哈萨克部族所耕种之地的归属,帕米尔案依据《中俄续堪喀什噶尔界约》确认中俄两国对帕米尔地区的勘分界线,依据《东清铁路公司合同》

反对俄国在东北擅改修筑铁路路线等，在这些交涉中，许景澄均按照条约规定的内容，抵制列强尤其是俄国的新的侵略要求，一定程度上维护了国家的主权。可是仅仅依靠条约是不够的，帝国主义国家往往是于己有益时就根据条约，一旦欲扩大侵略，他们往往就越出条约的范畴，而以战争相威胁；尤其是俄国，利用甲午战争后清廷仇恨日本的情绪，以中俄同盟为幌子，以中俄绝交为要挟。对俄交涉一旦出现这样的情形，许景澄和总署为避免战争、维护和局就只有妥协了。

（二）"以夷制夷"

为维护和局，许景澄一方面坚持依约办事的外交策略，另一方面坚持"以夷制夷"的外交策略。"以夷制夷"是中国历代王朝对付边境邻国或内部少数民族的传统做法，曾取得了很大的成功，被历代统治者所采纳。到近代，清政府遇到强大的西方侵略者，仍从"以夷制夷"的旧套路中去寻求解决的办法，成为鸦片战争后清政府对外交涉的主要外交策略。这主要表现在新疆帕米尔交涉中，许景澄利用英、俄之间围绕争夺亚洲霸权而矛盾重重，主张"以英制俄"，这种方法在帕米尔交涉初期取得了一定成效，使得俄国在很长一段时间内不敢轻举妄动，延缓了俄国侵占帕米尔的进程，帕案最终成为悬案。在俄、德、法三国干涉"还辽"中，许景澄指出，在制止日本侵略行径的国际力量中，俄国是最为重要的，"非俄格外相助难得力"[4]。并极力协助实施"以俄制日"，正因为俄、法、德三国的干涉，日本最终被迫放弃了侵

〔1〕《许文肃公遗集·电报》，第646页。

〔2〕李育民：《近代中国的条约制度》，湖南师范大学出版社1995年版，第7页。

〔3〕李育民：《论清政府的信守条约方针及其变化》，《近代史研究》2004年第2期。

〔4〕杨儒辑：《俄事纪闻》，《近代史资料》（总46号）1981年第3期，中国社会科学出版社，第26页。

占辽东半岛。然而，在实践中，许景澄对"以夷制夷"的最终结果表示十分愤慨和无奈。从帕米尔交涉中许景澄看到了英、俄的勾结；在甲午"还辽"交涉中俄、法、德与日本的妥协；在旅顺、大连租借地交涉中俄、德的交易，这些都使许景澄亲身体会到列强对中国的侵略既矛盾重重又狼狈为奸。许景澄虽然充分利用列强之间的矛盾，以传统的"以夷制夷"的外交方法，避免了列强对清政府的协同侵略；但最后中国还是无法避免丧权辱国的命运，只是程度大小不同罢了。所以，许景澄指出，外交交涉中仅仅坚持按约交涉，以夷制夷是不行的，因此反对清廷驻英公使郭嵩焘过于强调遵守条约、信守国际法而不注重国家军事实力的做法。许说，"西人兼论力量，郭则专以公法条约为可恃。西人之所以各守法约者，以各有兵力遥制其后，郭则专讲应付，置武备于不讲。此则通人之弊尔"[1]。要摆脱中国受侵略、被侮辱的命运，只有在维持和局的情况下，加强中国的内政改革。因此许景澄积极参与国内的洋务改革，学习西方先进的军事技术，实现"师夷长技以制夷"的目的。

## 二　"辩论与兵力相须而行"

许景澄首次出任驻外公使是接替曾纪泽处理中法战争之间的交涉，而他从曾纪泽在中俄伊犁交涉和中法越南交涉中的外交结果上已深深地认识到军事实力对外交成败的决定性作用。许景澄认为："维兵力之强弱，外患之动静焉。"[2]国家军事实力强，敌国就不会轻举妄动，反之，国家军事实力弱，敌国就会蠢蠢欲动。许景澄主张外交谈判中应因"辩论与兵力每相须而行"[3]。因此，虽人在国外，但许景澄积极投身于国内的洋务运动，参与海防建设，为洋务运动在军事方面的改革献计献策。

（一）监察、督促海军舰船设备购建

中法战争造成福建海军溃败，中国不败而败。随着日本侵略的加深，加强中国海防，创办近代海军被提上洋务运动的重要日程。许景澄十分关注国内洋务事业的发展，并利用自己兼任清廷驻德公使的有利条件[4]，为李鸿章、张之洞等洋务派购买了大量的军械，并接收了"定远"、"镇远"、"济远"等新式军舰，订购了"来远"、"经远"等新式军舰，为中国近代海军的建立作出了贡献。

光绪十年九月（一八八四年十月），许景澄接替李凤苞担任清廷驻德公使后，奉旨接办定远、镇远、济远事宜。[5] 其职责主要包括两个方面：一是查看三舰的工料是否与合同相同；二是迅速将三舰护送回华。定远、镇远虽然先后定造，所订尺寸、程式则一律相同。许先到德国溪耳港查看了定远、镇远两舰的情况，后又到君士坦丁港勘验了济远舰。许勘验非常认真仔细，从舰体的外观到舱内的配置及每组精确的数字，他都一一检查。这三艘军舰可以说称得上是当时世界上最先进的舰艇，花费了北洋的大量经费，[6] 作为

〔1〕《上赵桐荪师》，《许文肃公遗集·书札》卷一，第814页。

〔2〕《许文肃公年谱》。

〔3〕《致总理衙门总办函》，《许文肃公遗集·遗稿》卷七，第380页。

〔4〕光绪初年，李鸿章、沈葆桢、丁日昌等人开始筹议巨款，准备购买军舰，成立舰队以巩固海防。但由于李鸿章等人对外国的军事技术的发展不是很了解，加上身为外国人的中国海关税务司赫德等人出于控制中国海军的不可告人的目的，因此清廷最初购买的军舰多是通过赫德与英国联系，购买的主要是英国的舰船，而且主要是蚊船、快船等只适合在内海作战舰船。光绪五年，清廷开始向英国订购"超勇"、"扬威"两艘小巡洋舰（当时称快船）。次年，两舰军舰经过一番惊险的波折后来华。这两艘船，都是铁质木壳，战斗力并不强。随着日本侵略的加深，中国海防危机迫在眉睫。李鸿章等人开始认识到，必须购买适合远洋作战的主力舰，方能提高战斗力。当时英国是老牌的海上资本主义强国，其生产的军舰虽然质量最好，但价格太贵。考虑到海防经费偏少，清政府最终选择了后起资本主义军事强国德国作为购买军舰等海军装备的对象。随着世界各国海军的急剧发展，炮艇、鱼雷艇、巡洋舰、铁甲舰等舰种也随着科技和制造业的发展而走向成熟。经过以前购舰的教训，李鸿章等人决定绕过赫德直接由清廷驻外人员办理此事。参考姜鸣《龙旗飘扬的舰队：中国近代海军兴衰史》增订本，生活·读书·新知三联书店2002年版，第123页。

〔5〕《致总理衙门总办函》光绪十年九月，《许文肃公遗集·函牍》，第180页。

〔6〕据李鸿章光绪十三年二月初五奏称：定远造价为一百四十一万两，镇远造价为一百四十二万四千两，用于运费、杂项开支约五十六万两。见中国史学会编《近代史资料丛刊·洋务运动》第3册，第42—45页。

经费的经办人之一，许景澄深知这些经费来之不易，而且将来就要靠它们来巩固海防。因此，一种强烈的使命感使许景澄"不敢稍涉含糊致负朝廷委任"[1]。

在德国造好三舰后，由于中法战争，德外交部下令不仅不同意借旗护送，而且还扣留了三舰，因此三舰没有能够及时回华。德方的理由是，战争期间，第三国必须遵守中立，禁止向交战国双方出售武器，这是国际公约的基本准则。尽管许景澄作为一名公使知道这一点，但眼看造好的军舰，不能早日回国让将士们操练，不能投入中法战争，却让其仍泊在德国船坞中生锈，而船上的一切维护费用、洋员的生活开支等亦由中国负担。想到此许景澄又气又恨又无奈，对德国的行为十分不满，"战事初萌，即公然橄禁，当时何操之太急也"。[2]

一八八五年四月，"中法条约"签订后，中国西南边境暂时趋于安宁，但中国东南海防由于日本的侵略，危机重重，因此军舰回华更是提上日程。战事一结束，总署就下令李鸿章和许景澄迅速办理三舰回华事宜。

要求德国立即弛禁，开放港口。中法战事一结束，许景澄接到与李鸿章协同办理三舰回华事宜的电旨后，立即与德国外交部交涉。许指出船泊过久，驶华道远，"令其长官哈次斐耳允照至急事，即日转行布（置）内部赶办"[3]。

安排回华的管驾人员。根据前任使臣李凤苞与德国伏尔铿厂所签合同，定远、镇远由德国水师官式百龄、密拉充当管驾，并与他们订立了送船合同和留华教练合同；济远舰由伏尔铿厂代募洋员恩诺尔管理。许景澄认为"外洋水程阻远，土著之人较能谙练"，主张采用李凤苞的做法，按既定合同办理，但李鸿章却不同意。最后他们商妥，除了雇用洋员外，另外加派随员江苏试用同知杨照翚及李鸿章原派协驾定远游击刘步蟾，"分驻定、镇两舰，沿途照料，遇事得以稽察"。[4]

规定洋员费用。负责护送三舰来华的洋员，不仅护送的费用由中国方面承担，而且他们返回德国的费用也要由中国承担。为节省费用，杜绝浮糜，许景澄建议改变以前"每人量给盘费"的做法，实行"按人定舱"的方法，这样可节省三分之一的费用。

经过许景澄周详的安排，光绪十一年五月二十一日（一八八五年七月三日),定远、镇远、济远舰从德国出发。历经周折,终于在光绪十一年八月到达天津。一路上,许景澄不厌其烦地询问沿途情况,并将三舰途中所遇到的问题详细记录并随时向李鸿章汇报,认真总结它们的优缺点,为以后订购新舰总结了许多经验教训。

之后,为加强北洋海军的实力,清廷决定继续向外国购买军舰。"着照'济远'式快船订购四只,备台(湾)、澎(湖)用"[5]。李鸿章立即电令许景澄与德伏尔铿厂商谈订购两艘,价格要低,速率必须达十六海里,并且大炮、鱼雷并订,并嘱"许景澄务需亲历大厂,详细考核,仿造西国通行有效船式定造,并与曾纪泽互相商榷,以期各船一律合用。将来造成后,如不得用,惟该大臣等是问"[6]。订购新舰,既要考虑到技术指标尽可能接近当时铁甲舰的最高水平,同时又要顾及价格问题。在海防经费捉襟见肘的情况下,价格问题尤显突出,许景澄在具体考察过程中,研究了各种舰型,并分析其设计的利弊,与船厂交涉,讨价还价,力求使船舰达到最佳设计和最低价格。一八八七年,许景澄在德国订购的两艘后来定名为"经远"、"来远"的铁甲舰与曾纪泽在英国订购的两艘后来定名为"致远"、"靖远"共四艘快船回华。一八八八年十二月,北洋舰队成立。从英、德购进的军舰成为北洋舰队的主力舰艇,大大提升了中国的海军实力。据普鲁士一八九一年《海军年鉴》,

〔1〕《许文肃公遗集·函牍》,第181页。

〔2〕同上书,第190—191页。

〔3〕同上书,第191页。

〔4〕《许文肃公遗集·奏疏》,第51—52页。

〔5〕顾廷龙、叶亚廉:《李鸿章全集》(电稿一),上海人民出版社1985年版,第542页。

〔6〕《李鸿章全集》(电稿一),第562页。

中国海军实力排位进入世界海军第十一位，与日本不相上下。遗憾的是，进入九十年代以后，慈禧太后为祝寿重修颐和园，挪用海军军费，放慢了国家海军建设的步伐。甲午战后，清政府为重建海军，又命许景澄向德国订购"海筹"、"海容"、"海琛"号巡洋舰。

　　除了船舰外，许景澄还受命在德国购买了其他军事装备，如湖广总督张之洞于一八九四年奏报，委托驻德国公使许景澄购买新式小口径五连珠快枪三千枝，子弹三百万颗；截至一八九四年九月，北洋大臣直隶总督李鸿章委托驻德公使许景澄购毛瑟枪一万二千枝，连珠快炮八尊，小口径毛瑟五音快枪四批，共一万枝，子弹一千万颗；十二月，又奏报委托许景澄代购毛瑟枪一万枝，子弹四百一十二万颗，大小口径快枪三百枝，子弹十万颗；一八九五年初，李鸿章又称，许景澄购来毛瑟枪一万余枝，如此等等。在订购船舰及其他军事装备的过程中，许景澄表现出办事认真、恪尽职守的本色，为中国近代海军的建设作出了一定的贡献。

　　（二）整顿海防

　　许景澄负责在德国订购海军舰船，"斟酌经营，颇疲心计"。因身在国外，耳闻目睹了国外海军建设的情况，针对国内海军办理不善、弊病较多的情况，许于光绪十二年（一八八六年）上疏条陈海军应办事宜，指出中国要建立强大的海军，必须做到以下几点：一、大沽口宜设铁甲炮船；二、铁甲船、快船吃水不宜太浅；三、铁甲船制宜分别仿制；四、海军炮位宜一律；五、船厂、机器局制造宜逐渐扩充；六、山东之胶州湾宜及时相度为海军屯埠。[1]许还认为并不是最新式的军舰就最好，应该根据中国海港的具体情形，对舰船进行选择，并举例说，中国的大沽、北塘一带"距（海）口二三十里间，有拦沙界隔，水深三四英尺，潮汛大时，亦只有十三四英尺的水深"，而当时欧洲最先进的军舰都只适合深水作战，如果一味追求新而不结合本国港口的实际，就会费财而收不到好的效果，像"新造的甲船吃水最浅如济远者，只能泊于口外"，会使中国"内口空虚，不能收铁甲之用"，这样的舰只对中国海军建设而言"似非所宜"。[2]许景澄的《条陈海军应办事宜》，对海军的军港布防、炮位定制、船身吃水、兵器仿制的更新都提出了自己独到的见解，"皆海防要策也"[3],有些甚至是"时论韪之"[4],尤其是他向清廷通报了德国觊觎胶州湾的企图,但没有引起清廷的重视。

许景澄不仅是一位称职的外交使节,主持外交争议的化解,而且向西方学习先进的军工舰船兵器知识。驻法、德期间,他以公使身份经常实地考察,参观英国、法国、德国、奥地利、荷兰、比利时等国的港口、炮厂、军火库、军事院校、兵器工厂、水雷厂、铜厂、兵器博物馆、炮台等设施,收集建筑图纸,观看法、德、奥等国的水陆军事演习,目睹各类制造精良的舰船、兵器的制作过程和使用效果,编译了《外国师船表》,对西欧各国炮舰的优缺点做了详细的论述,为现代中国海军建设提供了有益的参考。

(三)提出改革兵制的建议

甲午战败,痛定思痛,许景澄认为"非改革兵制,无以图生存",并于一八九五年上疏,提出"变通八旗兵制,选储良将"。在奏折中他提出了以下几点建议:一、现在天津的新建陆军和江南防营聘用洋员教习带队,只能是一时之图,而非根本之计,当务之急,必须创练新兵。二、建议清廷根据德国陆军兵制的办法改革兵勇招募制度,实行兵役制,并以德国为例,指出,德国的人民无论贵贱,到了二十岁就开始服兵役,两年期满,则由现役转为预备役,回家

[1]《许文肃公遗集·奏疏》,
　　第58—63页。
[2]《条陈海军应办事宜折》,
　　《许文肃公遗集》,第
　　58页。
[3]《清故吏部左侍郎许公墓志
　　铭》,《许文肃公遗集》,第
　　1016页。
[4]同上书,第1010页。

听候调令，军队仍用新兵补给，所以士兵皆为壮丁。德国在营士兵大概有六十万人，而可以调集的则有二百万人。日本练兵仿用德制，其在营士兵有七万人，而可以调集的有二十万人，并且，兵数虽多，但又不费粮饷。不失为至周至便之法。三、建议仿造德国选拔将校军官的方法。德国军队组成分官、弁两种，但都必须在学校学习数学、绘画、物理等课程，成绩合格，才能去军队服役，其中充弁的人还必须在弁学堂（军事学校）再学习两年才能补缺，而且守备以上的军官学习成绩必须为优，到军营后还要再接受考核，成绩须为中等，才能被录用。四、建议清廷从八旗子弟中选年十七八岁且文理通顺有志于经武者，先在（北）京学习德文和数学绘画等课程，两年后送往国外再继续学习两年，视其成绩授予五品武秩，并选派到德国军营随同德国军官与士兵一起操练，成绩优等有才识者，再送到德国武备学堂学习三至四年。许景澄在这篇奏疏中详细介绍了德国军制，并提出了改革兵制的建议，可谓真知灼见、爱国心切。然而，李鸿章在回电中说道："虽欲变法自强，无人无财，无主无持者奈何。"[1]当时朝臣尚不觉悟，身在海外的许景澄虽有一番改革之志，却无力使之付诸实践。

从一八八四年至一八九八年，许景澄在驻外使节任上，参与了中法战争、中日战争及中俄西北、东北界务的交涉，长年的外交经历增进了其对国际形势的了解，在"弱国无外交"的大环境下，坚持维护和局并采取遵守条约、以夷制夷的外交则略，维护国家主权，"历八国以将周，使四方而不辱，务持大体为中朝力任仔肩。雅善外交，俾邻国免生窥视，画界则鸿沟不让，文轨大同；议和则虎旅无烦，权衡悉当……"[2]在许景澄看来，维护和局是为了争取一个较为稳定的国际环境，学习西方，发展军事实力，建立坚实的外交基础，故时人称他是"曾惠敏以后言外交学者，公一人而已"。[3]但许景澄个人的努力并不能改变清与列强所订条约丧权辱国的性质。他虽竭尽全力，试图挽回被沙俄掠夺的权利，终究是覆水难收，这是他的痛楚之处，也是他被人非议之处。庚子年间他被杀的谕旨中有一条"办理洋务，声名恶劣"，细究起来，与他办理中俄外交不无关系。他签订了那么多的条约，使清丧失了那么多的权利，还将俄国给的总

办公费移归中国政府衙门使用，这些给顽
固派大臣提供一个攻击他的借口，成为仇
洋的义和团团民要杀的对象，"使俄，故匪
党颇侧目焉"。[4]

〔1〕《许景澄年谱》，第
14 页。

〔2〕《谕赐原吏部左侍郎许
景澄碑文》，《许文肃公
遗集·外集》，第
979 页。

〔3〕外交部街（原拓片如
此）：《许文肃公赞有
序》（拓片），中国国家
图书馆善本部藏。

〔4〕李希圣：《庚子国变
记》，见中国史学会编：
《义和团》（一），上海
人民出版社 2000 年版，
第 20 页。

# 第二章

# 袁昶："素性慷直，无所欺隐"

庚子事变被杀五大臣中，袁昶官位最低，以京官外放，长达六年，但其在五人中的声名却是最显扬的，这既与他"素性慷直，无所欺隐"[1]的忠谏作为相关，更与他在徽宁池太广道任上业绩相连，主政地方，使他对民俗政情有更多的了解；勇于进谏，通达时务，使他得到朝廷的器重，争得了重回总署的机会。

## 第一节　初任总理衙门章京

袁昶，初名振蟾，字爽秋，又字重黎，道光二十六年（一八四六年）生于浙江桐庐芳郭里。因世居芳郭里，晚称芳郭钝叟；又因桐邑濒临浙江，即浙江，又称钱塘江，故又自称渐西村人，人称渐西先生。[2]袁昶幼有异质，十岁通五经大义，童子试时地方郡守将之视为神童。十九岁游学杭州，入诂经精舍学习[3]，师从国学大师俞樾，袁昶"旧牍手抄盈箧"，[4]"厉志读有用之书，恒闻鸡起舞，展卷达旦"[5]，才学、书法过人。袁昶同治六年（一八六七年）参加乡试中举，光绪二年（一八七六年）考中进士，[6]先后担任方略馆、国史馆校对官，光绪九年（一八八三年），参加总理各国事务衙门汉章京考试。袁昶此次应试，文采飞扬，深得主考官的赞赏。李慈铭曾在日记中写道："得爽秋书。并近日送总理各国事务衙门章京。户部所试不宝异物论，总理衙门所试惟断乃成论，皆甚佳。自来试军机及此衙门，皆限时四刻，以写字十三行为入格，行二十字，其文绝不成理，爽秋两论皆至五百余字，经史纷纶，盖绝无仅有者也。户部试者三十四人，得送者八人，爽秋得第一；总理衙门试者五十余人，爽秋得第三，其余殊非佳士。惜哉，以此手试此论也。"[7]

"秉性狷狭"[8]，思想守旧，论人言事，言语苛刻的李慈铭，对袁昶如此佩服，可见袁昶才华出众。李氏赞叹袁昶之余，又为他被总理衙门录用而惋惜。而正是因为任职总理衙门，使得"经世之学"更加丰富，阅读的"有用之书"更多。

袁昶供职户部[9]兼任总理衙门章京长达九年，每处理中外交涉事务，"恭亲王、醇亲王、庆亲王递领部务，倚重如一，译署无成案可稽，临事以卓识见采"。[10]总理衙门与驻外使臣的关系最为密切。自从光绪初年清廷向国外正式派驻出使人员，出使海外事务归总理衙门管理。总署规定，各出使大臣必须逐日记载日记将所驻国的政情风俗及交涉等情形，上呈总署以备了解外情的需要。一八七六年，总署在奏订出使章程十二条时，要求出使东西洋各大臣："凡有关系交

〔1〕《太常袁公行略》，第7页。

〔2〕袁荣叟等：《太常袁公行略》，光绪乙巳商务印书馆代印，第1页。上海图书馆藏。

〔3〕诂经精舍，由清代阮元于嘉庆六年（1801年）创建的著名书院。书院以提倡培养经世致用的人材为主，指导学生研究经义，旁及词赋，多攻古体。俞樾曾在此担任山长。

〔4〕《太常寺卿袁公墓碑》《续碑传集》卷十七。

〔5〕《太常寺卿袁公墓碑》《续碑传集》卷十七。沈云龙主编：近代中国史料丛刊，第九十九辑，台湾文海出版社。

〔6〕袁昶此次考试为"光绪丙子恩科中式第五十三名"。主考官给袁昶答卷评语很高，如关于"康诰曰克名德大明日顾天之明命"的评语，本房原荐批：酝酿深厚，结构谨严，雅练清腴，虚实兼到。本房加批：以先正典型，为时下装束，洞见本原，用笔尤有一种峭劲怜悍之气，制艺中能品也。休宁吴蕙吟夫子评：运用卷轴，如自己出，而以清灵之笔佐之。能令阅者耳目一新，可称佳构，诗亦秀韵自然。见袁昶《会试朱卷》，中国国家图书馆古籍部藏。

〔7〕李慈铭：《越缦堂日记》第三十九册，光绪九年三月六日，民国九年（1920）上海商务印书馆影印，第90页。

〔8〕黄濬著：《花随人圣庵摭忆》，上海古籍书店1983年版，第246页。

〔9〕《太常袁公行略》第3页所记"公以农部兼译署者九年"，此处"农部"似应为"户部"。

〔10〕袁荣叟：《太常袁公行略》，光绪乙巳商务印书馆代印，第4页。上海图书馆藏。

涉时间及各国风土人情，该使臣当详细记载，随时咨报。数年以后，各国事机，中国人员可以洞悉，即办理一切。似不至漫无把握。"并具体规定为："务将大小事件逐日详细登记，仍按月汇一册咨送衙门备案查核，即翻译外洋书籍、新闻纸等件内有关系交涉事宜者，亦即一并随时咨送，以资考证。"[1]在驻外人员中，袁昶和薛福成、黎庶昌、黄遵宪、徐建寅、许景澄的关系最为默契，经常书信往来，谈论时世。他将这些驻外使节条陈取法泰西的内容，如"兴学、惠商、务农、重工及海军御侮之策、矿路之利弊，所见所闻"等详加选择，采编成册，取名《筹洋丛牍》，供署员学习西方与处理对外事务时阅读参考。由于年龄相仿，袁昶与黄遵宪、许景澄的交往最相契，思想开明，经常在一起谈论中外大事，抒发经世之志。袁昶非常爱读黄遵宪的《日本国志》和许景澄的《外国师船表》，对之大加赞赏。他后来上奏的《戊戌条陈》中对沙俄和日本的独到分析主要得益于这两本书。袁昶有诗记述他们的交谊："箧有东瀛国别书，发凡辨体子元加。"[2]"智囊横括西红海，诗境雄开北郁州。"[3]"箧有东瀛国别书"是指黄遵宪将自己视为心血之作的《日本国志》在未刊行之前即先给袁昶看了，体现了彼此间的相知相交，而"智囊横括西红海，诗境雄开北郁州"，则表现了袁昶对许景澄才识的赞赏。

袁昶以敢于直谏闻名于朝中。光绪十年（一八八四年），邓承修（字铁香，号伯讷，广东惠阳人。敢于进谏，有"铁笔御史"之称）以言事被谴，袁昶上书阎文介（阎敬铭，字丹初，陕西朝邑人，时为军机大臣）请求保全直臣，"为敢言者劝，文介韪之"，[4]邓承修因此蒙诏宽免。"发谋献议，动关大计，诸王大臣倚为左右手"[5]。每两年的京察，袁昶都获得好评[6]。因为他才华过人，敢于直谏，因此，在京城名声大噪，成为许多文人雅士慕名结交的对象。后来成为甲午状元的张謇在首次到京城并停留盘桓数日，一面领略京城的美丽风光，畅游紫光阁、陶然亭、龙泉寺等京城名胜，一面拜访京城名士，袁昶就是其中的一位。两人相谈甚欢，遂结为好友。[7]而张謇后来能走上仕途之路，与袁昶对他的帮助也是分不开的。[8]侍御屠梅君（仁守）与袁昶初不相识，听说他敢于直谏，"始缔交"。[9]

## 第二节　安徽徽宁池太广道任上改革

光绪十八年十二月（一八九三年一月），袁昶奉旨分巡安徽徽宁池太广道，十九年四月（一八九三年五月）正式上任。[10]清朝官员京官俸禄不高，京官外放，对有些官员是求之不得的事情。袁昶对外放的态度，总的来说是不太情愿的[11]，但到任后，尽职尽守，详询民间疾苦、商旅利弊，多所兴革。

### 一　整顿书院，培养人才

中江书院是皖南四府一州生童肄业之所，每年仲春由道宪命题，甄别录取高才生送院肄业，按月考课，给与膏奖以为寒峻之助。"惟此帮人士向来于点名时喧嚣

〔1〕张寿镛等编:《皇朝掌故汇编》外编卷18，求实书社光绪壬寅年（1902）版，第8页。

〔2〕袁昶:《送黄公度再游欧西绝句十首》，转引自钱钟联《黄公度先生年谱》，第37页。

〔3〕《奉和钦使阁学许公海外见寄之作》，袁昶:《于湖小集》卷一，《续修四库全书》，第1565册。

〔4〕袁荣叟:《太常袁公行略》，第4页。

〔5〕《袁忠节公遗札》，钱塘吴士鑑跋，民国三十七年（1948年）影印本。

〔6〕光绪十二年，以总署期满保奖，俟补主事后以本部员外郎无论题选咨留遇缺即补；光绪十四年，又以总署期满保奖，免补主事，仍以本部员外郎无论题选咨留遇缺即补，加四品衔；光绪十六年，又以总署保奖，记名以海关道员用，俟得道员后加一级；光绪十八年，又以总署保奖，以本部郎中遇缺即补，并俟得道员后加二品衔。中国第一历史档案馆:《清代官员履历档案全编》第5册，华东师范大学出版社2003年版，第446—447页。

〔7〕《张謇全集》卷六，江苏古籍出版社1994年版，第842页。

〔8〕详见拙文《晚清政局下的张謇与袁昶》，《盐城师范学院学报》（人文社科版）2007年第2期。

〔9〕袁荣叟:《太常袁公行略》，第3页。

〔10〕笔者认为，袁被外调，一方面可能是因为他的连续保奖，升迁过快，引起同人的嫉妒，一方面是由于他的直谏的性格，得罪了一些人。袁荣叟曾记载:"屠梅君侍御（仁守）初不相识，闻其敢谏获谴，（着重号为笔者加）始缔交。"由此可见一斑。

〔11〕袁昶曾私下对朋友说过，在外无读书写字之时，为他人作嫁，见《袁忠节公手札》；在给好友汪康年的信中，袁昶也曾写道:"痛恨不应作外吏。"参见上海图书馆编:《汪康年师友书札》（二），上海古籍出版社1986年版，第1559页；1898年他所奏《戊戌条陈》中也曾流露出外放对他来说是件"不幸"的事情。

拥挤，纪律全无，至有巍然高坐，公案几被掀翻者"，所以前任官员"恒不自临点，而委学师疱代也"。袁昶到任后，严格书院的规章制度，一改以前考试的弊端，"躬自临点"。[1]为了让更多的童生有学习的机会，袁昶筹集经费，增建院舍，令肄业生童悉住其中，又将原来书院后面的民基购进，添建楼宇，作为书院山长的下榻之所；又创建尊经阁，捐募官私各刻新旧有用书籍，分部庋藏，使得生童能够就近研览。袁昶曾捐银四千两用来扩建院舍，购买书籍，离任时又捐银五千两，用作日后书院之用。他在书院增设"经义"、"治事"两斋，刊发经籍举要、校勘农桑、边防各种有用之书，且手订课程，制定书院规则。袁昶经常教育生童，要博文约礼，"当通经史大义，古今利弊，毋徒溺举业以自蔽"[2]。经此整顿，书院面貌焕然一新。

## 二　兴修水利，关心百姓

芜湖西南圩堤，每年总有冲决，百姓痛苦不堪。袁昶到任后，捐资五千余两，派人督修，并亲自查看工程。这一工程不仅对原来的圩堤加以维修巩固，而且还兴修了新堤，"自关亭至鲁港延袤十二里，塞决培记，堤防以固。更穿越新缕堤三百七十丈，砥以石桥，翼以砌塌，两岸筑斜颇，以杀水势；中设陡门涵洞复拆修尚塘埠、犁头埠各处陡门，以备水潦启闭"。这次工程共用银六万七千五百余两，耗费木头、石块累以万计，其他物料也耗费很多，经过一年多的施工才完竣。从此"内湖外江圩垸所周，田庐数万顷，蓄泄有资，旱潦得无患"[3]。正是由于这种合理的设计以及过硬的工程质量，后来历次大水，芜湖均未遭受重大损失。据载，"辛丑之夏，东南淫潦，为数十年未有奇灾"，自武汉以下沿长江数省的处溃堤决堰，警报交集，安徽省境内两岸冲决殆尽，芜湖虽然处于"长江湖众水之汇"，因有袁昶所修筑的新堤，固若金汤，虽"风潮震撼"，却"屹立波心，完然无漾"，不仅圩内民众安然无恙，而且附近来避难的人也很多，"全活不下六七千人"，百姓都发自内心地说，"生我者，袁公也"[4]。

芜湖新关，以大米出口为大宗贸易，"粤商卒岁抵埠，采运数百万石，百物藉以流转"[5]。甲午中日战争期间，芜湖禁关，大米禁止出口，因此皖江南北谷贱伤农，百业坐困。芜湖禁关，同时也影响了英国在此的贸易。英国公使向总理衙门提出"不宜禁出口之大宗以萧条商埠"，英国驻芜湖领事也向袁昶提出开关的要求。袁昶指出，"大府（指两江总督）通筹，利弊自有权衡，本署非奉命不能擅改关章"。婉言拒绝英国领事的要求。但禁关给本国商民带来的损失也是很大的，权衡利弊后，袁昶向大府（指署理两江总督的张之洞）建议"如遵约复关，因民利而利之，宜补江宁厘税，特定专条，请责成商董于商舶运米出口时，兼完金陵厘捐，每石银一钱，可充饷需"。此法一方面可以回应英国要求恢复贸易的要求，一方面可以活跃芜湖的商业贸易，还可以增加关税收入，因此张之洞采纳了袁昶的建议。此法很快得到推广。"公家岁羡米厘，轮舶运米纳厘，实始于此议"。[6]

芜湖处于长江中游左岸，长期以来周边地区人们多以种植水稻为主。宁国、太平、广德三郡靠近浙江，土性适宜种植桑树，袁昶多次捐献自己正俸之外的养廉银，派人到浙江湖州采买桑苗达数十万株，还多方收集养蚕植桑资料，禀请颁发全省，刊印分发，"遍示乡曲"。为激励绅民种植树艺，袁昶亲自从湖州请来技术熟练富有蚕桑经验的农民教授芜湖乡民，长此以往"十百相传，风气渐开"[7]，种桑养蚕从而成为皖南农民除了种植水稻外另一生存之道，此俗一直延续至今。

袁昶关心芜湖百姓，甚至不惜得罪自己的座师张之洞。光绪二十二年湖北大水，"民食艰难"，主政湖北的张之洞焦灼万分。希望芜湖的袁昶"饬属劝导，召集各商速多运米来鄂，必获厚利"。而且张之洞还告诉袁昶，来自芜湖的米船进入湖北境内，"税厘全免，若米商因轮船不能多运，民船过迟，拟由鄂派官轮三艘赴芜拖带，其煤炭各费金不须商出，

〔1〕《申报》，光绪二十年二月十日，[46]，上海书店影印，第581页。

〔2〕袁荣叟：《太常袁公行略》，第4页。

〔3〕蔡冠洛：《清代七百名人传》，中国书店1984年版，第468页。

〔4〕《太常袁公行略》，第7页。

〔5〕同上书，第5页。

〔6〕同上。

〔7〕同上书，第6页。

想必乐从"。[1]老师有求于学生，而且是为了公事，应该说正是袁昶报答老师的大好时机，而且如果调米，还可以使芜湖米商大赚一笔，芜关乘此机会又可以多收关税，一举多得之好事。然而出人意料的是，袁昶并没有这么做。他直言不讳地告诉其师："皖南北霖雨为灾，处处泽国，土田尽在巨浸之中，稻禾根叶腐烂，车斥人力难拖，荒象已成……职道身任地方，目击灾歉，似未便以利诱多运，致夺皖民之食。"[2]从这里可以看出，袁昶爱惜百姓甚至不惜牺牲自己的政治生命。

### 三　认解洋款，关心商旅

甲午战后，巨额的赔款摊派，使原本贫困的国内百姓更是雪上加霜。一些地方官僚，不顾百姓死活，转嫁赔款，对商民敲骨吸髓地掠夺。更有些官僚以民困为借口，少交摊派，中饱私囊；而另有一些官僚，多交摊派，以讨好上司。芜湖作为关卡，根据户部的要求本有定额完交（最多不超过三十万两）。时镇江关款不敷，镇关关道吕海寰嫉妒芜关米厘，通过关系，要求芜关认解关款多达四十万两。一般官员，可能息事宁人，大肆掠夺以完成任务，袁昶却不这样。袁极力声辩："芜关岁征之数不过三十余万，且悉拨定款矣。"户部曾经电询过袁昶库款情况，袁昶如实回答："尽数提解，道库空虚"。这对当时想以此为政绩的官员来说简直是不可思议。"人皆议（袁）公过诚"。当时有人传言袁昶之所以将款项全部解往户部，是为了"贪汇费"。袁昶听说后，"不任受诬，条对申辩"，并要求详查，以解不白之冤。他在给张之洞电文中说：

> 芜关原奏派洋债六万两，镇江原派五十四万两。吕道（吕海寰）禀米税全为芜夺，硬派芜认四十万，南洋宪电调职道来宁速认。查芜自九月开禁，至今收税约二十六万，早已全数解京、解沪及税司，关用代征关款，昶认本年十万，明年二十万，系遵照部冬电分饬两关认解之说，已竭蹶万分。今便枯芜关，必令本年加认二十万，明年加认四十万，力万不逮。昶决意听劾去官，请钧示。职道在金陵禀。文。[3]

袁昶实事求是地向张之洞讲述了芜关认解洋款的全过程，并陈述了筹款之难与商民之困,并说自己宁丢官也绝不就此认解四十万两。收到电报后,张之洞立即劝袁,不要意气用事,"筹款为难,念甚。诸事务望耐烦"。[4]

袁昶因此事被人误解,十分烦恼,又"因事触动肝火,刑责一人,又开除两仆,外人遂疑为痰疯"。[5]上海《沪报》竟然报道,"袁爽秋观察近得心疾"。张之洞听说后"不胜骇异",并询问"究竟是否有病,是何情形?"[6]袁昶生病是真,但绝不是什么"疯病",但他确实是因为气愤郁结而引起身体不适。在后来给张之洞的回电中袁昶说"外牵洋债,内舍勃溪,不能惩愤,斥革劣弁数人。……《沪报》乃误传也。"[7]从这里一方面我们可以看出张之洞对袁昶的关心,另一方面也可以看出此事在当时影响之大。而关于袁昶得了"疯病"的传说,很可能是一些别有用心的官吏故意落井下石。后来户部了解实情后允许"尽征尽解",而不是原来的限额四十万两。[8]认解户部摊派,说明袁昶忠于朝廷;不愿多交,说明他关心商旅。从此事中我们更可以看出袁昶"素性慷直,无所欺隐"[9]的性格。

## 四　处理教案,秉公持平

芜湖是教案频发的地方,所谓教案,即涉及外国基督教传教士的案件,历任官员都害怕处理教案。袁昶到任的前一年,即一八九一年,发生了芜湖教案。[10]在袁昶被任命为徽宁池太广道时,就有人向他建

〔1〕《张之洞全集》,第7043页。
〔2〕同上书,第7044页。
〔3〕同上书,第7076页。
〔4〕同上。
〔5〕同上书,第7125页。
〔6〕同上。
〔7〕同上书,第7126页。
〔8〕《太常袁公行略》,第7页。
〔9〕同上。
〔10〕一八九一年,芜湖发生攻打基督教教堂、攻打海关事件,尽管事情本身只与英国、法国有关,但其他帝国主义国家,如美国、德国、日本、意大利、比利时、西班牙、俄罗斯七国驻华公使,也与英、法联名,向清廷提出"抗议",结果清政府在各国的压力下,对教案的发动者王光金、傅有顺不加审讯,即行斩决,并将芜湖知县王焕熙以"疏于防范"的罪名撤任调省审饬。英法又勒索白银十三万两作为焚烧教堂的赔偿费。

议，希望他能向当局提议改派他处，被袁昶婉言拒绝。[1]由于袁昶以前曾在译署工作，熟悉条约公法，因此在涉及民教纠纷时，能够"一律秉公持平"。[2]如江西号商木簰撞"鸿安号"趸船一案，"累任膠膃未结"。袁昶接任后，通过详细调查，很快就将此案顺利解决。再如英国商人创设机器磨面坊，袁昶考虑机器生产会给地方民族工商业带来不利的竞争，他又根据有关条约，要求此厂"限日出米面若干石"。只要是外商在中国的非法行为，只要损害到"小民生计"，袁昶都要"据约力争"[3]。在芜湖处理民教纠纷时，袁昶坚持条约，持平办理的原则，受到了中外官员的激赏。《申报》对此也曾有相关报道，道宪袁观察"因芜地通商口岸交涉，年来巨案迭出，能随到随办，随办随结"。[4]通过处理民教纠纷，也使袁昶认识到只要地方官员"持平办理"，那么就会民教相安，教案就会大大减少。因此当后来义和团在山东兴起时，虽然袁昶认为与平时教士欺压平民有关，但对于地方官员未能"持平办理"也不无关系。

袁昶在芜湖一心为民，深得民心。离任时，芜湖人民挥泪相送，并送给他"万民旗伞"[5]，以表敬意。而当他庚子年间遇祸的消息传到芜湖时，虽然朝廷给他罗列了许多罪名，芜湖百姓还是自发地祭奠他，在于谦祠旁边建立了祭奠他的"生祠"。后来袁昶平反昭雪后，芜湖官民又专门建立"专祠"来纪念其"功德在民"，并尊该楼为"怀爽楼"。

袁昶芜湖任上的改革深得民心，但也遭到同僚的嫉恨，特别是为了筹措支付对日本的赔款，袁昶从国家大局出发，向户部报销银两"尽征尽解"[6]，虽然受到朝廷的赏识，但却引起了地方官员的不满。在给好友同宗敬孙先生信函中袁昶说："宦途嚼蜡，我辈久困风尘，似非常算"；"为外吏得不偿失，转不如在京之安居乐业，尚有读书作字时也"。[7]他为官场上的裙带腐败之风而气愤，又为自己一心为朝廷的心愿被人误解而悲愤，心灰意冷之下，决定"欲挂衣冠"，以回籍修墓为缘由，离开纷扰的官场。在给好友缪荃孙的信中袁昶说：

> 弟自留滞改官，有如沈舟转侧波涛里，败絮周旋荆棘中，外吏气味之难堪，办事之棘手，真有朝朝怄气，不能信心，无颜对衾影者，亦欲挂衣冠，从公后觅一清净地上住，以资养生服实，颐性长年，免

为日游神骑大驰者所构也。[8]

袁昶以"先茔失修，陈请开缺回籍修墓"离开是非之地，但朝廷认为"现在时局孔殷，奉拨筹还洋款亦关重要，当此整顿税务之际，断不能遽易生手，该道精明强干，熟悉关务，身受国恩，必须移孝作忠，何可高蹈为怀，遽蒙退志"[9]，驳回了袁昶请求开缺回籍修墓的要求。

## 第三节　建言献策　力主抗击日本

甲午战争，以李鸿章为代表一派人为了保存实力，力持妥协求和的政策，且妥协的势力得到西太后的支持。袁昶对李鸿章的妥协政策十分不满，如中法战争后期，袁昶与刑部尚书锡珍、鸿胪寺卿邓承修一起赴天津参与议和事宜。袁昶"请于长官，奏敕疆吏戒严"，主张持久战。当得知李鸿章已经在天津订定条约的消息后，袁昶非常震惊，"以未及诤议为恨"[10]，对李鸿章乘胜议和的行为深为不满。

甲午中日失和，长江戒警。光绪二十年五月二十二日（一八九四年六月二十五日），两江总督刘坤一电告各抚署，"倭人谣称将用兵长江，宜饬各将严防"[11]。不久，朝廷命令长江布防，"倭人渝盟（背叛盟约——引者）启衅，无理之极，势难再予宽容。著沿江沿海各将军督抚及统兵大员，整饬戎行，遇有倭人轮船入各口，即行迎头痛击，悉数歼除"[12]。袁昶虽任

〔1〕《太常袁公行略》，第4页。

〔2〕同上书，第5页。

〔3〕同上。

〔4〕《申报》，光绪十九年十二月十日［46］，第107页。

〔5〕《袁爽秋京卿日记》（抄本），光绪二十六年六月十五日，上海图书馆藏。

〔6〕光绪二十年，报效军需八千余两，奉旨赐花翎，二十一年，清厘关税，裁汰常关外销公费等款，岁万八千两悉数报部，一洗中饱之弊。见《太常袁公行略》，第5页。

〔7〕《袁忠节公遗札》。

〔8〕中华文史论丛增刊：《艺凤堂友朋书札》，上海古籍出版社1980年版，第101、99页。

〔9〕《于湖文录》文七。

〔10〕袁荣叟：《太常袁公行略》，光绪乙巳商务印书馆代印，第3页。

〔11〕中国史学会编：《中日战争》（三），第169页。

〔12〕同上书，第171页。

外台，却是十分关注战争形势的发展。他不仅加强芜湖防卫，而且还多次不避嫌疑向安徽巡抚福润和两江总督刘坤一（后由张之洞代署）阐述自己对战争形势的看法。

袁昶分析了中日双方军队的情况，认为日本总兵力不如中国，与中国作战，"倭人必不能持久"，战事"不过一两个月可定"。但即使这样，袁昶还是认为不可小看日本，他认为中国有"五可虑"。

> 日本君臣励精图治，国势蒸蒸日上，颇得效西艺邦交之利益，此可虑者一也。
>
> 日本与各国定约，法律、禁令、冠服、风俗事事步武西人，又亲俄、法而忌中夏，西人昵为与国，亦阴助之，此可虑者二也。
>
> 日本连年制造机器造船，修理铁路，事事求胜于前，兵力渐强，必将弃疾于我；资用渐侈，又将取偿于我……彼时有乘弊观衅之心，此可虑者三也。
>
> 各国条约内所得一体均沾之利益，独限制日本不能得之；二十四口口岸各西国通商之埠，独限制日本只有十五口。当轴议立中东修好条规，具有深心远虑，而倭人自诩为强国，久已内不能平，十年内必出全力以争之；就（即）使目前无事，亦不可恃，此可虑者四也。
>
> 甲申法越之役，倭兵不特观战，兼暗有接济，庚辰，俄索伊犁偿费，崇约决裂之役，倭人资俄兵舰以煤粮。北洋海军两次大阅，倭有兵舰来观，名为拜谒，暗炯虚实，觇国伺瑕，观衅而动，此可虑者五也。[1]

据此袁昶认为日本明治维新后，内谋改革，外接强援，国势渐强，对华野心勃勃，中国应做好充分应敌准备。对于谣传日本要进攻长江之说，袁昶认为倭人明知北洋门户重重，不易内犯；又知上海为各国商埠，租界林立，亦不敢冒犯众怒，贸然进攻，"故为此虚声恫吓为内犯长江之说"，他认为这是日本"声东击西，意不在袭长江，而在台南、台北也"[2]。后来战争的发展趋势正如袁昶所料。但身为地方官员，袁昶还是积极做好长江沿岸的防卫工作，以防不测。

## 一　联英美制日

"芜湖扼中江之冲,南通宣、歙,北达安、庐,估客往来,帆樯栉比","外商纷至,轮船云集"。[3]但芜湖兵力很少,"现兵仅五百人",弹压匪乱尚虞不足,无良将,无军火,长江一有战事,加上土匪作乱,后果不堪设想。袁昶决定采取重点防卫的方法。"现惟有金陵、京口、(南)通州、江阴为根本重地,最宜层层扼紧,力挫凶锋,只好坚忍图之,舍他口不守,专守要口"[4]。长江下游地区是英国在中国的利益所在,他决定利用英国与日本之间的利益冲突,"以保护口岸为词",借英国的军事力量壮声威以抵御日本。袁昶秘密与英、美驻芜湖领事商量,很快就有了结果。"十二日,先来美国兵舰一艘,十四日英二等水师提督费礼满多罗率兵舰来泊"。为表示对英、美等国的亲近,袁昶还对舰上的外国士兵大加犒赏。[5]由于日本没有攻入长江,这次借兵没有正式投入战场。但借兵自保,以夷制夷,对日军的威慑也是不言而喻的;借兵自保,为日后"东南互保"的形成也提供了先例。

## 二　联俄制日

袁昶认为还应该联合俄国对付日本,防止俄、日联合,"诚以两敌合势,非我之利也。倭兵少粮匮,非惯经战阵之兵,未必能持久;若恃俄援,则其气日张"。为结交俄国,他建议总理衙门在新疆帕米尔交涉中,要求许景澄密结俄外交部,离间俄倭之交。甚至为了全力对付日本,他提出了:"即许割(朝鲜)元山津为俄市埠,亦为合算,使我得以全力制倭,大加惩创,一面联络英俄各大国,徐图收束。"[6]他认为当前主要敌人是日本,只要能打

〔1〕《禀督部刘言倭事》,《于湖文录》文六,第9页。

〔2〕《禀覆署抚部宪》,《于湖文录》文六,第1页。

〔3〕《芜湖新修方志·序》,《中国方志丛书(华中地方)88种·安徽省芜湖县志(一)》。

〔4〕《禀南洋商宪》,《于湖文录》文六,第42页。

〔5〕同上。据袁昶甲午十一月十六日记载:"以大绵羊十头、鸡四十头、酒二百斤,红茶四箱犒美国兵船水勇。"有人据此编了一副对联:"弦高犒秦师,仲连却秦军",来比拟袁昶的行为。见《于湖文录》文六,第44页。

〔6〕《再禀制宪》,《于湖文录》文六,第13页。

败日本，即使牺牲一些利益给俄国也划算。为了更多地了解日本，他将好友黄遵宪的《日本国志》四十卷，摘抄了兵制部分和天津机器局编印的《枪炮比较表》一册，呈送给两江总督刘坤一。刘坤一收到袁昶的来信后，对其所设想的御敌之法非常赞赏，称袁"通知时事，远谋卓识"，[1] 并建议袁利用以前在总署时与恭、醇、庆三邸的关系，直接上书以引起当局的重视。也许是受到刘坤一的鼓励，或者更多的是因为对时局的忧虑，袁昶于八月初一日（九月十九日）上书当局，指出中国应该利用陆路的优势，奋发图强，打退日本的气焰。袁说：

> 现在大军云集，海面虽不克与争锋，而陆路兵力尚厚。由义州直趋平壤、进捣韩京北路者，不下三万人，声势联络，足办一战。惟军事号令贵一，最忌参差。叶军门志超、卫汝贵、刘盛休、左宝贵、马玉崑、丰升阿六七提督，势伴力敌，莫能上下，似亦兵家所忌；必得一钦差经略以统驭之，调和诸将，军心方能齐一。至后路接济军火，总粮台及转运局，节节分设，何处为宜，亦需预为筹及；设有缺乏，溃败堪虞。[2]

袁昶一方面对陆路各提督不能团结一致表示担忧，一方面建议派一有威望的"钦差"统领各方，同时希望当局严密布置，认真应战，不仅前方的将领要齐心合力，而且各方（比如后勤供应）应该密切配合。然而令人遗憾的是，他的建议没有及时被采纳，前方将领各自为战，溃不成军。在朝鲜半岛发生的平壤战役是甲午战争期间中日两国陆军的一次决战。中国失败的原因是多方面的，而长期以来没有任命具有威望的指挥统帅亦是重要原因，结果造成了赴朝诸军"有将无帅"的局面，各将各怀意见，战守无策。据随盛军入朝的盛星怀报告："丰（升阿）带旗不甚精练，且有骚扰。卫总统（汝贵）军令不严，且待下苛刻，诸将领、勇丁均生异志……左（宝贵）、马（玉崑）力顾大局，惜其器局偏浅，不能融洽。"[3] 因此在是否作战与讲和的问题上，多次延误战机。直到八月下旬，朝廷又委派杞不孚众望的"败军之将"叶志超为诸军总统，袁昶所担心的问题不幸成为事实。难怪有人说，"假令公（袁昶）尚在京师，或不至有马关一约也。"[4] 此说虽然有点夸张，但袁昶的建议未被采纳,对时人时局而言,确实是一个令人痛惜的历史性遗憾。

中日之间平壤、黄海战役中方相继失败,原因很多。袁昶认为,并不是中国的军事实力不如日本,失败的主要原因还是由于军队"军事号令不一",武器规制不一,士气低落,用人不当,纪律败坏。

大军之至平壤也,倭人先将高丽土妓数百人尽驱至平壤,淮军竟以干戈场作安乐窝,日事荒淫,而倭人每出三四百人冲突而来,淮军辄乱放枪炮,倭人即退,遂洋洋得意,虚报胜仗,至十六日,倭人大队来攻,叶、卫二人不知所措,卫汝贵大醉酣卧,以马队千余人冲围而入,抢之以出,卫命虽生,而马队伤亡过半矣。左宝贵……不入勾栏,是以炮还击,遂殒于阵。在韩华军以奸淫劫掠为事,倭军则纪律严明,秋毫未犯,此种情形殊堪发指。[5]

袁昶对陆军的腐败深恶痛绝,对叶志超、卫汝贵贪于享乐,疏于防守的行为极度愤慨。在《上当轴言倭事书》中,袁昶曾毫无讳言地指出海军"自琅(指琅威理)去,而兵士、水手、无所忌惮,船上一切器械锈糟,日甚一日。丁(汝昌)本陆营出身,不习海战。林(泰曾)、刘(步蟾)乃闽厂管驾学堂之肄业生,虽曾出洋肄习。未曾阅历战阵,宜其畏葸不用命也"[6]。袁昶对北洋海军各将领的评价可能有些偏激,却也并非失实,如丁汝昌以陆军将领统帅海军确实是名不副实,引起众多官员诟议。

不仅如此,袁昶对朝廷上层不积极备战的政策也十分不满,清政府没有一个明确的抗敌纲领,最高统治者依违和与战之间,甚至在战

[1]《复袁爽秋》,光绪二十年七月初九日,欧阳辅主编《刘忠诚公遗集》(书牍)卷十一,见沈云龙主编近代中国史料丛刊正编第二十六辑,文海出版社,第6877—6878页。

[2]《上当轴言倭事书》,《于湖文录》文六,第20页。

[3]《盛星怀致盛宣怀电》,陈旭麓等编:《盛档·甲午中日战争》(上),上海人民出版社1982年版,第103页。平壤战役前,清政府命宋庆之义军、聂士诚之声榆防军、吕本元、孙显寅之盛军,刘盛之之铭军等六十余营,由宋庆统领。但诸将不服宋庆节制散漫无纪。

[4]《袁忠节公遗札》,民国三十七年影印本。

[5]同上。

[6]《上当轴言倭事书》,《于湖文录》文六,第20页。

争临近时还在为西太后的"万寿"而积极筹备，前敌将领互相推诿，临阵脱逃，如此应敌，怎能不败！

## 三　持久应战

平壤、黄海战役失败后，袁昶改变了当初"战事一两个月可定"的"速胜论"的观点，主张坚持持久战。在《防倭私议》一文中，袁昶指出：

> 夫兵法避其尖锐，击其惰归，坚壁毋浪战，持重以劳其师，乃可徐起而乘其弊，偾兵骄兵自取其征。韩都未失以前，自以水陆疾赴并力争韩为急。韩京既失以后，各岛要隘皆被倭扼守，我无进取之势，自以保我旅顺、威海门户为急，勿争虚名而受实祸，此一定之理也。
>
> 为今之计，惟有暂弃东藩勿问，专顾腹地海防，调集水陆诸军，密布沽塘、堡邬内外，气势联络，厚集其力。威海、旅顺各有守口炮台自护，且非入京孔道，暂勿兼顾，俟倭深入，敛兵守险，坚壁清野，使野无可掠，严断接济，以困其师。乘其骄气，察其惰归，然后猝起击之。且一涉严冬，辽海封冻，倭必归巢，义州、九连城一带防营可以游兵扰之。彼来则我敛兵扼守，寇去则我又出疲其兵力，使不获安。[1]

平壤失陷后，袁昶主张不要因为虚名，继续耗费兵力，"勿争虚名而受实祸"，而要"专顾腹地海防"，扼守旅顺、威海卫，实行坚壁清野，与日军持久作战，他的这种观点代表了一部分中外官员的观点，如总税务司赫德、驻英公使龚照瑗、驻俄公使许景澄、户部尚书长麟、南洋大臣刘坤一等，然而以慈禧太后为首的"主和派"，不仅放弃长期作战的准备，而且还加快了求和速度。不久，旅顺、威海卫相继失陷。袁昶听到此消息后，悲愤地写下了《哀旅顺口》和《哀威海卫》两首诗。

哀旅顺口　　（甲午十一月失守）

金州锁钥东地维，三面椅海背负巇。

戈船作坞军器监，九攻九距输墨机。

漆城荡荡无不有，一旦雷轰资虏守。

虏嗤主者先遁逃，利器尽入倭奴手。
呜呼海沸神怒号，奔军应伏杜邮刀。
虵盘乌栊天险失，夺还何日犁腥臊。

### 哀威海卫（乙未正月失陷）

我军左威右镏岛，形胜天然鬼工造。
增台巨赑震九地，火弩水雷环百道。
堡坞却作偃月形，杀气飞鸟不敢停。
如何黑云朝压垒，壮十夕化虫沙并。
呜呼内讧梁柱蠹，亿万金泉铸此错。
几时鞭石驾龟梁，义旗东指王师渡。

这两首诗反映了袁昶对中日战争中许多
清军将领在防守中不战而逃，利器尽入日本
人之手的愤慨，对"三面掎海背负巘"的旅
顺和"形胜天然鬼工造"的威海卫两个军事
要地的丧失痛惜不已。

甲午中日战争是日本蓄谋已久的侵略战
争，中国败于"蕞尔小国"日本，清廷内外将
责任归结为主张妥协求和的李鸿章。在举国一
致声讨声中，袁昶认为李鸿章："特以年逾七
十，血气衰耗，平时不留意预拔文武人才，培
养磨砺，以储有事时之用，一旦外患猝乘，左
右无一可备御侮之材，此其短也。至于料敌更
事，预决利钝，则文武大臣无能出其右者。"[2]
对李鸿章在战争中的评价似乎更为客观。

《马关条约》的签订，中国的半殖民地化
进一步加深了。清政府的腐败更加暴露无遗，
列强争先恐后地掀起了瓜分中国的狂潮。许多
有识之士认识到必须从各方面进一步加强改革

〔1〕《防倭私议》，《于湖文
　　录》文六，第23页。
〔2〕同上。

以增强国力，袁昶也是其中的一位。

## 第四节　倡言改革　力主维新变法

袁昶在总理衙门任职近十年，又在芜湖关道任职近六年。这为官的十六年中，中国的国势一落千丈。耳闻目睹，使袁昶早有改革的愿望。芜湖任上，袁昶就进行了吏治、关政、文教等方面的改革。甲午战争中国失败，他更感到中国非改革自强不能避免列强的瓜分，只是空有建言之心，却无建言之机，"职道（袁昶）自同治末服官内阁，旋改部曹，记名御史，将次传补入台，不幸外擢权史，遂不得以建言自效"。戊戌变法期间，适逢光绪皇帝颁诏求言，变法更张，袁昶"秉烛削减，条举政要"，向皇帝上书近一万八千余言，倡言改革，力主维新变法，[1] 其内容以"内治外交为纲领"。

### 一　内治——破除文法

袁昶批评了中国事事拘泥于文法，"文法太密"是中国落后于西方的主要原因，他认为中国深受文法之害的表现在以下几方面。

（一）"腐败推诿　人才匮乏"

袁昶认为，中国"治民之官少，而治官之官太多，防弊之意多，而同心协谋以致富强之臣转少"，官员相率为乡愿，循规蹈矩，不求有功，但求无过，"举天下文武豪杰之精神才力尽消磨于文法之中"。他认为，即使是久负盛名的重臣，也会受文法之害，从而给国家造成不必要的损失。如福建船政大臣沈葆桢就是一例。关于福建造船厂的造船样式，洋员日意格曾指出"兵船狭深而平，免招炮招风，商船腹宽而楼其上，货客可多装"。而沈却不听专业人员的建议武断地认为，"宜改为半兵半商之制，使两适其用"。结果制造出来的船都是既不宜商也不宜兵，无一船可以充当海战之用，造成经费的巨大浪费。袁昶认为"沈大臣固忠于谋国者，而犹若是，坐其时，台臣、部臣只习文法，不审船政、海防之利害，故无人能诤论"。他对沈葆桢在造船厂的评论可能不一定完全正确，但他认为士人不讲求经世实学，深受"文法之害"，即使是名臣、重臣亦不能例外，这一看法是有一定针对性的。

(二)"注重虚名,一意主战"

甲午中日战争之初,袁昶通过中日之间军事实力的对比,认为中国可以与日一战,且中国可以战胜日本,即使中国在海上全盘失败后,他还是上书朝廷希望通过陆军坚持持久战,最后战胜日本,但"淮军"在战场上的表现,最终让他失望。他认为这场战争的发生虽然日本的侵略野心是主要原因,但中国方面也存在不可推卸的责任。他指出:"伊藤博文于光绪十一年立约两国均不派兵驻朝鲜,如派兵必互相知照之约三条,而北洋总督遣叶志超时未及前约,日人遂以背约责言,借端寻衅,然牙山之衄,倭仅索兵费三百万,尚易隐忍,□事平壤之衄,骤涨至千万,其时尤可议媾,我军黔驴之技,敌人犹未尽见其破绽也。而二三新进躁妄之徒,争献景延广横磨之策,大臣从容雅步,惑于蜩螗之论,无一人为庙堂陈蜂虿之有毒,淮军之积弊,万不可恃。"朝臣对日本的无知也使袁昶非常愤懑。早在一八八八年,黄遵宪就将出使日本期间对日本的所见、所闻、所羡、所忧详细著述为《日本国志》,然而主持外交的李鸿章、总署大臣却受"文法之害",以黄遵宪其人其书思想超越了"中体西用"的框架、过于"恢奇"予以否定性的评价,对此书的价值多所贬低。昏庸的总署大臣对上呈到总署的《日本国志》不仅不予刊行,而且弃置一旁,除袁昶外,"无人翻阅"。[2]袁昶关于中国受"文法"之害,注重虚名,对日本明治后国情不了解而一味强调主战的分析有一定的道理,但他将甲午战争的起因及中国所受之害,片面归结于主战大臣,这是他认识上的错误。甲午战争,从本质上讲,是日本蓄谋已久的侵略战争,战争期间和谈不成,主要是日本欲壑难填,贪得无厌,不愿讲和,而不是主战大臣一意主战,不愿和谈。

袁昶说:"时局日坏,惟力行墨家强本节用之道可以救之……其余禁令节目当以严厉峻整,次第治之,杜侥幸之门,塞苟且之路,内治既立,根本强固而不摇,然后可以议攘外侮"[3],由此可以看出袁昶希望改革内政的心理。他利

〔1〕此节引文除特别注明外,皆引自《袁太常戊戌条陈》,上海图书馆藏。

〔2〕李长莉:《黄遵宪〈日本国志〉延迟行世原因解析》,《近代史研究》2006年第2期,第63页。

〔3〕《答曲园俞先生》,《于湖文录》文八。

用光绪皇帝颁诏求言的机会，在内政方面主张进行下列改革（见下表）：

| 内　容 | 具体事项 | 变革理由 | 实施办法 | 备　注 |
|---|---|---|---|---|
| 改制之事 | 训练八旗人才 | 旗丁生齿日繁，生计日难 | 习士、农、工、商四民之业 | 九月十四日颁诏执行 |
| | 裁汰冗员 | 因事设官，"断无事已废而官尤不裁者" | 裁撤詹事坊局，漕运总督，督抚同城的云南、广东、湖北当裁一留一 | 八月三十日诏示裁詹事府六衙门，裁湖北、广东、云南三省巡抚、东河总督等 |
| | 地方官参用绅士 | 筹饷练兵难，黜罢亦不易等 | 变通吏部回避之条，用五百里以内之人才 | 反对立议院，重民权 |
| | 督抚委署道府州县，吏部权宜勿定限 | 吏部勿限定实缺，改委署事不得过分数之章程 | | |
| | 取才官人宜随器授任，勿求全备 | 人无全才 | 吏才将才边才使才等各得其任 | |
| | 捐纳宜速停 | 吏治坏，名器难 | | |
| 官人之事 | 大臣宜界驳历中外之任，周知事变以赞机宜 | | | |
| | 疆臣宜假以节制专断之权，广树形势以拱卫 | 与其沿海成剖分之势，不若裂地分封 | 分封近支王公，或专界亲信有德望之大臣许以全权 | |
| | 求边才、将才以扞牧圉 | 新疆卫藏滇桂边防皆吃重，东三省尤为根本重地 | | |
| | 求专使绝域之才以通知四国之情 | 近日出使大臣多不送日记，殊失良法美意，总理衙门无从考核 | 申明定章，以肃使规 | |
| | 以书院学堂培养人才 | 近日学堂学生多染习气或投入洋行作通事，是国家为彼族造就舌人 | 学堂于洋教习之外须专请一深明宋学之人取小学韵语、小学弦歌之类使之口诵身行 | |
| | 以课吏局考察庶僚 | | 置一本省同官简明履历，外一牍，摘要记录 | |
| | 申明赏罚随方举劾 | 整顿吏治乃固结民心之根本 | 屠仁守、李用清、劳乃宣、王先谦、沈曾植、陈宝琛、郑孝胥、汤寿潜、陈三立等 | |

续表

| 内　容 | 具体事项 | 变革理由 | 实施办法 | 备　注 |
|---|---|---|---|---|
| 理财之事 | 求堪任风宪之才，以树朝廷耳目 | 分堂陛之分，止嚣陵之气 | 国家蓄謇谔之臣 | |
| | 求吏治筦榷之才以厘内政 | 民力困于厘金，商力疲于捐输 | 理财必先使家给人足，征榷宜示以损上益下之名 | |
| | 国本之盛衰系乎政之奢俭 | | 以古为鉴 | |
| | 权理财之名实取之农不若取之商 | | 废除厘金 | |
| | 清理屯田 | 屯田多卖为民业，而兵火后荒绝之产 | 仿新疆驻营每年轮流，六成操成操防，四成屯种之法 | 九月十四日颁诏执行 |
| | 折南漕 | | 江浙漕改折运漕 | |
| | 开官银行 | 中银漏出，银根日紧 | 禁金银铜钱运出外洋，开银行 | |
| | 官设公司，行内河小火轮 | 筹饷 | 官设公司和小火轮，不准富绅商局分利 | |
| | 官运场灶盐，仍予子店商销 | 筹饷 | 淮南北皖赣等地运商可搭销 | |
| | 电线局纳税 | 筹饷 | 岁纳电税 | |
| | 密抄著名贪黩之吏 | 筹饷 | | |
| | 行印花税 | 筹饷 | 以藩司印单为凭征税 | |
| | 借洋债 | 筹饷，国债多则邦交亦亲 | 联小国不若联大国 | |
| 练兵之事 | 将才在平日教养始成，兼须廉以恩信 | 无事俾之近沾恩泽，有事尤不至于仓猝乏才 | 功臣老病或用其俾副，或擢其子弟 | |
| | 兵阵宜变法 | | 购买新式武器训练士兵 | 六月十九日诏示改练洋操 |
| | 劣弁旧勇不可用 | 湘淮军皆迁地勿良习气太重 | 练新军，水陆之军似当练钦廉潮惠漳泉沿海之人 | 七月九日，命八旗汉军均以新法练军 |
| | 枪械宜各营一律 | 枪械不律贻误战事 | | |

　　通过上表，可以清楚地看出袁昶改革内治的内容涉及改制、用人、练兵、理财等方面，并且袁还指出了每项改革的原因和具体措施，这些

内容有些是从朝廷长远利益出发的，如"训练八旗人才"、"捐纳宜速停"等，有些是为了应急的，如"开官银行"、"设官公司"，"征收印花税"等，这些建议都涉及当时重大的社会经济问题。

## 二　外交——以守为主

关于外交方面，一方面袁昶要加强与西方的交流，利用西方人才加强练兵和军事改革，依照国际法，参与到国际社会生活中，重视国家间交流的礼节，尤其是加强对西方宗教教典的了解，为解决教案提供便利，其主要详见下表：

| 内　容 | 具体事项 | 变革理由 | 实施办法 | 备注时间（公元） |
|---|---|---|---|---|
| 交邻之事 | 出使大臣当重选 | 历派使臣多用四五品以下官员充二等 | 使臣当勿奇以文法，但责其有益国事否 | 六月十一日，命各使督抚酌保使才 |
| | 西才中可用 | | | |
| | 觐见各使之外或予接待 | 偶赐召对，外臣辄以为荣 | | |
| | 西国有大典礼不妨遴派亲郡王贝勒往聘以昭郑重 | 国体邦交两得其宜 | 造就近支王宫文武将才 | 六月十二日，诏选宗室王公游历各国 |
| | 自开口岸无甚流弊 | | 惟纳税管辖之权须自主乃可自强 | |
| | 润色教典以招徕之 | | 使高齐学士延阁文人取摩西十诫之传略为删润 | |

袁昶还分析了俄、德、日、英、美、法六大国对中国当时及将来可能构成的威胁。他指出，俄"祸纾而大"；德"虽突据胶州湾，其祸急而小"；英"志在保中国以保商务"；法"志在通商"；美"离我太远"；倭"言甘而寡信"，他的分析基本上是正确的，特别是对俄国的分析非常具有预见性和警示性。甲午战争后，以俄国为主导的三国干涉还辽的成功，清廷上上下下弥漫着一股对俄国的感谢之情，并在俄的诱谋下签订了《中俄密约》。德国强占胶州湾，李鸿章等人又指望通过俄国干涉

来使德国放弃对胶州湾的占领。而袁昶通过对俄国历史的分析,认为俄国是中国最强大的敌人,"独俄人扼我三陲,布置渐密,席卷势成,最为巨患"。可惜朝廷没有接受他的警告,以李鸿章为首的亲俄派在俄设置的陷阱中越陷越深,结果使中国丢失了大量权利。

通过对世界各国形势的分析,袁昶认为在当前处理外交关系时应该"以守为主"。中国当前是"海战之患促,陆战之患纾",以现有的军事力量不能议战,但不可不议守,应"讲求边防,就地练兵,以屏卫圻疆",做到"无事如有事时提防,有事如无事时镇静"。中日甲午战争,中国俯首签约,割地赔款,朝野哀痛,使袁昶认识到中国的军事实力并不像想象中的那样强,中国民气也不如他想象中的那样旺,尤其是阅读了《日本国志》之后,袁昶一方面称羡日本学习西方而国力增强,一方面对中国的士大夫既不了解中日差距又不能全民动员,盲目主战给中国带来的巨大的割地赔款等感到屈辱。在甲午战争中袁昶曾上书给主战的翁同龢,《上虞山书》,"久应朝望推迁叟,敕以时艰相弱翁。三独坐依仙掌露,十思疏写御屏风。指麾渐欲清稗海,履屐由来仰至公。今夜月明堪北望,戴匡星傍紫薇宫",表达了对翁同龢的敬仰,并希望翁同龢能力挽狂澜。然而战争无情地失败了,可谓"屈辱之至"。[1]痛定思痛,袁昶认为,朝廷如果对日本有更多的了解,也不至于一味主战,"而偿银二万万可省矣"[2]。从此以后,在对外交涉中,袁昶更趋向于"以守为主",不轻言开战的防守心理。"海防之事,自铭盛两军丧师而淮军熸,自丁汝昌、林泰曾、刘步蟾辱国而海军全没,今只有南洋的开济、南琛、南端、寰泰、保民等六艘,不足以守一隅,遑议战乎?"[3]

〔1〕《上虞山书》《于湖文录》文七。

〔2〕吴天任:《黄公度先生传稿》,香港中文大学出版社1972年版,第368页。

〔3〕《袁太常戍戍条陈》,第5页。

　　袁昶对外主张"以守为主"，并不是妥协卖国，苟安图存，而是在列强侵略的夹缝中维持一种相对的平衡，改革内治，去除陈规陋习，"因时度势，损益旧章"。

　　光绪二十四年闰三月初一（一八九八年四月二十一日），安徽巡抚邓华熙将袁昶的奏议代为上奏，光绪帝看了后，在此奏折上亲书"戊戌条陈"，并于六月二十日（八月七日）谕令，"着军机大臣会同总理各国事务王大臣切实妥速议奏"。[1]经军机、总理衙门大臣讨论后，其中关于"请筹八旗生计"和"清理屯田"于七月二十九日（九月十四日）颁诏施行，从而正式成为戊戌新政的重要内容之一。

### 三　与"维新派"的比较

　　戊戌变法的主角是康有为、梁启超等维新派和"帝党"中的主要成员，如翁同龢、张荫桓、徐致靖等人。维新派和"帝党"结合，向皇帝呈上了许多新政奏折，光绪皇帝也颁布了许多新政"上谕"。袁昶"戊戌条陈"中关于"旗民生计"和"清理屯田"两条经军机大臣讨论后以"上谕"的形式颁布全国施行，这在地方官僚的奏折中是很少见的。综观袁昶"戊戌条陈"的许多内容，我们将它与康有为的变法内容对比，[2]可以发现袁昶有许多改革措施与康有为是相同或相近的，如在政治方面，强调裁撤冗员；在经济方面，主张废除厘金；在军事方面，主张仿照德国、日本改练新军；在教育方面，主张改革书院学堂，这些改革措施在光绪皇帝颁布的新政"上谕"中也得到了体现。[3]但是对袁昶的变法思想与康有为的变法思想进行比较后，可以发现袁昶"戊戌条陈"中的变革思想与同时期康有为等人相比，远没有康有为激进，袁的思想与"维新派"有着根本的区别。

　　第一，在政治方面，康有为提出了"立宪法，设议院"，带有明显资产阶级性质的政治改良措施，而袁昶却明显不赞成此观点。袁认为"不知修明内政，犹之饮鸩酒以疗疾，而疾弥盛……我之立国之法繁且弊久矣"[4]。主张修明内政，但他认为中国变法首先施行立议院，重民权，是不切实际的。他认为国人"不知西国之绅多学堂出身，豪富才谞，明于利害之选，故可用。中国之绅多科目、捐纳、门荫出身，好发大言空议，贫而嗜利之人，即富绅亦多贪黩成性，视国家利害不若一身一家之切"。根据中西"绅士"不同的对比，袁昶认为西方国家设议院、倡民权的做法不适合中国。虽然他也羡慕西方的政治制度如议院，但他并不主张中国实行议院制度，而是希望实行由大吏有效管理式的"贤人政治"。

第二，在经济方面，康有为的改革措施如振兴商务、农务、工业，劝励工艺、奖励创新等是要变"农国"为"工国"，其目的是发展资本主义工商业，保护民族资本主义工商业。在袁昶的改革措施中，虽然也有"开银行，设公司，行火轮等"，但这些正如他自己在上书中所说的那样，只是"急救之术"，"究非善政，事平当即停止"，其目的只是为更有利或易于筹饷。

第三，在文教方面，康有为主张废八股，改书院，设立新式学堂（乡设小学，县设中学，省设立专门高等大学），培养新式人才。而袁昶对教育方面虽然主张向外国学习，但更重视传统教育。他主张"学堂于洋教习之外须专请一深明宋学之人取小学韵语，小学弦歌之类使之口诵身行，以蓄其入孝出弟爱君敬长之心"。在汪康年向他阐述，"欲图变法，先务新起人才，乃足振动生机，制艺之易策论，洵转移学校之一大关键"。他却认为："考官苟人人如张南皮师（指张之洞）、顺德李公（指李若农），虽时文亦得人才。苟非其人，虽策论未必有公。"[5]他不主张废除八股改试策论这样的制度变革，而将改革弊政培养人才的希望寄托在如张之洞、李若农之流的所谓"贤人"身上。

[1] 中国第一历史档案馆编：《光绪宣统两朝上谕档》第24册，广西师范大学出版社1996年版，第291页。

[2] 康有为关于除旧布新的新政建议，参见汤志钧《戊戌变法史》，上海社会科学院出版社2003年版，第497—498页。

[3] 详见汤志钧《戊戌变法史》，"光绪皇帝关于除旧布新上谕分类表"，上海社会科学院出版社2003年版，第538—539页。

[4] 袁昶撰：《送张副都叙》，《渐西钝叟遗文》，第4页，稿本。上海图书馆藏。

[5] 上海图书馆编：《汪康年师友书札》第二册，上海古籍出版社1986年版，第1563页。

袁昶的政治改革主张与其师张之洞倒有很多类似之处。"戊戌条陈"中的思想与张之洞在《劝学篇》中所阐述的思想较为接近。因此，就袁昶的政治派别来说，属于"洋务派"，不属于康有为之流的"维新派"。张之洞是袁昶的"座师"，甲午战争时期他们交往就很频繁，甲午战后，他们仍是交往不断。据《郑孝胥日记》记载，张之洞署两江总督期间，张、袁经常会面，诗歌酬酢，张之洞对袁昶在芜湖的政绩也十分赞赏。[1]张之洞为"辟邪说"、"权衡新旧"而写的《劝学篇》为慈禧及光绪所称道，袁昶的"渐西村社丛刻"在经费十分紧张的情形下，还专门刻印了张之洞的《劝学篇》；《湘学新报》被张之洞控制后，袁对《湘学新报》的评价也明显要高于《时务报》，在日记中袁写道："阅《湘学新报》议论极为平实明通，有胜于《时务报》者。"[2]从中可以看出袁的思想倾向与张之洞是一致的，并未突破"中体西用"的原则，这是袁发自内心的自觉认识，也是袁表现自我而规避犯上之忌的为官策略，也是袁的奏折能被光绪和慈禧都认可的主要原因；这还是戊戌政变后，激进的改革派被杀、被贬、被缉，而袁旭却能调回京城重入总署的重要原因。

即使这样，袁昶的变法措施还是引起顽固派官僚的不满。如关于训练八旗人才，袁昶的初衷是想解决八旗的生计问题，同时减轻国家的财政负担，但事实上却引起了满洲贵族官僚的反击，因为在袁的奏批中旗人不劳而获的优越地位被取消了。因此当谕旨下令"八旗人丁，如愿出京谋生计者，任其自由"，满洲贵族"大哗不已"。[3]关于裁汰冗员，如裁汰詹事府、漕运总督、湖北、广东、云南三个巡抚等，这些措施一旦实行，就会打破许多人的"饭碗"，势必引起许多官员的恐慌。而他提出的"督抚委署道府州县，吏部权宜勿定限"、"西国有大典礼不妨遴派亲郡王贝勒往聘以昭郑重"之类的建议，在乾纲独断、华夷秩序的专制社会，这些建议是顽固守旧派官僚所不能接受的。所以袁昶虽然后来没有受到戊戌政变的牵连，但一定程度上已经得罪了满族贵族。

# 第三章

## 徐用仪："凡事斟酌于疑似间 筹度于安危之计"

庚子事变被杀五大臣中，由于徐用仪、许景澄、袁昶都是浙江籍，所以后人将他们并称为"浙江三忠"，其中徐的官位最显，许次之，袁又次之，但论声望，却正好相反，袁、许、徐为序。关于徐用仪的志节，沃丘仲子认为他"工小楷娴例案，他无一长，当官烟视媚行，守亦非洁，而竟被极刑，且因是得令名于世，亦可异矣！"[4]又据《春冰室野乘》记载："官京师四十余年，畏慎小心，遇事模棱，有孔光冯道之风。而竟与袁、许诸贤同遭奇祸，实出意料之外。"[5]两家评述，不约而同。"当官烟视媚行"的他，庚子年间竟没迎合慈禧主张对外开战，实是出乎意料！"畏慎小心，遇事模棱"的他，竟与袁昶、许景澄同祸，更是出乎意料！

### 第一节 "王佐"兼"鬼使"

徐用仪（一八二六——一九〇〇），字吉甫，号小（筱）云，浙江海盐人。他"自幼聪慧，有大志，外顺内刚，小事或不置否，

〔1〕张之洞曾有诗赞袁昶在芜湖的政绩："为政有道道有根，佳人读书袁使君，九流入擂哜仍本，收拾并入不二门"，《过芜湖赠袁兵备》见袁昶《春兰杂咏》刻本，上海图书馆藏。

〔2〕袁昶撰：《毗邪台山散人日记》，丁酉六月，第22页，中国国家图书馆藏。

〔3〕转引李剑农《中国近百年政治史》，复旦大学出版社2002年版，第171页。

〔4〕沃丘仲子：《近代名人小传》，1988年中国书店影印，第120页。

〔5〕李岳瑞：《春冰室野乘》卷中，第55页，沈云龙主编：近代中国史料丛刊正编第六辑，台湾文海出版社。

大事必曲折以伸"[1]。咸丰九年（一八五九年），顺天乡试举人，同治元年（一八六二年），考充军机章京，翌年，在总理各国事务衙门章京上行走，累迁鸿胪寺少卿、大理寺卿、工部右侍郎。时谓"帝师、王佐、鬼使、神差"四者为做官的终南捷径，得其一，指日可升。他既为"小军机"，复入"总理衙门"，"王佐"与"鬼使"兼而有之，故升迁至速。[2]光绪十年（一八八四年），升为总理衙门大臣，历兵部、刑部、吏部侍郎。光绪二十年（一八九四年）升为军机大臣，权势益隆。时京官升转迟滞，不少官员对他望而生嫉。

徐用仪升迁至速，与孙毓汶对他的拉拢有很大关系。孙毓汶，字莱山，山东济宁人。光绪十年三月十三日（四月八日）上谕以："谬执成见"、"因循日甚"的罪名，将奕䜣、宝鋆、李鸿藻、景廉、翁同龢在军机处、总理衙门的差使统统免去，重新任命礼亲王世铎、户部尚书额勒和布、阎敬铭、刑部尚书张之万、工部侍郎孙毓汶为军机大臣，并于次日颁布懿旨，命"军机处遇有紧急要件，著会同醇亲王商办，俟皇帝亲政后再降懿旨"。这就是轰动一时的甲申易枢。[3]在这次军机大换班中，孙毓汶的资历最浅，其之所以能升入军机，一是与他父亲的名望有关，他的父亲尚书孙瑞珍生前曾任上书房总师傅，还是醇亲王奕譞的授读师傅。二是孙毓汶能言善辩，善于察言观色，极力巴结讨好慈禧太后。他善权术，"遂专魁柄。凤值南斋，多识群奄，恒于后前称其能"[4]。光绪十二年（一八八六年）光绪将届亲政之年，慈禧宣布要归政皇帝。孙毓汶揣测太后实非出自本心，遂游说诸王公大臣，亲拟折稿，请求慈禧"训政"。翁同龢记其事曰："懿旨归政，孙莱山（毓汶）来，以王公大学士六部九卿公折请训政稿见示。……遂定议连衔上，亦以示醇邸（奕譞），邸意亦谓然。"[5]折既上，对慈禧来说，正中下怀，于是发下懿旨称："念自皇帝冲龄嗣统，抚育训诲深衷，十余年如一日。即亲政后，亦必随时调护，此责不容卸，此念亦不容释，即著照所请行。"[6]这样，名虽"归政"于光绪皇帝，实则大权仍握在慈禧手中。孙毓汶以此大获慈禧激赏，宠幸日固。三是在深得太后宠幸之时，他还"内依奕譞，外联李鸿章，大权在握，俨然炙手可热，不可一世"[7]，成为后党的中坚。徐用仪是孙毓汶的堂叔孙楫的门生，两人私交一直较好，孙毓汶入主军机后，则极力拉拢徐用仪；徐用仪入值军机后，则依附孙毓汶,处处牵制时任户部尚书的翁同龢,"用仪论事与同龢忤"[8]。

徐用仪身为总理衙门大臣,曾多次参加总署与外国的交涉,与日本的交涉也有几次。如光绪十年十月二十六日和二十八日,他分别与邓承修、福锟参加与日使榎末武扬两国关于朝鲜"甲申事变"善后问题的交涉。当时中国虽然在军事上占优势,但总理衙门最终还是在外交上屈从日本,答应朝鲜对日谢罪,赔偿损失。[9]朝鲜东学党起义后,他又和总理衙门大臣奕劻、孙毓汶、崇礼、张荫桓参加与日使小村寿太郎关于中日双方同时从朝鲜撤兵的谈判。[10]在总理衙门多年,处理外交事务,总署长期执行的"外须和戎"的外交政策对徐影响很大。

## 第二节　甲午战争中"主和避战"

### 一　入值军机

自一八七四年日本出兵侵犯台湾以来,清政府朝野上下对日本就存有防备之心。洋务运动的开展、海防建设与海军的编练,在很大程度上就是为了防范日本。一八八四年日本在朝鲜一手制造了挑战中国宗主权的"甲申事变"后,引起了清朝朝野上下的强烈不满。此后中日之间摩擦不断,日本挑衅中国的事件迭出不已。中国社会上存在一股"仇日"、"轻日"情绪,这种情绪随着中法

〔1〕钱应溥:《诰授光禄大夫太子少保兵部尚书筱云徐公家传》,刻本,清光绪年间出版,中国国家图书馆藏。

〔2〕徐彬彬:《庚子之忠臣》,黄萍荪编:《越风半月刊》,第4期,沈云龙主编:近代中国史料丛刊续编第六十六辑,文海出版社。

〔3〕沃丘仲子:《近代名人小传·世铎传》。

〔4〕同上书,中国书店影印1988年版,第61页。

〔5〕《翁同龢日记》(四),第2029页。

〔6〕《光绪朝东华录》第2册,中华书局1958年版,总第2125页。

〔7〕谢俊美:《翁同龢传》,中华书局2000年版,第255页。

〔8〕详细问答节略参考中国史学会编:《中日战争》(一),第384、390页。

〔9〕赵尔巽:《清史稿》,列传二百五十三,总第12795页。

〔10〕《清光绪朝中日交涉史料》第14卷,第18—19页。

战争中镇南关大捷、谅山大捷和北洋海军建成，逐渐升温为主张不惜与日一战。[1]甲午中日战争爆发，朝廷大多数官员坚持主战立场，他们认为正义属于中国，最后胜利也必然属于中国。"此次用兵，彼逆我顺，彼曲我直，彼吞噬小邦，以残暴逞，我救属国，由仁义行"。因此，"胜之理惟我得之，则胜之权当亦必可自我操也"[2]。当时这种反抗侵略、自信得胜的心理基本成为朝野共识，总税务司赫德在写给伦敦的报告中说："现在中国除了千分之一的极少数人以外，其余九百九十九人都相信大中国可以打垮小日本。"[3]年轻的光绪帝，在其师傅翁同龢的影响下，极力主张对日作战，掌握实权的慈禧太后对日本也持轻视心理。据《翁同龢日记》七月十六日记载："是日军机见起，上意一力主战，并传懿旨亦主战，不准借洋债"，"后来，太后又有不准对日有示弱的话语"。[4]但身当军事、外交之冲的直隶总督兼北洋大臣李鸿章，采取传统的"以夷制夷"的外交方针，将解决中日冲突的希望寄托在俄、英的外交调停上。由于列强只为各自利益着想，最终调停失败，"俄使来，和议无成，合肥（李鸿章为合肥人——引者）甚怒，始决意用兵"[5]。由此可见，中日战争初期，对于日本侵犯我藩属的行为，在依靠俄、英的调停失败后，朝廷上下基本上都倾向于对日本采取强硬的立场。但随着战争的发展，清政府在战场上接连失败，以慈禧太后为首的"后党"成员开始趋向一味求和，而以光绪为首的帝党成员却坚持继续主战。宫廷中微妙的帝后党争因为和战之争而更加凸显。[6]

甲午战争爆发前，清廷帝后关系尚比较融洽。光绪以旁支入大统，虽然有慈禧太后个人不可告人的目的，但从光绪的个人感情来说，太后将他抚养成人，他对此不无感激之情。光绪未成年之前，宫廷间的主要矛盾是太后与恭亲王奕䜣之间的矛盾。但自"甲申易枢"后，奕䜣、翁同龢、李鸿藻等一并被罢，易以礼亲王世铎、孙毓汶等，清一色都是"后党"成员。首席军机大臣世铎身居高位，且名为首辅，然懦弱无能，尸位素餐，其才能远在奕䜣之下。世铎"性耽安逸，每日入直最晚，散直最早"，遇事"一味模棱，毫无措置"，"从不自出一谋，但观望徘徊"[7]，又"终身无疾言厉色，对内侍尤恭谨"，所以宫内左右争誉其贤。一八八九年光绪亲政后，"虽有亲裁大政之名，而无其实"，[8]大事仍必须向太后请示，并无实权，这对于已经成年的光绪自然十分不满,身为帝师的翁同龢对太后的专权更无可奈何。自鸦片战争后,列次对外战争都以中国失败而告终。此次日本挑起战争,光绪帝正期望能借助于此次战争的胜利提高自己的执政声望。因此,战争一开始,光绪就极力主战。但战争态势,并没有如主战派所愿,清军在战场上节节失利。原先对主战无异议的太后逐渐变得主和,这与继续坚持主战立场的光绪帝产生了矛盾,并且随着战争形势的发展,帝后之间的矛盾愈发尖锐。

光绪二十年六月十三日(一八九四年七月十五日),光绪帝为表明自己的主战决心,特颁谕旨,命户部尚书翁同龢、礼部尚书李鸿藻参与军机和总理衙门,会商对日战争问题。他特别倚重对外强烈主战的老师翁同龢,甚至有一次因翁同龢生病而不能到班,即使军机大臣皆到场也改变了会期。[9]光绪帝在人事上的变动,很快引起了太后的警觉,适逢军机大臣许庚身去世,慈禧太后于六月二十六(七月二十八日)命徐用仪在军机大臣上行走[10],以抗衡帝党。徐用仪入值军机后,

〔1〕谢俊美:《甲午战争百年反思录》,《甲午战争110周年学术讨论会论文集》(未刊)。

〔2〕《御史叶应增奏为请罢和议,严防备战以杜窥伺折》见戚其章主编《中国近代史资料丛刊续编·中日战争》第一册,中华书局1989年版,第65、67页。

〔3〕中国近代经济史资料丛刊编辑委员会:《中国海关与中日战争》,中华书局1983年版,第50页。

〔4〕《翁同龢日记》(五),第2708页。

〔5〕张佩伦:《涧于日记》,六月初七,《丛刊续编·中日战争》,第482页。

〔6〕甲午战争期间和战之争和帝后党之争是联系在一起,虽然两者并不是同步的。江中孝:《试论中日甲午战争时期的帝后党争与和战之争》,见《甲午战争九十周年纪念论文集》,齐鲁书社1986年版;戚其章:《甲午和战之争再探讨》,《甲午战争110周年学术讨论会论文集》(未刊本)。

〔7〕戚其章主编:《中国近代史资料丛刊续编·中日战争》第6册,中华书局1989—1996年,第519—521页。

〔8〕梁启超:《戊戌政变记》,中国史学会编:《中国近代史资料丛刊·戊戌变法》第1册,第256页。

〔9〕翁万戈辑:《翁同龢丛编之五·甲午战争》,戚其章序,台北艺文印书馆,2003年影印本,第12页。

〔10〕郭廷以:《近代中国史事日志》,第873页。

亦步亦趋，追随孙毓汶，与翁同龢常"论事不合，至动色相争"[1]。徐成为孙毓汶的重要帮手、翁同龢的政敌，对战争中朝廷的决策影响很大。"闻枢府把持，藩篱甚固，翁、李两公虽特派会议，不能展一筹"[2]。

## 二　一意主和

甲午战争一开始，举朝都轻视日本，而徐用仪则认为："东瀛方强，我师骄惰，未可轻敌。"[3] 徐支持李鸿章通过外交途径解决中日冲突。平壤失守、黄海战败，战局每况愈下，沉重打击了主战派官僚的自信。孙毓汶、徐用仪等主和派官僚乘机加快了求和的步伐，放松御敌筹划。七月十一日（八月十一日），日本军舰将要攻打威海的消息传来，翁同龢十分着急，"威海告警，而同僚无忧色"。[4] 孙毓汶、徐用仪的妥协行为立即遭到廷臣的反对，七月十六日（八月十六日），礼部右侍郎志锐指名参奏枢臣孙毓汶兼及徐用仪"迎合北洋"（指李鸿章——引者）。

> ……徐用仪起自章京，性情柔滑，事事仰承其意，即会议一事，徐用仪毅然秉笔，翁同龢等不过略易虚字；及封奏之际，会议者竟不得其闻。故初次会议所上之折，翁同龢等列名于礼亲王之前，自来无此礼制，如令会议者见之，似不能如此舛误。[5]

此折胪列了孙毓汶把持军机处的"专权自恣"，"诪张舞弊"，并认为徐用仪"仰承其意"，要求将孙毓汶逐出军机处，以儆他人。当天，孙毓汶、徐用仪便消极对抗，办奏折不肯动笔。军机处将志锐的奏折上呈太后，请其裁夺。太后极不愿意孙毓汶、徐用仪退出军机处，但又不便明说，所以将奏折交给光绪裁夺。光绪考虑到孙毓汶是太后的宠臣，徐用仪是太后刚任命的军机，慑于太后的余威，不敢公然罢斥孙毓汶、徐用仪二人，只是以志锐原折示孙、徐二人，并"温语慰劳，照旧办事，仍戒饬改过"。[6]

战局每况愈下，继平壤失守后，日军又突破鸭绿江防线进入中国边地，清廷一方面查办败将叶志超，任用宋庆、聂士成认真备战，一方面继续求和，指望通过英、俄的干涉迫使日军停战。身兼军机大臣以及总署大臣的徐用仪按此方针办理，奔走于各国驻华使馆之间，酬酢于各国使臣之间，舌敝唇焦，但毫无结果。一八九四年十月六日下午，孙毓汶、徐用仪二人亲访中国海关总税务司赫德。赫德在其日记中写道："中国政府现在已知道局势的严重……孙毓汶和徐用仪同我自下午四点谈到六点钟。他们两个几乎痛哭流涕，愿意听取任何好的建议，答应以后办这样办那样。他们说两个月以前人们除了'宣战'之外不敢讲别的，一个星期以前还没有人敢倡议讲和，直到现在，如果求和的消息一泄漏，北京的那帮既不明实情，又没有责任和职守而专喜欢放言高论的人们，仍旧会一致攻击政府。孙、徐两位说，政府有责任力撑危局，现在也知道继续作战没有把握，早日和解是最好的办法，所以他们问我应当怎么样办。"[7]孙、徐希望赫德这位"中国通"能提出好的建议，并希望英国能联合各国调停中日纠纷。

光绪二十年九月初五（一八九四年十月九日），赫德接到伦敦来电："英国政府已向德、法、美、俄提出，在共同保证朝鲜独立的基础上，由各国联合调停，并另加赔给战费。"[8]初九（十三日），英国驻华公使欧格讷由烟台回到北京，当日到总理衙门，"促邸（奕䜣）会商，以两事要挟：一以朝鲜为各国保护之国；一日本须偿（给）兵费。限明日三（点）钟回复。"初十（十四日），军机处议事，奕䜣将欧格讷所言告知出席者，孙毓汶和徐用仪意气甚盛，认为别无选择，"不如此，不能保陪都、护山陵"。翁同龢和李鸿藻则加以反对，认为"英使不应要挟催逼，何不称上意不允以折之，俟俄使到再商。孙、徐汹汹，坚持不可"。[9]双方争执良久，亦无

〔1〕《翁同龢日记》（五），第2720页。

〔2〕叶昌炽：《缘督庐日记》（二），江苏古籍出版社2003年版，第2227页。

〔3〕钱应溥：《诰授光禄大夫太子少保兵部尚书筱云徐公家传》，中国国家图书馆藏。

〔4〕《翁同龢日记》（五），第2717页。

〔5〕《礼部右侍郎志锐奏参孙毓汶折》，见中国史学会编：《中国近代史资料丛刊·中日战争》（三），第37页。

〔6〕《翁同龢日记》（五），第2720页。

〔7〕中国近代经济史资料丛刊编辑委员会主编：《中国海关与中日战争》，中华书局1983年版，第63页。

〔8〕同上书，第64页。

〔9〕《翁同龢日记》（五），第2720页。

结果。是日午初,慈禧召见枢臣,对欧格讷提出的两条表态,谓第一条"固俯允",第二条亦"可商"。翁、李力陈"欧(格讷)(公)使可恶,且所索究竟多少,如不可从,终归于战,宜催各路援兵速进"。慈禧曰:"若多仍不允。"孙、徐仍言:"不如是,则沈阳可危也。"[1]最后朝廷采纳孙毓汶、徐用仪的建议,同意因朝鲜问题向日本赔款。

### 三 群臣弹劾

孙毓汶、徐用仪主张对日赔款的行为立即遭到主战派大臣的强烈反对,接连三天,弹章纷纷,将他们斥之为"奸邪"、"内奸",要求朝廷严惩。

光绪二十年十月二十二日(一八九四年十一月十九日)御史王鹏运弹劾军机大臣兵部尚书孙毓汶、吏部左侍郎徐用仪"辜恩误国":

一、以祖宗二百年之藩服,但循苟且,目前之计委之于人,不顾后患,臣不解孙毓汶、徐用仪致力主和议为何心?

二、如谓多与兵费即可,若割地则不必与和,不知现在四面征调所费已不赀,倘中道议和,皆虚掷。夫饷项若能以饵敌之金缯饱我军之士马,安有不堪一战之理?又何必朘中国之脂膏资敌人以强富也,则孙毓汶、徐用仪又何心?

三、今日攻旅顺之人,即前日攻九连城之人,罢于奔命,势将不支。现在新军到齐,一时名将云集辇下,加以天寒冻合,海道将封,彼果悬军深入,必致退无所归,胜算我操,克敌正在今日。孙毓汶、徐用仪又何心?

王鹏运的奏折连续三个"又何心"的责问,指出"和谈"即使以不割地为前提,也是不能容忍的。他认为孙毓汶、徐用仪抛弃清廷现存的唯一藩属、同意赔偿日本军费、不部署旅顺保卫战,是没安好心,既害怕失败了"无以逃罪",又害怕胜利了"无以自容",求和是为了"保全禄位,其他利害皆不计"。为了使前线将士一心迎战,应该明降谕旨,"立罢孙毓汶、徐用仪,并声明该尚书等阻挠战局,力持和议之罪,使天下晓然,知圣意主战不主和,军气自然百倍"。[2]

光绪二十年十月二十三日(一八九四年十一月二十日)吏部尚书

徐桐又奏请严惩误事诸臣。"孙毓汶、徐用仪以枢臣而兼译署,尤为朝廷倚重,军务责任匪轻。乃当倭人肇衅之先,既不能乘机观变,消隐患于未萌,复不能远虑深谋,操胜算于临事,徒以因循粉饰,顾忌周章"[3]。请旨要求对他们严行惩处,以振军威而维大局。

光绪二十年十月二十四日(一八九四年十一月二十一日)江南道御史钟德祥上奏:"惟日来传闻,倭夷已据金州,则旅顺告急,寇日深矣,而张荫桓尚狼狈复出,天津传者均谓为密与李鸿章设法请和。孙毓汶、徐用仪又皆骇汗奔走于东江米巷各夷使之门,请托讲解。诸臣必以为退敌上策无以逾于贿和者也……"[4]认为孙毓汶、徐用仪等人"通夷纵敌,私己害公"。只有除去这些"内奸",倭寇才能平定,并举荐端郡王载漪。钟认为载漪"忠亮笃实,敢于任事",朝廷如能用他,则是"人心与天理相符合"[5]。

虽然连续三天都有人上奏弹劾孙毓汶、徐用仪,但主战派也提不出切实可行的抵御日军的措施。朝廷虽然给李鸿章拔去花翎和褫夺黄马褂的处分,也起用奕䜣督办军务,督调湘军代替淮军,但这些都没能挽回战场上的颓势。清军连遭败绩,慈禧太后求和心意已定,因此对弹章不予理睬。随着金州、旅顺的失守,西太后及"后党"官僚和意更决,而且有点迫不及待。十月二十六日(十一月二十三日),李鸿章函告恭亲王、庆亲王,已暗中派遣天津海关税务司德璀琳(Detring)东渡日本,寻求和议的方法。[6]然而狡猾的日本却要求由美国调停。这样,德璀琳

[1]《翁同龢日记》(五),第 2738 页。

[2]《御史王鹏运奏为请罢主和之孙毓汶等以坚战计折》,光绪二十年十月二十二日,见戚其章编《中国近代史资料丛刊续编·中日战争》第一册,第 569—570 页。

[3]《吏部尚书徐桐奏请严惩误事诸臣以振军威折》,光绪二十年十月二十三日,见戚其章编《中国近代史资料丛刊续编·中日战争》第一册,第 572 页。

[4]江南道御史钟德祥跪奏:光绪二十年十月二十四日,中国第一历史档案馆:《录副奏折》,缩微号:658。拍号:000137—000140。

[5]钟德祥片。中国第一历史档案馆:《录副奏折》,缩微号:658。拍号:000142。

[6]郭廷以:《近代中国史事日志》,第 894 页。

的行为引起了美国驻华公使田贝的不满。对此，试图干涉中日关系的各国也议论纷纷，海关总税务司赫德在十月二十八日（十一月二十五日）写给金登干的信中说："德璀琳已去日本访晤伊藤，希望取得和平，而日本已经说过可以通过美国驻东京或北京的公使同日方接触。这两个办法是互不相容呢，还是相辅相成？尚待分晓。"[1]总理衙门唯恐开罪美国，既然日本已经答应由美国居间调停讲和，那么派德璀琳赴日已无必要，便由孙毓汶、徐用仪驰书李鸿章称："既经美国出为调停，自较遣人往说为得体，且一切与田使面商较甚密。"[2]由此更可以看出孙毓汶、徐用仪与李鸿章对日本入侵的态度的一致性。

德璀琳东渡，贸然而去，毫无结果地返回。清廷只好派全权大臣张荫桓、邵友濂亲自到日本谈判。中国使节张荫桓、邵友濂在广岛被拒。朝野上下都很愤慨，连太后也觉得这是十分丢脸的事情，决定撤使再战。据《翁同龢日记》记载：六日，慈禧召见枢臣于养心殿，说："战事屡挫，今使臣被辱逐，势难迁就，竟撤使归国，免得挫辱。"而奕䜣与孙毓汶、徐用仪嗫嚅、委婉地劝告太后，"宜留此线路，不可拒绝"，并认为如果拒绝，那么就会失去美国的调停，且"若拒绝，则居间人亦无体面"。慈禧说："若尔，中国体面安在？"[3]但"面子"是一回事，实力是一回事，利益又是一回事。在缺乏实力的情况下，为了政权利益，也就顾不得"面子"了。于是清廷最终在日本的压力下，决定改派李鸿章赴日议和。

## 四　割地议和

军事上的失败，决定了中国没有太多讨价还价的余地。清政府在"倭焰鸱张，畿疆危逼"的情形下，只好派李鸿章为全权大臣去日本议和，"只此权宜一策，但可能解纷纾急，亟谋两害从轻"。[4]李去日本之前，已经谣传日本有割地的要求。在关于是否割地的问题上，枢廷又发生了意见分歧。据《翁同龢日记》记载："合肥（李鸿章）奏言，割地之说不敢担承，假如占地索银，亦殊难措，户部恐无此款。"翁同龢奏言："但得办到不割地，则多偿当努力。"孙毓汶、徐用仪则说："不应割地，便不能开办。"李鸿章又将解决问题的希望寄托在英国与俄国的"调停"上，"孙、徐以为办不到"[5]。三月二十二日，当李鸿章将日本的休战条件即交出山海关、天津、大沽及该地铁路军械装备的消息告知朝廷后,光绪帝"为之动容",欲见太后,然太后以"慈躬未平"为借口拒绝见面,光绪只好"逡巡而退"。枢廷大臣更是毫无主张,"孙、徐两君先散,将往各国使馆商酌也"。[6]然而,西方各国为了自身的利益,私下已同意日本占领台湾。光绪曾问徐用仪有关俄国驻中国公使的态度,"昨日见喀使,语如何?"徐用仪说:"喀西尼云:'本国电码多误,不能读,今电回国。但云辽东不允倭占,请缓批准约章'。又云,'俄廷不食言'。至问如何办法,则无实语。"[7]可见俄国的狡诈,只关心与俄利益相关的辽东地区,对台湾问题不置可否,但又说"缓批约章",又给主战派官僚几分侥幸。随着《马关条约》文本到京,清廷内部主战与主和两派展开激烈的争论。时人记载:"三月二十八日,济宁(孙毓汶)捧约逼上批准,海盐(徐用仪)和之。上迟疑不允。高阳(李鸿藻)、常熟(翁同龢)俱力争请缓。高阳免冠连叩不止,乃罢。是日,外间尚不知,故无封奏。二十九日,封奏九件上……是日奏者共一百二十余人。"[8]由此可见,以光绪帝为首的帝党官僚希望利用舆论压力迫使主和派改弦更张,废约再战。

其间,康有为、梁启超同各省举人云集北京参加会试,《马关条约》签订的消息传到北京后,各省举人先后到都察院请愿,反对签约。康有为抓住这个机会,立即起草了上皇帝万言书,联合十八省在北京会试的举人一千三百余人签名,提出拒签和约、迁都抗

[1]《赫德致金登干函》,Z字第641号,《中国海关与中日战争》,中华书局1983年版,第76页。

[2]《孙毓汶、徐用仪致李鸿章函》,《李鸿章未刊稿》(抄本)。上海图书馆藏。

[3]《翁同龢日记》(五),第2776页。

[4]《李文忠公全集》奏稿,卷79,第46页,沈云龙主编:近代中国史料丛刊续编第七十辑,台湾文海出版社。

[5]《翁同龢日记》(五),第2780—2781页。

[6]同上书,第2787页。

[7]同上书,第2796页。

[8]易顺鼎:《盾墨拾余》,《中日战争》(一),第126页。

战、变法图强三项主张，是为"公车上书"。上书虽未到皇帝手中，但
影响颇大。孙毓汶、徐用仪害怕光绪因此拒绝签约，主张速订和约。
康有为在《自编年谱》中对此有详细的记载：

> 　　先是公车联章，孙毓汶已忌之，至此千余人之大举，尤为国
> 朝所无。闽人编修黄□（此处原文即是空格），（经孔祥吉先生考
> 证为翰林院编修黄曾源——引者）曾者，孙之心腹也，初六七连
> 日大集。初七夕，黄夜遍投各会馆，阻挠此举，妄造飞言恐吓，
> 诸士多有震动者。至八日，则街上遍贴飞书，诬攻无所不至，诸
> 孝廉遂多退缩，甚且有请除名者。孙毓汶犹虑挠其谋，即先迫皇
> 上用宝，令北洋大臣王文韶诬奏海啸，累械弃毁，北洋无以为备，
> 孙毓汶与李连英内外恐吓，是日翁常熟入朝房，犹力持勿用宝，
> 电日相伊藤博文请展期五日，孙谓"若尔，日人必破京师，吾辈
> 皆有身家，实不敢也"。常熟厉声责之曰："我亦岂不知爱身家，
> 其如国事何？"孙知不能强，乃使李连英请之太后，迫令皇上画
> 押，于是大事去矣。是时，降朱谕告廷臣，皆哀痛不得已之言，
> 皇上之苦衷，迫逼之故，有难言之隐矣。
> 　　李莲英为宦寺，不识地图，乃至徐用仪亦然，皆曰：中国甚
> 大，台湾乃一点地，去之何妨？太后习闻之，故轻于割弃也。[1]

　　以上引文再现了光绪签约的不得已苦衷、翁同龢舍家卫国的高贵品
格、孙毓汶惧日求和的丑恶嘴脸。康有为特别痛恨徐用仪，认为他身为总
理衙门大臣，其无知竟如李连英，将太后"轻于割弃"台湾的原因归于徐
用仪。因此，他后来代人起草奏折弹劾徐用仪就不足为奇了。

### 五　退出军机处和总署

　　《马关条约》签订的消息很快在国内传开了，各方人士要求废约再战；
而主和的徐用仪也再次成为众人攻击的对象。
　　台湾民众的愤慨。《马关条约》签字的当天，割台的消息便传到了台
湾。"台人骤闻之，若午夜暴闻轰雷，惊骇无人色，奔走相告，聚哭于市
中，夜以继日，哭声达于四野"[2]。许多人一致认为李鸿章、孙毓汶、徐用

仪"无廉耻,卖国固位,得罪于天地祖宗",
"我台民父母妻子、田庐坟墓、生理家产、身
家性命,非丧于倭奴之手,实丧于贼臣李鸿
章、孙毓汶、徐用仪之手也"。愤怒的台湾民众
与李鸿章、孙毓汶、徐用仪不共戴天,恨不能杀
之而后快,"无论其本身、其子孙、其叔伯兄弟
侄,遇之船车街道之中,客栈衙署之内,我台民
族出一丁、各怀手枪一杆,快刀一柄,顿时悉数
歼除,以谢天地祖宗、太后皇上……"[3]孙毓汶在
一片反对之声中请病假开缺,"借此躲避目前极难
对付的局面"。[4]李鸿章回国后,亦请病假回天津
"休养"。徐用仪在李鸿章回国的当天(十月二十
日),甚至遭到枪击。"当时有一个人在街上用火
枪向他射击,子弹击碎了他所乘轿子的窗玻璃,
碎玻璃划破了徐氏的脸,但子弹竟没有碰着
他!"[5]虽无生命之虞,却已吓得魂飞魄散。

徐用仪在孙毓汶请病假开缺后,成为朝廷主
战官员抨击的对象,遭到其他朝廷命官的弹劾。
查军机处奏折,在此期间,专门弹劾徐用仪的影
响最大的奏折有两篇。一是光绪二十一年闰五月
二十二日(一八九五年七月十四日)掌江西道监
察御史王鹏运等人联衔合奏——《奏陈枢臣徐用
仪等误国营私请立即罢斥折》;一是光绪二十一年
六月十一日(一八九五年八月二日)王鹏运的个
人署名的奏折——《枢臣不职请立予罢斥由》。
第一折在戚其章主编的《丛刊续编·中日战争》
中已收[6],中国史学会主编的《中日战争》和戚
其章主编的《中日战争》都未收录第二折。笔者
在中国第一历史档案馆查到了王的《枢臣不职请
立予罢斥由》折。此折指斥徐用仪"贪庸奸黠,
误国行事"、"老而无耻"。

〔1〕《康南海自编年谱》,
《戊戌变法》(四),第
130—131页。
〔2〕江山渊:《徐裹传》,见
《小说日报》第9卷,
第3号。
〔3〕《中日战争》第6册,
第449—450页。
〔4〕《中国海关与中日战
争》,第181页。
〔5〕《中国海关密档》第6
册,第564页。
〔6〕《丛刊续编·中日战
争》第3册,第469—
470页。

今日政府之所谓害马与污秽者，孙毓汶外，则为侍郎徐用仪，该侍郎贪庸奸慝，误国行事诸罪状，臣近与给事中洪良品等以联衔据实纠参，勿庸再渎宸听矣。复风闻该侍郎前次请假之由，因擅自割云南边地与电改借款数二事为同官所诘责，乃该侍郎不知引咎，反与口角忿争，几于声彻殿陛，临当召对之际，竟敢托疾拂衣而去，次日始具奏请假。此事外间传闻甚确，宸居密迩，度不能不微达圣聪。迨数日后，经同官和解，又复靦颜销假。似此逞忿护前，贪恋禄位，昔人所讥老而无耻者，臣于徐用仪见之矣。该侍郎品望不重于朝端，功未登于册府，特以暴直军机，年劳序进，并不知感激天恩，力图报效。当初枢臣之始，则把持权势，引用私人，及东事既起，惟知附和孙毓汶，迎合李鸿章，以便其献媚洋人之故智，故此次和议之坏，固坏于李鸿章、孙毓汶之狼狈为奸，亦实坏于徐用仪之迎合附和。现在时事艰难，正赖政府得人庶可徐图补救。若孙毓汶虽罢，而徐用仪仍居枢要，势必内为孙毓汶之传法沙门，外为李鸿章之暗中线索，寅恭之雅，不闻掣肘之形，时见有妨时局，应请旨将侍郎徐用仪立予罢斥，以为为臣不忠之大戒。[1]

此奏折与闰五月二十二日奏折有内容相似之处，仔细分析这两封奏折，共胪列了徐用仪以下几个方面的"误国营私"行为：附和孙毓汶，迎合李鸿章。这一点是徐用仪遭弹劾的最主要原因，上文引述较多，这里不再重复。

徐用仪在为《马关条约》所定赔款而代表清廷办理向外国银行举债时，擅改借款扣数。《马关条约》巨额的赔款，使得本已国库空虚的清廷更是雪上加霜，为支付赔款而不得不举借外债。由于俄国、法国、德国三国干涉"还辽""有功"，以李鸿章、孙毓汶、徐用仪为代表的"后党"官僚主张向贫弱的俄国借贷（因其无力单独承借，变为俄国与法国银行共同承借）。这次借款，清政府方面由总理衙门、户部共同负责，徐用仪、张荫桓、熙敬等户部堂官及北档房主稿那桐等参加借款的谈判交涉。实际负责出面交涉的是徐用仪。"闻揭借俄款，洋行本许我九四八扣，该侍郎电改为九三八扣，致中国少收银一百十五万两。西商皆笑之,不知其是何居心?"[2]对于徐用仪一味屈从俄国驻华公使喀西尼的行为,翁同龢、张荫桓进行了抵制:"与小云谈借款事,彼此龃龉,竟至纷争",[3]并与张荫桓联名致电清驻俄公使许景澄,"订正前日小云所发九三扣电误"[4]。经过许景澄的争取与交涉,最后这次俄法借款定为九四又八分之一扣。至于为什么徐用仪将九四扣改为九三扣,是不是电文所发错误还是别的什么原因,并无史料佐证。[5]对于弹劾借款扣数一事,持政见不同的翁同龢不仅没有落井下石,反而为之辩解,"徐用仪错误实有,不得诬为故意"。

另外,徐还被指在其代表清廷办理为《马关条约》赔款举债时擅自割让云南边地与外国。《中俄四厘借款》成功,作为这次借款附带的政治条件,俄国取得了将西伯利亚铁路从邻近中国的城市赤塔穿越中国东北直达俄国远东最大的港口城市海参崴等特权。法国也借此机会索偿,认为"议院以前议界务、商务未定有违言",要求中国"与法使即商通融办法定议,以报国人之心",并以"若界务、商务不定,他事难为出力"相要挟[6]。结果法国强迫清政府签订了《中越分界通商条约》,夺取了中国云南宁洱县属的猛乌、乌得大片土地,扩张了在云南的通商贸易、滇贵等省的矿藏开采权和修筑越南接至中国境内的铁路的权利。英国认为《中越分界通商条约》违反了一八九四年与中国签订的《中英滇缅条约》,因此在条约的签订过程中,英、法驻华公使甚至在总理衙门当面争执起来。"法约今日画押。欧使来看,力阻,法使又不允缓画,欧使以违缅约,

〔1〕中国第一历史档案馆:《录副奏折》缩微号:402。拍号:003262—003264。

〔2〕《户科给事中洪良品等奏陈枢臣徐用仪等误国营私请立即罢斥折》,《丛刊续编·中日战争》第3册,第469页。

〔3〕《翁同龢日记》(五),第2815页。

〔4〕同上书,第2816页。

〔5〕关于徐用仪改借款扣数一事,借款的经办人除《翁同龢日记》有记载外,其他如《张荫桓日记》、《那桐日记》中都没有记载,在其他材料中笔者也没找到相关记载。

〔6〕谢俊美整理:《翁同龢随手记》,《近代史资料》第97号,第57页。

一怒而去，词甚激烈"。总署认为，"猛乌、乌得两地，专属中国，从未兼属缅甸，与中缅条约无干"。[1] 此奏折指责徐用仪为争取借款将"猛乌"、"乌得"割给法国，以致挑起大衅，使得国事生患，"又云南有猛乌、乌得地方，四面皆有土司，前总署与英外（交）部所定缅约界图，均以（东经）一百三度为止。而该侍郎擅给英电，力争此二地在（东经）一百一度之外，径自割与法人。致英人派兵入藏，已告龚照瑗将缅约作为废纸。该侍郎挑起大衅，又为国事生患，乃复自以为能饰非文过"[2]。割地之事，其实是与俄法借款牵连在一起的，徐用仪与太后和李鸿章一样亲俄法而反英德。[3] 中国积贫积弱任人宰割如此，令人扼腕。

徐的人品，也受到时人诟病，被认为是品望低下，献媚外人。"该侍郎才本庸下，滥侪卿贰之班，专以献媚长官为事，待擢总署堂官，而后又以其趋媚长官之伎俩转而媚洋人"，并认为他"生平于洋务一无所知，惟洋人之命是听，即洋人所未尝言者，无不先意承志以导之"。"外间咸传有受贿情事"。一般官员最重视个人品望与学识，有清尤是，而徐用仪非进士出身，以举人而位及中枢，既是军机大臣，又是总署大臣，在一般士子看来，没有坚强的靠山是不可能达到这一步的，自然引起许多人的妒忌，加上孙毓汶的品行不端，推而及之，徐用仪的品望自然也值得让人怀疑。但佐证其他史料记载，无论是其他人的日记，还是时人的笔记，都未见他有收贿之说。相反徐用仪非但无奏章所弹贪污受贿之举，反而是"居官廉俭"[4]，名声尚好。他曾仿徐古人"赡族遗法"之法，捐田一千五百余亩，立为义庄。朝廷对他的行为很是赞赏，特赐"推恩睦族"的匾额以示嘉奖。徐还似特别关心家乡的百姓。徐的家乡海盐，经常受潮水的影响，泛滥成灾，地方大员对此熟视无睹，"邑中捍海塘为浙西保障，久圮不修，居民患潮，公弟用福与邑绅上牍当事，请修未果"。徐因丁忧回籍，见此情况，亲访地方，此后"得修筑千余丈，远近皆赖之"，[5] 一方百姓非常感激他。丁忧期间徐主持编写了《海盐县志》，更是获得众口交赞。[6] 而关于他"惟洋人之命是听"也应该纯属臆测。据后来任英国驻华公使的朱尔典（Jondan）回忆，徐用仪被认为是"最难对付的总理衙门成员"。[7]

由于徐上述的一些问题，但仍据枢要，已有妨时局。中日开战以来，弹劾孙毓汶、徐用仪的奏章已经不少，后孙毓汶借口乞病开缺，而徐用仪仍然安于原位，王鹏运害怕此次上奏又不见成，故不厌其烦地陈述如果不罢斥徐用仪会给朝廷所带来的害处："若孙毓汶虽罢，而徐用仪仍居枢要，势必内为孙毓汶之传法沙门，外为李鸿章之暗中线索"，主张将徐用仪立予罢斥。

据《康有为自编年谱》记载："孙毓汶虽去，而徐用仪犹在政府，事事阻挠，恭邸、常熟皆欲去之。六月九日，草折，觅戴少怀（鸿慈）庶子劾之，戴逡巡不敢上，乃与御史王鹏运言之，十四日，始以王名义递上。"[8] 据孔祥吉考证，王鹏运《枢臣不职请立予罢斥由》一折是由康有为起草的，以王鹏运名义上奏的。但孔进一步认为此折康有为所草，并出于翁同龢的授意，笔者不同意此说。因为《翁同龢日记》与《康有为年谱》记载此折上奏后

〔1〕五月二十九接北京总署电，《龚照瑗往来官电》，见《丛刊续编·中日战争》，第606页。

〔2〕《户科给事中洪良品等奏陈枢臣徐用仪等误国营私请立即罢斥折》，《丛刊续编·中日战争》第3册，第469页。

〔3〕一八九四年，英国要求扩大在中国云南的权利时，徐用仪也曾对英国的无理要求表示强烈不满。在给朋友姚文栋的信中徐说："前闻阁下差竣，取道缅甸入滇，藉观形势，预为筹边之计。行程数万里，艰险备偿，不辞劳瘁，钦佩无似。嗣经爕帅奏留差委，意谓一枝可借，正可大张猷为。乃无端为英人所忌，向总署再三饶舌，竟有调离滇省之请，经署中多方解释，始得了事。"从这封信中我们可以看出，他对维护中国领土主权的地方官员姚文栋"钦佩无似"，对英国的"无端"行为非常愤慨。见姚明煇《景宪府君年谱》，抄本。

〔4〕王钟翰点校：《清史列传》（十六），中华书局1987年版，第4925页。

〔5〕钱应溥：《诰授光禄大夫太子少保兵部尚书筱云徐公家传》，中国国家图书馆藏。

〔6〕光绪二年，徐丁忧在籍，被地方官僚邀请编写《海盐县志》，"鸿胪枕经菲史，古意盎然，又复珥笔清要，典章彝宪，靡不谙习，遂乃参古以定体，准今以台裁，读礼之余，杜门谢客，……一切咙杂纠纷之论，不入其中，惨淡经营，不期年而事竣，专矣，精矣。"见《中国方志丛书·浙江省海盐县志序》（207）。

〔7〕J. N. Jordan：Some Chinese I Have Known, Nineteenth Century And After，1920，No. 526，Dect. Londen.

〔8〕楼宇烈整理：《康南海自编年谱》，中华书局1992年版，第29页。王鹏运，字幼霞，自号半塘老人，广西临桂人，与康有为等维新派志士多有交往，并多次代康有为呈递奏章。

枢臣的反应有很大出入。[1]《翁同龢日记》对此有详细的记载。

闰五月二十二日，……是日，会侍郎及七御史连衔皆核猛乌分界事，转攻嘉兴，语极重。余于奏对时，颇为剖析也。

二十四日，……是日兰孙始入，筱云销假。上问李鸿藻疾平否？未问徐用仪也。……

二十六日，……照常如，御史张仲炘封奏未下，旋内侍传徐公不必见起，固心讶之矣。既入，上手奏，命诸臣看，则弹徐公以俄款九三扣一事，谓故意将百数十万畀俄，并参同官何以不举发，当分赔云云。臣立辨，徐用仪错误实有，不得诬为故意，语极多，上意解。乃命再专电询许使：合同如何写法？

（六月）十一日……入时，事以下，留王鹏运封奏未下，先召臣至养心殿，谕今日有弹章，数语即出，入至小屋则传谕徐某不必上……见起时，宣示此奏，则专劾徐用仪比附孙某，与李相相表里，兼及借款忿争事，……邸及李相力争，谓此人实无劣迹，余亦为之申辩，而上怒未回，令姑迟数日入直，静候十五日请懿旨也。唯唯而退。……

十五日……上诣西苑皇太后前请安。

十六日……命徐用仪退出军机处并总理衙门。[2]

日记中所谓“嘉兴”、“筱云”是指徐用仪。由上所引，我们可以看出言官摭拾种种理由，必欲驱除徐用仪，而翁同龢则多次替他申辩，“颇为剖析”，认为徐用仪虽然有错，但“不得诬为故意”，恭亲王和李鸿章都认为，此人“实无劣迹”。这与《康有为自编年谱》所记“恭邸、常熟皆欲去之”的观点显然不同。翁同龢、徐用仪之间的矛盾，主要是政治倾向不同，并不涉及个人之间的恩怨。相反，光绪本人倒是对徐用仪挺有成见，问了李鸿藻的病情，而没有问徐用仪。翁同龢、徐用仪曾“动色相争”[3]，徐用仪非常气愤，遂请假十日。翁同龢事后十分后悔，觉得过失在己，于是造访孙毓汶请他居间调停，翁同龢还亲自访徐问疾，以表歉意。于是十日之后，徐又销假任事。由此可见，此折非出于翁同龢授意。

光绪二十四年四月廿七日（一八九八年六月十五日），朱谕“翁同龢着开缺回籍”，徐用仪仍去看望翁同龢，据《翁同龢日记》记载：

四月廿九日　晴,晚有风。晏起,子密来,燮臣来,余客未见。徐小云(徐用仪)、豫锡之拳拳通讯,颂阁亦有函……

端五日　晴,昨夜竟无雨,惟雷声隐隐在远处……徐小云送文衡山画卷。

翁同龢对官场上的尔虞我诈十分寒心,对自己昔日政敌,临别遗言,劝徐用仪"早归林下",他们曾经以公事争论,坦诚如此,"盖不失古大臣之风"[4]。世事难料,徐用仪没有听翁同龢的劝告,庚子年间终以"卖国"、"离间"等罪名被杀,而翁同龢却因远离京城侥幸捡得一命。

尽管有恭亲王及李鸿藻为徐用仪辩护,但《马关条约》的签订,无论是光绪帝还是西太后,都觉得输给"蕞尔小国"是莫大的耻辱。孙毓汶、李鸿章已去,再罢徐用仪,正好满足国人"奸臣误国"的心理。为笼络人心,太后也只得"忍痛割爱"了。六月十六日(七月二十六日)上谕"著徐用仪退出军机并毋庸在总理衙门上行走"。[5]徐用仪退出军机处和总署,接替他的军机处同僚钱应溥认为徐退出枢垣,倒是一种解脱,"凡事斟酌于疑似之间,筹度于安危之计,累牍连章,均视亲草,弥缝匡救,心力交瘁,至是稍释然"[6]。

徐用仪甲午战争中主张避战求和,并且参与签订了一些不平等条约,遭到时人的痛斥。沃丘仲子认为徐"无一长,当官烟视媚行,守亦非洁",李岳瑞认为徐"官京师四十余年,畏慎小心,遇事模棱"。笔者认为徐在甲午期间主

〔1〕参见孔祥吉《戊戌维新运动新探》,湖南人民出版社1988年版,第23页。

〔2〕《翁同龢日记》(六),第2817、2818、2822、2823页。

〔3〕《翁同龢日记》(六),第2810页。

〔4〕钱应溥:《诰授光禄大夫太子少保兵部尚书筱云徐公家传》,中国国家图书馆藏。

〔5〕中国第一历史档案馆:《光绪宣统两朝上谕档》第22册,第251页。

〔6〕钱应溥:《诰授光禄大夫太子少保兵部尚书筱云徐公家传》,中国国家图书馆藏。

张避战求和，主要受以下几个因素的影响：

第一，总理衙门的外交立场。负责清廷外交事务的总理衙门成立后，在外交事务中虽同外国侵略者有过些许针锋相对的斗争，但在大多数情况下却表现出极大的软弱性和妥协性。徐用仪一八八四年入值总署，亲身经历了《中法新约》签订的全过程。中法战争，中国不败而败，战胜后仍然求和的结局对徐用仪的影响很大。甲午战争爆发前，徐作为总理衙门大臣，多次参与中日之间的谈判，已逐渐认识到日本的侵略野心，坚持认为"东瀛方强，我师骄惰，未可轻敌"。[1]

第二，西太后及奕䜣、孙毓汶、李鸿章的影响。甲午战争期间，正逢慈禧太后六十大寿，她一心记挂着自己的万寿庆典，虽然在安维峻、翁同龢等人的建议下，停建了许多景点，但她并未认真筹备战守；身为直隶总督兼北洋大臣的李鸿章，从战争一开始就将弭止衅端寄希望于外交上的折冲樽俎，也未做好战守准备；而自"甲申易枢"后一直闲置的恭亲王奕䜣，在战争期间被重新起用后，已失去了往日的锐气，唯太后命是从，坚持主和；清军军事上节节失利，所有这些因素都对身在总理衙门、作为后党一员的徐用仪采取主和立场有重要的影响。

第三，驻华外国使节的影响。当时驻清外国使节虽然都认为日本所发动的战争是非正义性的，但对中日这场战争基本上采取的是支持日本的态度，甚至希望中国被日本打败。海关总税务司赫德认为："我虽然认为在历史演化过程中，中国可以慢慢地走向远大的前途，但我相信如果中国这次真被日本打败了，倒可以把进步的车轮从泥辙里振拔出来，摆脱束缚，向好的方向发展。反之，中国要是胜利了，也许倒会把进步推迟好几个世纪。"[2]战争期间，徐用仪曾多次拜访各国驻华公使，但他们一致认为中国最好与日本议和，特别是战争进程越是往后发展，这种观点越是占主导地位。《马关条约》画押后，多数中国人都想废约再战，徐用仪曾密访英国公使欧格讷，探询各国对废约再战的态度。欧格讷告诉徐："就我所获得的消息来看，我不知道外国列强方面有为中国利益诉诸武装干涉的企图，如果没有得到特别保证，中华帝国冒险立即重开战事是危险的。另外，即使任何一个列强国家进行干预，我确信也是为了他们自身的利益。"[3]正是因为欧格讷的这席话，所以光绪用宝盖印时，孙毓汶捧约"逼［皇］上批准，海盐（徐用仪——引者）和之"。

　　所有这些，都使徐用仪对清与日本作战失去信心，充满悲观情绪而坚持主和的立场。甲午战争是日本蓄谋已久的侵略战争，中国反抗侵略的行为是正义行为。战争期间，徐用仪迎合西太后，依附孙毓汶，主张对日求和，将中日调停的希望一味寄托在列强干涉上，未作持久作战的准备，进而参与帝后党争，没有发挥一个中枢重臣应起的作用，这是他受到时人和后人诟病的主要原因。已故历史学家陈旭麓认为，徐用仪"其人不足取"，[4]当是指徐在甲午战争中的一意主和行为。后来徐虽被逐出军机处和总署，仍坚持认为"出兵浪战，卒至一蹶不振。各国从此藐视我中国"，与日本的战争"此铸一大错也"。[5]并为自己最终没有能够制止战争而后悔不已。因此，后来在庚子年间徐用仪坚持自己对列强的一贯态度，对外主和，反对与列强开战，与此次主和思想不是没有关联。而甲午战争中国失败，更坚定了他对外战争中的主和论调。不过由于时间和背景不同，徐庚子年间主和，又当重新看待了。

　　历史的发展似正如徐用仪所料，清"出兵浪战，卒至一蹶不振，各国从此藐视我中国"。甲午战败，帝国主义掀起了瓜分中国的狂潮，其时，德国索胶州湾，俄国索旅顺、大连湾，英国索威海卫、九龙湾，法国索广州湾，"朝中诸事曲徙，[徐]公虽不预议，心甚忧之"。[6]为救亡图存，维新运动勃然兴起，然而轰轰烈烈的"百日维新"如昙花一现，光绪被囚，帝党官僚和维新志士或被杀、或被贬、或遭缉。戊戌政变后，太后训政，徐用仪复出，升为兵部尚书兼为总理衙门大臣。

〔1〕钱应溥：《诰授光禄大夫太子少保兵部尚书筱云徐公家传》，中国国家图书馆藏。

〔2〕《中国海关与中日战争》，第54页。

〔3〕《欧格讷外交报告》，第138号，见《丛刊续编·中日战争》第6册，第660页。当徐用仪为台湾问题造访欧格讷，希望英国进行干涉时，欧格讷只是含糊其词地对徐用仪关心"不列颠臣民的危险表示感谢"，并不愿意进一步调停中日之间的冲突。《欧格讷外交报告》，第151号，同上书，第682页。

〔4〕陈旭麓：《近代史思辨录》，广东人民出版社1984年版，第40页。

〔5〕钱应溥：《诰授光禄大夫太子少保兵部尚书筱云徐公家传》，中国国家图书馆藏。

〔6〕同上。

# 第四章

# 联元与立山：两位满臣

庚子事变被杀五大臣中，除徐用仪、许景澄、袁昶三位浙江籍汉人外还包括联元和立山两位满人大臣。人们在谈到庚子被难诸臣中，多强调"浙江三忠"，而鲜谈两位满臣，尤其是联元，由于资料阙如，甚至无人提及；谈到立山，虽然肯定他在御前会议上没有迎合西太后及顽固派大臣盲目开战，却也认为"其人不足取"[1]。事实上，在多数满族贵族愚昧保守的情况下，联元与立山愿意与开明汉族官僚交往，坚持与洋人打交道，接受新事物，更显得难能可贵。

### 一　联元（？——一九〇〇）

《清史稿》、《清史列传》所叙联元事迹，极为简略，甚至他的出生年月亦为史缺载，而私家文集中又别无传记。联元，崔佳氏，镶红旗满洲包衣。他"少而端谨，习宋儒书，及服官，睹国势阽危，少少为经世之学"。同治七年（一八六八年）为进士，改翰林院庶吉士；光绪元年（一八七五年），大考三等；五年（一八七九年）二月，京察一等，记名以道府用；六年（一八八〇年），补太平府知府；十二年（一八八六年），安徽巡抚吴元炳以联元"明决爽直"调署安庆府知府，寻回本任；十三年六月（一八八七年七月），两江总督曾国荃疏荐联元"慈祥恺悌，宽则得众"，请调补安庆知府，诏从之；二十年（一八九四年）署安庐滁和道；二十一年（一八九五年），授广东惠潮嘉道；二十四年七月（一八九八年八月），迁安徽按察使；十月（十一月），入京陛见，奉旨着开缺以三品京堂候补，并在总理各国事务衙门行走。[2]据沃丘仲子《近代名人小传》记载，庚子被难五臣中，"昶学极博，而疏狂类晋魏间人；景澄谨厚缜密；若操履，则元为足法矣"。[3]联元也许可算无论是学识上还是在操守上都是满人中佼佼者。但联元的仕途很不顺畅，"历时数载，仅升侍讲，一官淹滞，又不获试差，贫困无聊，得高阳李文正之怜恤始为之设法放安徽知府，此在汉人为常事，在旗员则仅见"[4]。联元为满人翰林，其升迁应该比起汉人翰林与非翰林的满人官员要更快，可是由于端谨不阿附权臣，所以仕途不顺，外放时间长达十六年（从光绪八年至光绪二十四年），最后以安徽按察使，赏三品京堂，回京入值，并在总理各国事务衙门行走。

## 二　立山（一八四三——一九〇〇）

　　立山，生于道光二十三年（一八四三年）[5]，土默特氏，字豫甫，内务府正黄旗蒙古人。咸丰八年（一八五八年）由官学生奖奉宸苑笔帖式；同治元年（一八六二年）补官；光绪五年至九年（一八七九至一八八三年）任苏州织造[6]；任内政绩斐然，自光绪二年至十七年（一八七六至一八九一年）"五更京察，皆列一等，四蒙记名"，并多次被皇帝召见。[7]自光绪十七年起，一直担任总管内务府大臣，并任户部右侍郎，兼管奉宸苑事务。光绪二十年（一八九四年）操办太后六十大寿，奉懿旨，赏加太子少保衔，并赏穿戴素貂褂。不久又转为户部左侍郎，兼管三库事务。至光绪二十四年十一月（一八九八年），奉懿旨，赐西苑门内骑马。[1]其眷隆可谓深矣。

　　立山家道富有，据说有朝珠三百六十五串，其下乘者，犹值千金。除忌辰外，

〔1〕陈旭麓：《近代史思辨录》，广东人民出版社1984年版，第40页。

〔2〕王钟翰点校：《清史列传》（十六），中华书局。

〔3〕沃丘仲子：《近代名人小传》，中国书店影印1988年版，第140、141页。

〔4〕徐彬彬：《庚子之忠臣》，《越风半月刊》第12期，沈云龙主编：近代中国史料丛刊续编第六十六辑，文海出版社。

〔5〕立山的出生年月未见史料有记载。根据《清代官员履历档案全编》，"立山，现年四十三岁……光绪十一年京察一等奉旨交军机处记名"；又"立山，现年四十六岁……光绪十四年京察一等奉旨军机处记名"，可知他应生于道光二十三年即一八四三年。

〔6〕中国第一历史档案馆：《内务府奏稿》，案卷号：第172、173号。

〔7〕中国第一历史档案馆编：《清代官员履历档案全编》，第4册，第416、714页，华东师范大学出版社2003年版，中国第一历史档案馆：《内务府奏稿题稿》，案卷号：447/15—56/185。

他平时日挂一串，一年之中，从不重复……[2] 其生活亦优渥，往来于青楼瓦肆，曾与庄亲王载勋同争一妓女，结果为立山所得。立山因而为庄王所忌[3]。在一些文人笔下他是个风流人物，如《赛金花传奇》将他求亲于赛金花、失宠于太后、结仇于载勋、丧命于义和团，刻画得惟妙惟肖。他为人慷慨，常"数倾万金济人急"。如一八九七年慈禧太后六十三岁寿辰，当时户部原议"非奉谕不敢备"，然而"常年进奉者先焉，常年不进者既焉，外廷则李相首进，由是纷纷藉藉，责枢臣何独不然"。[4] 翁同龢等人来不及准备进献礼物，于是找立山帮忙，立山欣然应允，翁同龢等人对此非常感激。

立山虽是满员，但与总署成员之间的来往依然非常频繁。据《翁同龢日记》光绪二十三年十二月廿七日记载：

> ……是日，招同仁小集，而客强半皆总署友，于是四客先坐，直至戌初，总署四公始来，草草饮数杯，客去亥初矣，兀坐至五更。
> 徐小云、孙燮臣，崇受之、徐颂阁、敬子斋、张樵野、廖仲山、立豫甫。[5]

翁同龢说得很明白，召集同仁到家小聚，对象是总署成员和总署的朋友，当时崇受之（礼）、敬子斋（信）、张樵野（荫桓）、廖仲山（寿恒）是总署成员，而立山并不是，显而易见，立山（豫甫）被翁同龢视为总署的朋友，由此可见立山与总署及总署官员的关系。

光绪二十四年五月初三（一八九八年六月二十一日），御史胡孚辰奏参张荫桓，称其在办理向英国与法国续借款时，受贿二百六十万两，与翁同龢平分。[6] 慈禧太后看到胡折后非常愤怒，面谕时任工部右侍郎兼步军统领衙门左翼总兵的英年，将张荫桓抄家并交刑部治罪。立山却为张荫桓开脱，对此张十分感谢[7]。

立山不仅喜欢与汉族官僚交往，而且与洋人的交往也很多，其中有私人交往的（如他与洋人经常互赠礼物），也有公务性质的。如一八九八年德皇威廉二世之弟亨利亲王（Prince Heinrich of Prussia）来华，是立山主持接待的。当时亨利亲王在觐见光绪皇帝后，根据太后的懿旨，由庆亲王奕劻带领参观颐和园。[8] 而颐和园茶水及赐膳等事务都是时任内务府大臣的立山操办的。据档案记载：

　　觐见先入德和园西穿堂，德国亲王等稍坐，茶房预备茶水。觐见礼仍西穿堂稍坐，茶房预备茶水。内务府大臣立山代当。膳房预备饭三桌（官传），茶房预备果桌三桌，外买奶食三桌。大德国亲王饭一桌（菜双上）、果桌一桌，奶食一桌，南配殿摆。内务府大臣立山代当。随员等饭二桌（菜双上）、果桌二桌，奶食二桌，牌楼门外南北值房摆。内务府大臣立山当。[9]

　　又光绪二十四年四月初四　立面奉懿旨，现在德国亲王于明日午刻在勤政殿觐见，该王在御前大臣坐落处所稍坐，并在此用饭，所有屋内桌张椅子均由颐和园今日运到不误。[10]

　　作为内务府大臣，立山目睹了光绪皇帝、慈禧太后接见亨利亲王的全过程，在他看来，遵奉懿旨，接待外宾，未尝不是一种荣耀。他目睹了德国亲王的威仪，也知道亨利亲王此来的两个目的，一向光绪皇帝授勋章，一为德占胶州湾事宜。他没想到的是由于按工作分工而接待亨利亲王，竟成为他"通洋务"的重要标志，以至于在一九〇〇年六月十七日的御前会议上，慈禧太后竟然以立山曾接见过亨利亲王为名，要求他与总理衙门成员一起去各国使馆，阻止联军进京。而在排外浪潮下，与使馆人员接触、交往，非总理衙门成员的立山，不得不冒着承担"私通洋人"罪名的风险。

　　综上所述，满官联元、立山崇尚经世之学，经常与汉族开明官僚及来华洋人交往，正是这样的交往，使得他们不像载漪、刚毅等满族贵族官僚，心存满汉之见，仇视洋务，痛恨洋人。

〔1〕《清史列传》（十六），中华书局 1987 年版。

〔2〕柴萼：《庚辛纪事》，《义和团》（一），第 316 页。

〔3〕恽毓鼎：《崇陵传信录》，《义和团》（一），第 51 页。

〔4〕《翁同龢日记》（六），第 3051 页。

〔5〕同上书，第 3083 页。

〔6〕同上书，第 3136 页。

〔7〕据张荫桓五月二十四日日记载："……申正访豫甫立山，承谕慈圣保全之意，为之感谢……"任青、马忠文编：《张荫桓日记》，世纪出版集团、上海书店出版社 2004 年版，第 543 页。

〔8〕《翁同龢日记》（六），第 3123 页。

〔9〕中国第一历史档案馆：《宫中各项档簿》，簿 4179 号，日记账，光绪二十四年闰三月。

〔10〕中国第一历史档案馆：《内务府·奉宸苑·记事簿》，案卷号：430/5－39/251。

# 小 结

　　庚子事变中被杀的五大臣有一共同之处，就是他们都任职总理衙门。戊戌政变后，五大臣除立山外，都先后任职总理衙门（立山虽不是总署成员，但与总署成员交往频繁）。

| 人　名 | 兼任总署大臣前职务 | 兼任总署大臣时间 | 被杀时职务 |
|---|---|---|---|
| 徐用仪 | 吏部左侍郎 | 1898 年 9 月 26 日 | 兵部尚书 |
| 袁　昶 | 直隶布政使（赏三品京堂） | 1898 年 10 月 2 日 | 太常寺卿 |
| 许景澄 | 工部左侍郎 | 1898 年 11 月 2 日 | 吏部左侍郎 |
| 联　元 | 皖按察使（三品京堂） | 1898 年 12 月 17 日 | 内阁学士 |

　　由上表可知，政变后最早进入总署的是徐用仪。他凭以往十三年在总理衙门的经验，对总理衙门的交涉了如指掌，他在给好友冯新兰的信中写道："弟才疏年迈，无补时艰，上年忝承恩命，一岁再迁，殊惭非分，兵部事颇简，惟译署交涉繁难，永无清静之日，劳而无功，甚觉无谓。"[1] 由此可见，徐用仪对升为兵部尚书是非常满意的，但对任职总理衙门，联想到以前在此所经历的弹章，还是心有余悸的。

　　袁昶在入总理衙门前，曾有多人建议他到国外出任清廷驻外使臣。袁在丁酉二月日记记载：

　　　　戌刻，奉到枢府大司农虞山公（翁同龢——引者）电谕，驻德星使一席，将推择不才充使，自忖钝拙，无专对之才，又体恭善病，万难胜任，谨当具禀力辞。[2]

这是翁同龢推举袁昶出使德国，以代替即将回国的许景澄。刘坤一对袁昶的辩才也十分赏识，曾在信札中说："中弱外强，往往理为势屈，以公（袁昶）才辩未始不可势以理伸。"[3]戊戌年间，袁昶上了万余言的条陈后，影响颇大。浙江巡抚廖寿丰、山西巡抚胡聘之又密疏以使才荐。袁昶多次谢绝了出使外国。"公（袁昶）素以重内治立论，不欲以营求自献，自揣于泰西交涉未能悉，当再三力辞，请另选贤才"[4]。袁昶虽在芜湖政绩卓然，但更希望早日回到京城。戊戌政变（八月初六）的当天，袁昶受到召见，得知即将回到昔日供职近十年的总理衙门，非常高兴。他终于有机会实践自己的改革方案，报答两宫的提拔以"酬恩遇"[5]。

许景澄从德国回来后，请假回籍，假期未满，就接到来京的谕令。来京的路上，许惴惴不安，对前途很是担忧。在给吕海寰的信中许表达了此时复杂的心境"但不数日，朝局忽变，康张骤蹶，不知趣弟之入，出于政府所请，抑变法之徒藉以收用人望，无由审知"[6]。他所熟知的康有为、张荫桓先后遭厄运，表达了他对戊戌政变后政局的担忧。

联元以皖按察使，赏三品京堂入直，外放十六年，饱阅风尘，垂暮而后得，喜忧交加。

徐用仪、袁昶、许景澄、联元对任职总理衙门心态不一，但在同一年相互熟悉且志趣相投的人聚集一处共事，对他们来

〔1〕徐用仪编：《冯志青所接书札》，稿本，中国国家图书馆藏。

〔2〕袁昶撰：《毗邪台山散人日记》第21册，丁酉二月，中国国家图书馆藏。

〔3〕《刘忠诚公全集》，书牍（三），光绪二十四年十月初一日。

〔4〕《太常袁公行略》，第9页。

〔5〕袁昶对此次召对，非常兴奋，曾专写一诗表达这种兴奋之情。《八月初六日召对恭述》，"武帐珠襦对越言，宫中二圣引双瞻。汰除积弱思鼙鼓，懋念沈菑到蒩檐。当宬六箴屏合写，造言两观法应钳。小臣何以酬恩遇，敢效元城苦口砭"。《水明楼集》，《袁忠节公遗诗补刻三卷》，宣统三年活版底本重印。

〔6〕《遗集·书札》。另外，许景澄要代替张荫桓，朝中早有这种说法。《张荫桓日记》记载，早在五月初六，光绪皇帝责怪张荫桓被参时廖寿恒不为荫桓辩护时曾经说过，"昨言许景澄回来换他，今日为何不说？"见《张荫桓日记》，第540页。

说，却也是历史的机遇。从前面的阐述中，可以看出五大臣都崇尚经世致用之学，都力主改革，都与"洋人"打过交道，都痛恨外敌入侵。由于兴趣爱好、所任职务之间的联系，他们在任职总理衙门前相互之间曾有较多的交往。他们相互之间的交往，彼此之间的了解，为他们任职总理衙门后在内外政策上趋于一致打下了基础。

徐用仪、许景澄、袁昶同为浙江人，由于地缘关系、乡谊之情，他们相互之间的交往非常频繁。袁昶能回总理衙门任职，除了其他官员的推举外，徐用仪也是大力举荐。徐用仪与许景澄还是儿女亲家。[1]中俄帕米尔交涉中，许景澄曾四次写信给徐用仪，交流帕米尔交涉办法。[2]尤其是甲午战争期间，许景澄任驻俄公使，徐用仪在总理衙门，他们为争取俄国调停中日之间的冲突，基本态度是一致的。三人中，徐用仪最长，对官场事务最为熟谙，凭以往在总理衙门十几年的经历，他知道"译署之事难于枢府，乃引太常寺卿袁公入署共事。而侍郎许公奉使海外归，亦与焉。公喜曰：'吾得朋矣！'"[3]戊戌政变后，徐用仪、袁昶、许景澄几乎同时任职总理衙门。

袁昶与许景澄都是同治六年中举，既是同乡又是同年，是科浙江乡试副考官是张之洞，因此他们二人都将张之洞作为自己的座师，在政治倾向上也与张之洞比较接近。袁昶与许景澄之间的交往除了信札往来外，主要见之于诗歌之间的酬酢唱和。以诗寄情，以诗交友，借诗表志。许景澄在海外，经常写信给袁昶，讲述海外见闻及对外交涉中的感受，尤其是许景澄丁忧后刚上任，就遇到了棘手的帕米尔交涉，其时袁昶虽然外调，许景澄仍与曾在总理衙门工作过的袁昶互相交流帕米尔事件解决的办法。而当许景澄绘制了《帕米尔图例》，帕米尔交涉最后以"两不进兵"达成协议时，袁昶曾作诗高度评价了许景澄在此次交涉中的贡献，"图成蕙雪天颜喜，进御真看米聚山"。[4]袁昶通过许景澄，更多地了解了国外的情势，而许景澄通过袁昶则得以更多地了解国内的政情。戊戌政变后，他们同入总署后，私人关系更加弥厚，正因为许景澄、袁昶之间的密切关系，所以在庚子事变中，才会有关于许景澄、袁昶联衔上奏的传闻。

袁昶与联元曾同在安徽任职，他们经常观光游览，诗酒流连，彼此惺惺相惜。袁昶对皖省的吏治腐败非常痛恨。在给朋友的信中袁说："皖省只首府联仙蘅（联元）乃正经人，此外皆蝇营狗苟。"[5]虽然袁说得可能有点偏激，但由此也说明皖省吏治问题，更可以看出他对联元人格的钦佩。袁称赞联元"历典方州有政声，柯亭迥首旧巢瀛。交亲竺老神先黯，寄语绳庵梦不成"。[6]袁还对联元久放外任得不到重用表示同情，认为联元才堪大用，"餐九还丹生羽翼，握双虎竹有光辉。如公定入参朝论，一破盈廷脂与韦"[7]。袁昶与联元性格相近，志同道合。庚子年间联元被杀，有人甚至认为是由于受袁昶、联元私交很好所牵连。[8]

立山与其他四位大臣的详细交往未见史料记载，以立山的身份、地位、财力、品格，似乎不在他们四人的交往范畴。但由于他喜欢西洋物什，与"洋人"交往较频繁，因此与总署打交道的机会也较多。

五大臣都是出身于官宦之家，自幼受良好的家庭教育和文化熏染，他们又是大多出生于鸦片战争之后（徐用仪除外），深受儒家经世致用和洋务思潮的影响。他们从政后，社会经历虽然各有千秋，但面临同样的社会背景，不得不对同样的时代大潮作出反应。一方面他们主张学习西方，借法自强；另一方面，他们奋起反抗列强的侵略，尤其是中日战争中表现最为明显（其中以袁昶、许景澄表现最为突出）。他们相互之间的交往，彼此之间的

〔1〕许景澄与徐用仪是儿女亲家，许景澄的次女嫁给徐用仪的儿子，见《许景澄年谱》。

〔2〕许、徐关于帕米尔的通信时间分别是光绪十七年二月初一日、四月十九日、光绪十八年八月二十六日、十一月三十日，见《遗集·日记》。

〔3〕钱应溥：《诰授光禄大夫太子少保兵部尚书筱云徐公家传》。

〔4〕袁昶：《于湖小集》，《续修四库全书》，第1565册。

〔5〕《袁忠节公手札》。商务印书馆，民国二十九年，影印本。

〔6〕《次韵答联仙蘅太守》，袁昶：《于湖小集》，《续修四库全书》，第1565册。

〔7〕《仙蘅金事生日》，袁昶：《于湖小集》，《续修四库全书》，第1565册。

〔8〕李超琼：《庚子传信录》，《义和团史料》，第218页。

了解，为他们任职总理衙门后在内外政策上趋于一致打下了基础。甲午战争中国战败，暴露出清政府政治腐朽、军备落后，严峻的现实使他们不得不理性地去认识国情，在对外交涉中主张采取以主和求生存，以退却保残局，而这种主张在愤激于列强侵略和民族危机日深的情况下，极易被人误解为投降、卖国，戊戌政变后任职总理衙门的五大臣面临的内外政局是所有中国人前所未遇的。

# 第 五 章

# 前所未有的危局

戊戌政变后，任职总理衙门的"五大臣"（除立山外），面临着前所未有的危局。这种危局一方面表现为中枢政局的变动，一方面表现为以"胶州湾事件"为起点的列强瓜分中国狂潮。前者的变动最终使满族顽固派官僚掌握中枢，后者的侵略加剧了中外之间的矛盾，清政府朝野上下充满了仇洋排外的情绪，以"扶清灭洋"为口号的义和团运动的兴起与发展加剧了时局的动荡。

## 第一节　戊戌—庚子间清廷中枢政局的变动与失衡

甲午战争惨败和《马关条约》的签订，对晚清政局产生了巨大影响，也引起了近代中国社会政治、经济、文化各方面的剧烈变动，朝局也发生了变化。甲午战争中主和避战的后党人物李鸿章、孙毓汶、徐用仪等人在战后因受到言路的严厉纠参，相继放弃了权柄。李鸿章从日本马关回来后，名誉扫地。慈禧太后在舆论压力下只好同意开去其直隶总督之职，令其回京"入阁办事"；军机大臣孙毓汶、徐用仪也在一片弹劾声中被逐出军机处和总署，从而结束了"甲申易枢"后孙毓汶主枢的权力格局。李、孙、徐的失势和解职，意味着后党势力的暂时回落。

后党势力受挫，帝党势力乘势增强，特别是翁同龢，先于光绪二十年十月（一八九四年十一月）被授任军机大臣，次年七月（八月）又在总理衙门大臣上行走，举凡内政、外交，光绪帝"每事必问同龢，眷倚尤重"[1]。特别是帝党与维新派的结合，更使帝党势力如日中天。光绪帝先是将李鸿章和敬信的总理衙门大臣职务免去，接着借礼部主事王照上书被阻一事，未经慈禧太后首肯，将怀塔布、许应骙等礼部六堂官全部革职，任命杨锐、谭嗣同、林旭、刘光第为军机章京，"参与新政"。这些人事上的变动，引起了顽固保守派的恐惧和不安。他们伺机反击，先将翁同龢开缺回籍，接着御史杨崇伊"吁请训政"，最后慈禧再次宣布"训政"，囚禁光绪，搜捕维新党人，帝党势力从此一蹶不振，满族权贵占据中枢。政变后中枢政局发生了巨大的变动，参见下表。

| 机构 | 戊戌政变前人员名单 | | 戊戌政变后人员名单 | | 庚子事变期间人员名单 | |
|---|---|---|---|---|---|---|
| | 满员 | 汉员 | 满员 | 汉员 | 满员 | 汉员 |
| 总署 | 奕䜣 奕劻 敬信 崇礼 裕禄 荣禄 | 张荫桓 廖寿恒 翁同龢 李鸿章 许应骙 王文韶 | 奕劻 崇礼 荣禄 桂春 裕庚 联元 | 王文韶 赵舒翘 徐用仪 许景澄 袁昶 胡燏芬? 廖寿恒 | 奕劻 荣禄 崇礼 桂春 联元 载漪 启秀 溥兴 那桐 | 王文韶 吴廷芬 徐用仪 袁昶 许景澄 赵舒翘 |
| 军机处 | 奕䜣 刚毅 裕禄 荣禄 启秀 | 翁同龢 钱应溥 廖寿恒 王文韶 | 世铎 荣禄 刚毅 启秀 | 王文韶 赵舒翘 钱应溥 | 世铎 荣禄 刚毅 启秀 载漪 | 王文韶 赵舒翘 |
| 总署兼军机 | 奕䜣 裕禄 荣禄 | 翁同龢 王文韶 | 荣禄 刚毅 | 王文韶 赵舒翘 | 荣禄 启秀 载漪 | 王文韶 赵舒翘 |

由上表可以看出总署的变动情况：

戊戌政变前总理衙门大臣满员是：恭亲王奕䜣、庆亲王奕劻、户部尚书敬信、刑部尚书崇礼、礼部尚书裕禄、兵部尚书荣禄；汉员是：

户部尚书翁同龢、大学士李鸿章、礼部尚书许应骙、户部尚书王文韶、户部左侍郎张荫桓、礼部尚书许应骙。可以看出满汉人员平分秋色。

由于政变等原因，戊戌政变后的人员变动情况是相当大的。恭亲王奕䜣五月二十九日去世，敬信和李鸿章九月七日罢直，张荫桓九月二十四日革职，许应骙九月四日革职、胡燏棻十一月十六日罢直。因此政变后的总理衙门满员为庆亲王奕劻、兵部尚书荣禄、刑部尚书崇礼、太仆寺少卿裕庚、三品京堂候补联元、三品京堂候补桂春；汉员为户部尚书王文韶、刑部尚书赵舒翘、吏部左侍郎徐用仪、三品京堂候补袁昶、工部左侍郎许景澄、礼部尚书廖寿恒。政变前后满汉人员比例没有变化，但满员明显是实权派。这种格局维持了一年，到一九〇〇年，又发生了巨大的变化。

一九〇〇年六月十日，慈禧太后对总理衙门的人选作了重大调整。免去了廖寿恒的总理衙门大臣职务，命令载漪管理各国事务衙门，又加授礼部尚书军机大臣启秀、工部右侍郎溥兴和内阁学士那桐为总理衙门大臣，总理衙门中满员人数为九人，汉员为六人，满员超过汉员；尤其是以载漪为首的新增的一批大臣，皆为盲目排外顽固派，他们掌控了总理衙门的外交方针，虽然徐用仪、许景澄、袁昶、联元坚决反对他们的排外思想，但由于资历太浅、势力太薄，并不能发挥决定性的作用。

由上表还可以看出军机大臣的变动情况：

戊戌政变前：满员为恭亲王奕䜣、兵部尚书刚毅、礼部尚书裕禄、文渊阁大学士荣禄、礼部尚书启秀，共五人；汉员为户部尚书翁同龢、工部尚书钱应溥、礼部尚书廖寿恒，户部尚书王文韶共四人，满员超过汉员。

戊戌政变后，恭亲王奕䜣去世，接替者是礼亲王世铎；翁同龢因为支持"新政"被撵回原籍，慈禧太

〔1〕赵尔巽等撰：《清史稿》，中华书局 1977年版，第12369 页。

后将唯命是从的王文韶、亲信裕禄增补为军机大臣。又将荣禄任为军机大臣，并一改以往军机大臣不兼军事的传统，破例让荣禄仍旧节制北洋各军。又将痛恨"新政"的总管内务府大臣启秀提拔为军机大臣。这样的格局也维持了近一年。

到一九〇〇年军机处满汉人员构成又发生了重大变化。原先的汉人军机大臣廖寿恒罢直、钱应溥病免，只剩王文韶、赵舒翘二人，太后没有增补汉员人数，而满员又增加了载漪为军机大臣，共五人，满员人数大大超过汉员。可见庚子事变时汉人官员的地位及满汉官员之间的矛盾。其中既为军机大臣又为总署大臣的官员有：载漪、荣禄、启秀、王文韶、赵舒翘，其中满员三人，汉员两人，满员占优势。而起主导地位是满族亲贵载漪、启秀、荣禄，特别是载漪。他野心大，权力欲强，由于他的次子入选"大阿哥"（皇储，皇帝继承人）而权倾一时，不可一世，一心想当太上皇；礼部尚书启秀是守旧派官僚徐桐的门生，而徐桐顽固守旧而极端憎恶洋人，所以启秀也是排外健将；荣禄虽然手握军权，位极人臣，但总是首鼠两端；刑部尚书赵舒翘虽是汉人，素著清名，他能入军机是由于刚毅的引见，以致事事阿附刚毅意旨；王文韶年老多病，性格软弱，为人圆滑，其做官的诀窍是"多叩头，少说话"，在很多事情上不愿担当重任。因此中枢主要由极端守旧派官僚把持，朝政出现了严重的失衡。

甲午—戊戌—己亥—庚子之间中枢政局的变动，有着内在的关联。时人恽毓鼎曾说："甲午之丧师，戊戌之变政，己亥之建储，庚子之义和团，名虽四事，实一贯相生，必知此而后可论十年之朝局。"[1] 甲午后，随着帝国主义侵略加剧，民族矛盾加深，民族主义兴起，救亡图存成为这一时代中国的主流；戊戌变法中，一批激进的改革派提出了改革政治、经济、军事的良方，触动了顽固派的切身利益，戊戌政变后，这些改革中的激进派被逐出了政治舞台；顽固派载漪、徐桐、刚毅之流，在戊戌政变中得罪了光绪帝，因而有"己亥建储"之举；"己亥建储"虽属中国内政，却遭到了西方列强的严重干预。此时恰值标榜"扶清灭洋"的义和团运动兴起，朝廷中顽固派势力乘机利用百姓的"仇洋情绪"，为了一己私利，招抚义和团，为西方列强的直接武力干涉提供了口实，酿成庚子奇祸。满朝权贵惶惶不可终日，紫禁城内出现一片仇洋的喧嚣，刚任总署不久的四大臣在与列强的艰难交涉中如履薄冰。

## 第二节　"五大臣"与戊戌政变余波

　　"五大臣"虽然不赞成康有为、梁启超等人激进的变法手段，但并不像顽固派那样反对变法且对变法多持同情和理解的态度。袁昶的《戊戌条陈》中许多建议与康有为的变法主张不谋而合（前文已有论述）。袁昶非常欣赏梁启超的才华，在给友人的信中说："梁君卓如，才笔凌厉，……湛深涵养，将来必为重远之器，国之良也，时之幸欤？"[2]作为清廷驻外使节，许景澄虽然身在海外，但他得知张之洞反对康有为的变法手段和方式时，及时提醒自己的座师："西人重维新，轻守旧，似应专罪康筹谋，不訾变法，方杜藉口。"[3]徐用仪、立山、联元与帝党官僚的交往，更足以说明他们对变法的态度。

　　戊戌政变后，慈禧太后不仅以杀人来泄愤，更重要的是清除异己，以绝后患。对于戊戌政变后的政局而言，慈禧太后及顽固派官僚主要面对三派异己力量，一是具有最高权力象征又具有维新思想的光绪皇帝；一是拥护光绪皇帝的"帝党官员"；一是鼓动变法的维新志士。除了被处决的一部分人之外，西太后对三类人分别采取了不同的处置办法。在这些办法的实施中，五大臣或参与其中，或暗中阻止，但并没有一味盲从太后及顽固派大臣的做法。这也是太后对他们不满的原因之一，而庚子年间的总理衙门大调整与此也不无关系。

[1]《义和团》（一），第47页。

[2]上海图书馆编：《汪康年师友书札》第2册，第1561页。

[3]《许文肃公遗集·电报》，第659页。

### 一　立山参与软禁光绪帝

　　戊戌政变后，光绪皇帝被囚禁在北京，逃到海外的康有为、梁启超曾多次策动营救光绪的计划。一八九八年九月二十七日，梁启超和王照致函日本人伊藤博文、林权助，告诉他们："寡君现时闲居南苑一室，名瀛台者，四周环水，行坐饮食皆有人看管，命在旦夕。一二志士妄思援手者，皆已计穷力竭，呼吁无由。若贵帮及诸大国不救之，则为绝望矣"，"深望贵邦之助我皇上复权也。"[1]慈禧太后为防止光绪逃脱，对瀛台的防卫非常森严。光绪二十四年八月二十三日（一八九八年十月八日），光绪帝被正式软禁。[2]立山作为总管内务府大臣，亲自参与了对光绪软禁的具体实施。

　　　　光绪二十四年八月二十五日立大人面奉懿旨：所有瀛台两傍楼梯及各门座，全行堵砌妥协。再仁曜门迤西之荷风蕙路亭，灰土海墁，改墁砖甬路。钦此。[3]

　　瀛台是光绪帝被软禁之地。立山奉太后的懿旨，将瀛台涵元殿——光绪皇帝的起居处的楼梯和各门座全部"堵砌"，这样光绪帝的活动范围看守们就会一览无余，更可防止光绪皇帝逃脱，是监视被禁者最便利的办法。据茅海建考证，仁曜门即勤政殿通往瀛台的正门，荷风蕙露亭在勤政殿西侧丰泽园以西，两地皆在南海的北岸，"灰土海墁"是指南海此段原来的土堤，此一段土堤改为"墁砖甬路"，这样更便于巡逻的士兵方便地监视瀛台，有什么异常情况可以及时报告。

　　光绪二十四年八月二十七日，立山又面奉旨：淑青院北门堵砌，明日要齐。又，瀛台前两楼梯满砌，明早将材料送至四扇门。又，北海蚕坛后进水闸，清挖积土，闸板糟朽，赶紧更换。又，日知阁外织女桥，清挖淤泥，半截河闸棱包铁，安铁壁（算）子等因。[4]

　　"淑青院"在勤政殿以东，政变后是珍妃的软禁之地，其"北门堵砌"，且速度要快，可怜的珍妃想看一眼瀛台的心上人也成为奢望。清挖积土、清挖淤泥、安铁算子等，加深河道，加强防范，对光绪的爱妃同样毫不留情。

然而奉宸苑的工程进度还是很慢的，织女桥外的淤泥的清理过了五个多月仍然没有进展：

　　　光绪二十五年正月二十二日奉立大人谕：日知阁墙外自闸口起至织女桥一代（带），淤塞太甚，著该厂赶紧认真挑挖，务将河身挑挖通畅，河面开宽。[5]

日知阁在淑清宫沿河向南，下有水闸，是三海的出水口。织女桥在今南长街南口附近，三海之水由日知阁经此进入天安门前金水河。在此处挑挖淤泥，保持河道畅通，主要是防止有人潜入，救援光绪。[6]

立山作为内务府大臣、慈禧太后的宠臣，忠诚地执行太后的旨令。关于他在执行命令时的心理感受，由于史料阙如，实无从得知。但从笔记史料及野史流传可以略窥，立山是很同情光绪帝遭遇的。[7]

〔1〕清华大学历史系编：《戊戌变法文献资料系日》，上海书店出版社 1998 年版，第 1082、1209 页。

〔2〕对光绪皇帝被软禁的具体时间和详细过程，参见茅海建《戊戌政变的时间、过程与原委——先前研究各说的认知、补正、修正》（三），《近代史研究》2002 年第 6 期。

〔3〕中国第一历史档案馆：《内务府·奉宸苑·记事簿》光绪二十四年，案卷号：430/5－39/251。

〔4〕同上。

〔5〕中国第一历史档案馆：《内务府·奉宸苑·记事簿》，光绪二十五年，案卷号：430/5－39/252。

〔6〕当时流传有光绪外逃之说。"当光绪外逃时，闻有内监六人导其行，之后将六监擒获，于十三日与康广仁等六烈士一同处斩，而西后别易己所信任之内监十余人，以监守瀛台。"《清代野史》第一辑，巴蜀书社 1987 年版，第 351 页。

〔7〕一些有描写李莲英与慈禧等文学作品中说立山见冬天到了，光绪居住之地窗纸破了，寒风袭袭，光绪帝衣衫单薄，于是派人将窗纸重新糊上，为此遭到太后的责骂，幸而李莲英一句"立山还不滚出去"的谐语替他解了围。这些野史只是道听途说，但也可反映慈禧对光绪软禁之地控制之严，而立山受命处理此事，足见太后的信任，也反映了立山同情光绪帝的遭遇。

### 二 袁昶、许景澄对皇帝废立的态度

光绪帝是帝党官员和维新派的政治依靠,政变后慈禧太后重新"训政",皇帝虽然被剥夺了实权,并遭软禁,形同傀儡,但仍是名义上的皇帝。只要光绪的身份不变,他就是帝党官僚与维新派的精神寄托,是他们卷土重来的希望,这在太后和守旧派看来是最大的威胁,必欲去之而后快。慈禧本想借散布光绪病重的消息,直接废除光绪,但由于各方舆论压力,又害怕列强干涉,不敢直接将其废黜,但对有着强烈权力欲的人,要她放弃权力无异于缘木求鱼。到一八九九年,关于皇帝废立的传闻很多,互相歧异,真伪莫辨,朝野上下惴惴不安,不过许多人还是预见皇帝在朝廷中会有重大的变故。郑孝胥曾在日记中记载:"此事何用宣诏?恐朝中有变。"[1]果然,光绪二十五年十二月二十四日(一九〇〇年一月二十四日),清廷突然颁布明谕,宣布以端郡王载漪之子溥儁为穆宗嗣,尊为"大阿哥",是为"己亥建储"。

"建储"一事,在所有的人看来,似乎都是废除光绪的前兆。关于废立皇帝这样的大事,只有几个宠臣如刚毅、徐桐、崇绮、载漪等人参加讨论。地方督抚只有刘坤一清楚地表明自己的态度,"君臣名分已定,中外之口难防",反对废黜光绪帝。其他官员都采取观望或默认的方式。袁昶尚无参与讨论这种事关大统的特权,就建储这件事他还是发表了自己的见解,"继统即继嗣。明世宗迎立时,议礼诸臣前后两失之,使世宗以旁支而兄武宗,则置武宗于何地?使世宗以嗣孙而考孝宗,则武宗在位十六年,君临天下,南面称制将斩焉,不复称宗入庙世祀乎?此皆非礼。"[2]袁昶以明朝孝宗(明太祖)、武宗(惠帝)、世宗(成祖)之间的关系来说明,如果按照皇位继承制,世宗就很难有一个正统作皇帝的理由,所以明朝人采取"箝口不置可否"的态度以"自处"。"继统即继嗣",对于光绪也一样,而且光绪君临天下,已经在位二十五年。言下之意,应该承认光绪的合法地位,其真实用意是反对载漪等人以光绪继位不合体制为借口行废立的做法。

关于许景澄对建储的态度我们不得而知。但在当初载漪继承皇位时,他也表达了赞同的意见。许虽认为吴可读的死谏"其沉痛可谓忠矣",但对立光绪却有自己独特的见解,认为"天子之后,与一身一

家不同，兄终弟及，虽不能继嗣，而奉宗庙
以传万世大统所承，便有为后之义。诸侯不
得祖。天子必别为立后，如齐民之承继，实
与古礼不符，继世而为天子，承兄承弟，大
统则一，并不必为畛域之见。有当时继嗣之
名，遂致有今日继统之议，平情论事，殆争
乎，其不必争耶"。[3]彼时同意太后的"非法"
（指立光绪）继承制，此时又反对太后"合
法"（指立大阿哥）的继承制，这就从一个侧
面说明许景澄是当时较为开明、识大体的朝
廷命官，因反对以"畛域之见"而起纷争。

彼时，正当废立争论不已时，列强各国派
兵来华，形势十分紧张，"是时，朝议纷更，
谣传四播，邻使交诘，且盛兵自卫"。[4]袁昶害
怕外人以"自卫"为借口，乘机出兵中国，密
陈庆亲王奕劻，"主上圣明，中外钦戴，王为
亲贵重臣，当委婉求全，竭力调护，绝奸佞之
流言，杜细民之谣，力荷艰巨以释群疑"。[5]袁
昶和徐用仪、许景澄经常往拜各国驻华公使
馆，与他们谈晤，反复开导，多方譬喻，"各
使稍稍自安，警卫兵以次撤减"。[6]

### 三　对帝党官员和维新志士的保护

戊戌政变后，"六君子"被杀，清政府又
将许多帝党和维新人士拿办下狱、革职、圈
禁、停差或逮捕家属等，其涉及的人主要有
李端棻、徐致靖、徐仁铸、徐仁镜、陈宝箴、
陈三立、张荫桓、张百熙、王锡蕃、黄遵宪、
文廷式、王照、江标、端方、徐建寅、吴懋
鼎、宋伯鲁、李岳瑞、张元济、熊希龄等二
十余人。在这些人中，与五大臣联系比较多

[1]中国历史博物馆编，
劳祖德整理：《郑孝
胥日记》第2册，第
735页。

[2]《太常袁公行略》，第
9页。

[3]许景澄：《上赵桐孙
师》，《遗集·书札》，
第812页。

[4]关于各国派兵入京，
可参考王树槐《外人
与戊戌变法》第三
章，上海书店出版社
1998年版。

[5]《太常袁公行略》，第
8页。

[6]同上。

的主要是张荫桓、黄遵宪、文廷式、张元济等人（立山与张荫桓的关系前文已经述及）。

政变后的总理衙门中，主要成员除许景澄、袁昶、徐用仪、联元外，还有廖寿恒、王文韶、赵舒翘三位，其中王文韶因已年高，问事不多，赵舒翘刚被提拔，其政治倾向接近刚毅，痛恨维新人士。只有廖寿恒比较开明，同情变法人士。因此"四大臣"主要是联合廖寿恒，营救和保护维新人士。[1]

（一）袁昶营救黄遵宪

袁昶对黄遵宪的才华很是钦佩。在《戊戌条陈》中袁曾向朝廷公开举荐黄遵宪为"堪当可用之才"。黄遵宪《日本国志》未刊布以前，曾送总理各国事务衙门，然"久束高阁，惟袁昶取阅之"。[2]戊戌变法期间，黄遵宪刚被光绪任命为清廷驻日出使大臣，由于身体原因，黄在上海养病，未能及时上任。戊戌政变后，黄被列为"康党"。清廷下旨，"出使大臣黄遵宪因病请开去差使。江南道监察御史李盛铎著赏给三品京衔，以四品京堂候补，派驻扎日本国二等钦差大臣"。[3]时任两江总督的刘坤一收到密电，上锋令其对黄遵宪秘密看管。

袁昶得知消息后，多方援救黄遵宪。袁"密言于枢部，力为剖白"[4]，希望对黄遵宪从宽处理。由于黄遵宪曾任驻日公使参赞，因此日本驻华公使也尽力挽救黄遵宪，在内外压力下，清政府只好让步，"黄遵宪已准其开去差使，著刘坤一饬令该员即行回籍"。[5]八月二十七日（十月十二日），王文韶、崇礼、廖寿恒、徐用仪、袁昶代表总理衙门向日本驻华公使林权助发出照会，表明清政府已经放弃对黄遵宪"拘禁"，着令"开缺回籍"。正因为袁昶等人的共同努力，黄遵宪才得以最后逃脱了厄运。

在守旧势力对帝党与维新人士的清算中，一些无耻官吏为了明哲保身，以"交待"和"揭发"康、梁往来"事迹"来避祸。袁昶向廖寿恒建议"万不可再事钩求，致成党祸"[6]。由于他们的"慎处"[7]，保护了一大批的帝党官员和维新人士。

（二）徐用仪资助张元济

张元济也是戊戌变法中一员健将，在变法中因徐致靖的奏保，以兵部主事的身份与康有为、谭嗣同、梁启超等人曾受到皇帝的召见，

"天子后圣之遭际,何其隆也"[8]。变法中,因张元济上书请求改革官制,遭革职永不叙用。据《张元济年谱》记载:

九月中旬,携家离京南下。临行前,徐用仪(筱云)赠银二百两,经天津抵沪,赁租虹口西华德路隆庆里寓所。据张元济的哲嗣张树林特别加注说明:筱云先生所赠银两,解决了全家迁居上海的费用,先严晚年屡屡念及此事。[9]

戊戌年,徐用仪刚被慈禧重用,重新回到总理衙门,已是七十二岁一老翁,而张元济还只是一个三十二岁的年轻人。戊戌政变后,太后还在清除帝党及主张变法的"余孽",一般人都唯恐避之不及,而徐不仅亲自送行,还有赠银,在当时后党耳目众多,六君子血迹未干的情形下,是需要多大的勇气!由此不难理解徐在庚子年间为什么没有盲从太后主张对外开战。接受馈赠的张元济在一九○一年四月二十八日曾亲率南洋公学全体师生在上海南京路公祭浙江"三忠"。

## 四 继续变法改革

### (一)袁昶建议整顿厘金

重新当政的西太后,面临国库

〔1〕关于廖寿恒在戊戌政变中的作为,参见谢俊美《营救维新志士的军机大臣——戊戌政变中的廖寿恒》,《探索与争鸣》2003年第4期。

〔2〕黄遵宪著、钱仲联笺注:《人境庐诗草笺注》(下),上海古籍出版社1981年版,第1002页。

〔3〕《光绪宣统两朝上谕档》,光绪二十四年八月二十一日。李盛铎原是大学堂总办孙家鼐派往日本考察的官员,后因清朝驻日公使裕庚生病,新任公使黄遵宪不到职,清廷以李代理公使。

〔4〕《太常袁公行略》,第8页。

〔5〕《光绪宣统两朝上谕档》第24册,光绪二十四年八月二十六日。

〔6〕《太常袁公行略》,第8页。

〔7〕廖寿恒:《抑斋日记》,戊戌年八月二十六日,稿本,上海图书馆藏。

〔8〕叶昌炽:《缘督庐日记》,戊戌年四月二十五日,江苏古籍出版社2003年版,第2686页。

〔9〕徐赠银之事见《张元济年谱》,1901年4月28日。一九四九年十月五日,去北京参加开国大典的张元济,还嘱咐哲嗣树林去看看"北河沿原徐用仪故居房屋",树林看后回来告诉他,"尚存一进院落,屋外叠有假山"。先生又向儿子提起戊戌年徐用仪馈赠二百两银子的事,并且决定回沪后折合成人民币,奉还徐用仪的第三子有卿的夫人。张树林主编:《张元济年谱》,商务印书馆1991年版。

空虚、财政枯竭，不得不下令筹饷理财。光绪二十五年四月二十八日（一八九九年六月六日），内阁奉上谕"近日朝廷整顿庶务于筹饷一事在所当急，各省关税厘金取之于民，岁有常经，但使各督抚认真整顿，裁汰陋规，剔除中饱，事事涓滴归公，何患饷原（源）不济，无如封疆大吏瞻循情面，不能立祛，因循积习，以致委员司道人等窟穴其间，种种侵欺难以枚举，若不认真革除日复一日，何所底止，著大学士军机大臣、六部、九卿详加查核，各据所见，用备采择"[1]。时任光禄寺卿[2]的袁昶认为，厘金虽然并非仁政，但轻率废除，也是不当的。它有有利的地方，即"腹地稽征，自我为政，可以随时取益防损，济各省筹饷之穷"。如果废除厘金，洋厘并征，那么洋税纵使由值百抽五改为值百抽十，那么"强邻助我，彼必索偿他益"，因此袁认为，厘金虽然是"病民之政"，但与"利权外持"相比，两害相权取其轻，"惟有筹整顿厘金之法"，并提出了整顿厘金六条措施。其一，慎用贤员，以去积弊；其二，综核比较，以重权课；其三，各省物产衰旺不同，当随地制宜，考察整顿；其四，外销公费款项，不妨胪列报部，仍请部臣勿掣疆吏之肘，常关弊习尤深，亦可照此办理；其五，酌复坐贾落地捐，以抵制洋票漏卮，并应量百货轻重，定简章，择正绅巨商办理，一律惩劝，酌减行厘，以示招徕；其六，定劣员司巡侵渔之罚，宜宽商去苛省官益精……[3]袁昶的奏折受到朝廷重视，其所奏整顿厘金六条办法被认为"不无可采"。[4]

　（二）许景澄创办俄文学堂

　轰轰烈烈的戊戌变法，内容丰富，涉及政治、经济、军事、文化诸多方面的内容。戊戌变法失败后，除京师大学堂外，其余皆被废除。一八九八年七月，受管学大臣孙家鼐之荐，许景澄被简任为京师大学堂总教习。戊戌政变后，在极端困难的条件下许努力筹备，使该校招收学生百余名，并于年底开学。该校是北京大学和北京师范大学的前身，是中国近代最早开办的新型综合性大学。次年春，身为东省铁路公司总办的许景澄，经办吉林、黑龙江铁路事宜，意识到勘路过程中由于公司所带"通事不妥，以致滋生事端"与当地官民的纠纷不断，而且还考虑到铁路路工开办过程中，会有更多的与俄国方面的交涉。为防止不必要的冲突，许向总理衙门奏请在京师"设俄文学堂"，招收学生学习"俄国语言文字以备铁路调遣之用"，以培养精通俄语的翻译和外交人才；又捐出兼任东北铁路公司总办的薪酬，以作该校的开办之费。这封奏折虽然许景澄并没有列衔，但由创议到具体的操作都是许景澄负责办理的。[5] 是年秋，孙家鼐因病乞休后，许景澄以总教习代理京师大学堂管学大臣，主持招收新生近二百名，将原设"诗、书、易、礼"四堂，改名为"立本、求志、敦行、守约"的名称，又别立"文学、地理、政治"三堂，使该校的面貌略有改进。一九〇〇年七月一日，鉴于义和团运动已波及京师，受朝廷内的保守势力抬头的影响，许景澄上疏《请将大学堂暂行裁撤》。该疏称"溯查创设大学堂之意，原为讲求实学，中西并重；西学现非所急，而经史诸门本有书院、官学与诸生讲贯，无庸另立学堂选就"，他认为如果将大学堂办成旧式书院一样的教学场所，并不能秉承"讲求实学，中西并重"的教学方针，还不如裁撤，愤激之情溢于言表。

戊戌政变后，新政被废除，政坛一仍其旧，加上"六君子"被杀，许多人都不敢再谈变法。这时的许景澄、袁昶却不避嫌疑，继续坚持改革，其担当的精神十分可嘉。

由此可见，徐用仪、许景澄、袁昶在戊戌政变后任职总理衙门后，并没有一味追随与附和西太后和顽固派官僚追捕维新党人，相反他们或多或

〔1〕《光绪宣统两朝上谕档》，光绪二十五年四月二十八日。

〔2〕《清史列传》认为《遵议整顿厘金疏》是袁昶任太常寺卿时上奏，是错误的。光绪二十五年二月，（一八九九年）袁昶补光禄寺卿。

〔3〕王延熙、王树敏辑：《皇清道咸同光奏议》（二），沈云龙主编：近代中国史料丛刊第34辑，台湾文海出版社，第1996—2000页。

〔4〕《清实录》，光绪二十五年六月上，第877页。

〔5〕关于京师设立俄文学堂，总署档案曾有详细的记录。光绪二十五年三月十一日，本衙门递奏折一件（具奏东省铁路议设俄文学堂以备差遣由）；三月十三日，发东省铁路许景澄文一件（咨总办东省铁路大臣许议设东省铁路俄文学堂一折录旨钞奏知照由）；四月二十八日，收总办东三省铁路大臣许景澄文一件（请拨俄文学堂开办经费由）；五月初三，发总办东省铁路大臣文一件（咨总办东省铁路大臣许俄文学堂经费照数拨付由）。见中国国家图书馆藏《清代孤本外交档案》第29册，《钦命总理各国事务衙门清档》，第12430页。

少进行了抵制。由于这些人熟悉外情，通晓公法，力求改革，整顿内治，从而成为慈禧所控制的政权中一股不易控制的力量。随着民族矛盾的急剧上升和中外交涉的日趋频繁，他们的不同政见愈来愈不能被顽固派官僚所容忍。这也是庚子年间慈禧太后不断更换总理衙门官员的重要原因。

## 第三节　许景澄与胶州湾事件

甲午战后，中国是"屈辱备至了"[1]。众列强见到中国如此之不堪一击，日本竟然因此获得如此多的权益，因此各国欲"瓜分"中国的传闻甚嚣尘上。德国租借胶州湾引起列强瓜分中国的狂潮起。

德国在一八七一年打败法国，并完成国家统一后，对外扩张的野心逐渐暴露出来。著名的基督教传教士、地质学家费尔南德·李希特霍芬（一八三三——一九○五）先后七次来华，写下了《中国地质》巨著，并且在一八七三年向德国政府建议在中国华东的舟山群岛寻求建立一个海军舰艇燃料补充港，以此作为对华渗透的跳板。但此建议，由于当时德国刚刚完成统一，国内的政治经济亟待恢复，首相俾斯麦着力于欧洲的政治秩序，无暇顾及远东，因此没有得到政府的重视。九十年代，德国作为后起的帝国主义国家，其经济实力已经超过英国、法国，但较近的非洲的殖民地已经瓜分殆尽，德皇威廉二世于是将目光投向远东的中国。这首先体现在"三国干涉还辽"事件里德国出人意料的积极态度，以至遭到日本人的反感，"既不似俄国在远东有利害关系，也不似法国有援助俄国的义务的德意志，竟然成为三国干涉的幕后操纵者，使我日本帝国的胜利受到损害一事，是日本国民愤慨的原因所在。其结果是对德意志发生了恶感，而永久难以洗刷干净是自不待言的"[2]。"三国干涉还辽"后，德国商人借机要求在中国扩大自己的商务利益。据许景澄在光绪二十一年九月（一八九五年十月）向总理衙门报告，德国商人要求"德国应在中国得一合宜可靠地方或一海口或数岛专为保护本国商务"[3]，许景澄指出，德国商人首先认定的是上海港，但德皇知道上海虽说人人都可以染指，但在上海谋求发展容易捅开"马蜂窝"，引起其他列强的反感。因此他们经过多次探测，汇总各方面的意见，最后认为胶州湾是"合宜可靠地方"[4]，作为下一步攫取的对象。

德国觊觎胶州湾最早引起了清廷出使德国大臣许景澄的注意。许景澄未雨绸缪，为防德国侵占胶州湾，早在光绪十二年二月初八（一八八六年三月十三日），上奏《条陈海军应办事宜折》时就指出德人对胶州湾有觊觎之心，提出了胶州湾应该"及时相度为海军屯埠"的观点。其理由主要有三点：

第一点，此地是天然门户。"该处为大小沽河、胶莱南河汇流入海之处……其外群山环抱，口门狭仅三四里，口内有岛中峙，实为天然门户"。

第二点，此地防守皆宜。此处"周湾之地，约数十里，水深八九，拓至四拓不等。当烟台未开口岸时，航海商舶凑集颇盛，本非散地荒陬可比，且地当南北洋之中，上顾旅顺，下趋江浙，均一二日可达，若酌抽北洋江南海军，合以山东一军，札聚大枝，则敌舰畏我截其后路，必不敢轻犯北洋，尤可为畿疆外蔽"。

第三点，外人已经对此地有觊觎之心。"西国兵船测量中国海岸，无处不达，每声称胶州一湾为屯船第一善埠"[5]。

许所上之折，交由海军衙门议复。清廷分别派管理鱼雷营道刘含芳、水师统领丁汝昌和英国总兵琅威理带舰到胶州调查。调查结果，琅威理赞同许景澄的观点，主张立即筹建胶州湾作为海军屯埠。北洋大臣李鸿章根据刘含芳的报告，认为许景澄关于"山东胶州湾事宜为海军屯埠一节，规画远大，尤

〔1〕马士：《中华帝国对外关系史》第三卷，上海书店出版社2000年版，第60页。

〔2〕田园天南著：《胶州湾》，见《德国侵占胶州湾史料选编》（1897—1898年），山东人民出版社1987年版，第107页。

〔3〕《许文肃公遗集·函牍》，第498页。

〔4〕袁荣叟等纂：《胶澳志·沿革志》一，胶澳商埠局1928年版。

〔5〕《许文肃公遗集·奏疏》，第58—63页。

关紧要"。但又认为，此地口门小于威海，不如旅顺口坚固，如果作为海军屯埠，修船坞、设炮台，所费不赀，而且转运煤、粮、军需各物，路途远，耗费多，因此认为"目前尚难筹办"。对许景澄所说西人"艳称胶州湾为屯船第一善埠"，李鸿章虽深有同感，但考虑到"估需费已不下数百万两"，因此决定先筹建旅顺港，放弃了将胶州湾建为海军屯埠的计划（"断难远顾胶州"[1]）。

十年后，即光绪二十二年正月（一八九六年二月）德国外长马沙尔向许景澄提出"借地泊船"的要求，许景澄代表中国政府断然拒绝。"告以中国如允德国，则在东方南权之数，各国必援照要索"。马沙尔争辩说："英有香港，法有东京（东京湾，今广东湛江——引者），无须再在东方添埠，俄已有海参崴，且新允海澳过冬，想不更有所求，此外诸国更可无虑。"还是遭到许公使的拒绝。许景澄不仅拒绝了马沙尔的要求，而且将德国的野心及时汇报给总理衙门，指出"德国预闻东事借地一节，早晚决要办成，……其言似有意耸动，而于各大国离合近状，却非饰言"，[2]要求总署做好应对德国的准备。

光绪二十二年十月（一八九六年十二月），德国又以"兵船埠地"为要挟，拒绝中国加税要求。[3]中国委派回国度假的天津海关税务司德璀琳协调中德之间的关系。德璀琳劝德国放弃对中国的"让地"要求，但德国外交部拒绝了中国的这一要求。[4]从德璀琳的来函中，许景澄已经感到德方已有动武的迹象。中德之间的交涉越来越频繁，身兼中国驻俄、德两国公使的许景澄感到力不从心，"苦不能兼顾"，德国方面也由于中国没有专门的驻德公使，而常常"隐怀不惬"，[5]因此许景澄建议朝廷向德国派专使。朝廷采纳了许景澄的建议，并任命许为驻德专使，另派他人担任驻俄公使。

光绪二十二年十二月（一八九七年一月），德使海靖向总理衙门提出要求租借胶州湾作为屯煤海港，遭到拒绝。二十三年正月（一九八七年二月），海靖又提出了同样的要求，再次遭到总理衙门的拒绝。[6]海靖苦无办法，只能寻找租借胶州湾的借口。

光绪二十三年十月初六（一八九七年十一月一日），山东曹州两名德国传教士被杀，这就是所谓的"巨野教案"。海靖抓住时机，立即照会总理衙门，要求"急速设法保住山东德国人生命财产，此事全责之于中国国家，暂且先望设法严惩滋事之人，为德国人伸冤"[7]。巨野教案消息传到柏林，德皇威廉二世亦是兴奋公开表明他对两位传教士被害事件的愤怒。且在欣喜之余，直接训令驻华的德国东亚舰队司令棣利士上将，要他占领整个山东半岛。[8]

　　巨野教案在国内产生了巨大影响。袁昶在《禀两院宪言胶州湾事》中认为，此次教案的发生，可能是"兖州百姓别生枝节，咎在地方督抚牧令，不能事前消弭维娄（羁縻之意——引者）之故，抑系德人觊图利便借端生事，蓄谋已久，一旦猝发，意图要挟取偿"。他认为教案发生的原因一方面与地方官的处理方式有关，一方面与德帝国主义的侵略野心有关。面对德国派兵舰占领青岛，意图霸占胶州湾，袁向翁同龢提出建议，针对俄、德觊觎胶州湾，为今之计，"似不若将此处明告各国，作为通商口岸公共租界，使各国兵商船连舸而至，牵缀其势，连鸡并栖，使莫敢先发，此害中之利，可保安稳无它虞也"[9]。袁昶的建议仍不脱以夷制夷的俗套，所以枢廷没有采纳。在德国欲强占胶州湾目标已定的情况下，设公共租界之举其势必不能接受。而各怀鬼胎的俄、法、英等国，正希望以德国为先锋，攫取更大的在华利益。

　　许景澄在德国报纸上看到曹州教案一事，十分震惊。光绪二十三年十月十四日（一八九七年十一月八日）电告总署："报称：山东杀毙教士二人，此信若确，海（靖公）使必借词要索，应否预告外部（德外交部——引者）已赶紧查办，顺致措词，稍占先着。"[10]

〔1〕《李文忠公全集》，海军函稿，卷一。光绪十二年六月十五日，沈云龙主编：近代中国史料丛刊续编第七十辑，台湾文海出版社。

〔2〕《许文肃公遗集·函牍》，第527页。

〔3〕同上书，第547页。

〔4〕同上书，第550页。

〔5〕同上书，第94页。

〔6〕同上书，《总理各国事务衙门恭亲王奕䜣等折》，见《德国侵占胶州湾史料选编》，第54页。

〔7〕《德使海靖致总署照会》，《德国侵占胶州湾史料选编》，第125页。

〔8〕相蓝欣著：《义和团战争的起源》，第65页。

〔9〕袁昶：《禀两院宪言胶州湾事》，《于湖文录》文七。

〔10〕《许文肃公遗集·电报》，第631页。

他对海靖必将刁难已有预见，并向德国外交部声明中国对此事的态度——"已赶紧查办"，力求争取外交上的主动。清政府对突然发生的巨野教案造成德国出兵的后果防不胜防，一方面要求山东巡抚李秉衡查明"滋事人犯，严拿重办，以免藉口滋事"[1]。一方面电告许景澄要求向德国外交部声明，中国已经尽力查办凶手。不久，李秉衡查得凶手四名。总署电告许景澄，要求与德国结束争议，但德国并不理睬，"调兵船入我胶澳，砍断电线，勒撤守兵"，对这种违反公法的行为，军机处要求许景澄到德国外交部"切实理论"[2]。许景澄立即到德国外交部，但德方告以此教案已经赋予海靖全权，由海靖在北京协商解决。面对德军在胶州湾的暴行（拘留胶州湾总兵章高元，强占胶州湾），许景澄向德外交部声明，"教案"与"胶事"应分作两案处理，况且中国关于巨野教案已经缉拿凶手，并且答应赔偿，重建教堂等，不应该以教案作为占领胶州湾的借口，"德因教案派兵，应随办案起止"[3]。

许景澄辩驳正击中德国出兵的要害。德国方面首次以教案作为借口，强占租借地，开了教案成为列强掠夺手段的滥觞。教案成为中西冲突的"导火索"。面对德国公使海靖提出的"六条"要求，总理衙门非常愤慨。枢臣中恭亲王奕䜣、地方上李秉衡、张汝梅等积极主战，但大多数枢臣认为中国不堪与德国一战，特别是李鸿章轻信俄国将派舰来华援助中国。而德国在派遣棣利士率领东亚舰队从上海起锚去胶州湾的同时，又派王弟亨利亲王率舰来华助威，清廷一拖再拖，最终延误战机。身为驻德公使的许景澄，虽然对此向德外交部提出抗议，但外交部以德皇的命令为借口，拒绝在柏林商谈胶州湾问题，在柏林的许景澄对此也束手无策。中德双方的谈判又经过四个多月的磋磨，最终于一八九八年三月在北京签订了《中德胶澳租借条约》。以此形成"多米诺骨牌"效应，列强在中国争夺"势力范围"，俄、英、法等国软硬并施，分别向清政府施加压力并援引最惠国条件，不久俄国租借旅顺与大连、英国租借了威海卫、法国租借了广州湾，……中国面临被"瓜分"的危险。《北华捷报》甚至认为"中国将被列强瓜分，这种情况看来似日益可能，就中国人民目前情况来说，即令如此，也将是一大改观"[4]。外国列强"瓜分"中国的野心昭然若揭，中外之间的矛盾日益尖锐。面临被列强瓜分的中国，国民仇洋意识遍布大江南北朝野上下。

## 第四节　"仇洋"情绪蔓延中华

胶州湾事件后帝国主义掀起了瓜分中国的狂潮，尤其是德国首次以教案作为借口，强占租借地，其他列强援引此例，民教冲突日趋严重，朝野上下的"仇洋"情绪日趋增长。

### 一　官僚士大夫阶层普遍的仇教意识

官僚士大夫对利用"教案"以达某种不可告人目的的做法痛恨已久。鸦片战争后，涉及基督教的教案不断，有教士强占土地，有教士干涉词讼；有民间冲突；也有官方诱引姑息。以往对"教案"的处理，虽然也有处罚地方官的先例，但多是一些职位比较低下的直接办案官员。在"巨野教案"的处理中，李秉衡作为山东巡抚，不仅被革职，而且德国还要求清政府答应"永不叙用"。虽然翁同龢等官员与德国驻华公使海靖为此发生了激烈争论，但海靖要仍坚持要清廷对李秉衡进行惩罚。对李秉衡的惩罚不仅在中国官员中一片哗然，而且外国人也认为，对李秉衡的惩罚会带来恶劣影响。"李秉衡排外保守，但以为人正直著称，如被作为牺牲品遭受处分，国内反对腐败庸政之士，将有兔死狐悲之感"[5]。后来继任的山东巡抚张汝梅不到一年也被免职，再后来的继任者对教案更是小心翼翼。基督教各教派各自教区的主教直接向各国驻中国公使汇报"教案"，公使直接向总理衙门交涉，使得总理衙门整天穷于应付。"教案"与外交的牵连，使得总理

〔1〕《总署致山东巡抚李秉衡电》，《德国侵占胶州湾史料选编》，第125页。

〔2〕《军机处寄出使德国大臣许景澄电旨》，《德国侵占胶州湾史料选编》，第131页。

〔3〕《许文肃公遗集·电报》，第632页。

〔4〕《胶州及其他》，《北华捷报》1897年12月24日。

〔5〕《中德之间的纠纷》，《北华捷报》1897年12月3日。

衙门应接不暇，而交涉的失败，更使总理衙门崇洋媚外的名声在外。一八九九年春季，总理衙门决定将处理教案的权力逐级明确下放到地方官员手中，通过逐级处理汇报的方式来减轻自己的工作负担，同时也增强地方政府官员处理教案的行政效率。

兹因欲使民教相安，便于保护起见，议定地方官接待教士事宜教条如下：分则教中品秩。如主教其品位既与督、抚相同，应准其请见总督、巡抚，……护理主教、印务之司铎亦准其见督、抚（如主教不在），摄卫位司铎、大司铎，准其见司道。其余司铎，准其见府、厅、州、小县各官亦按照品秩以礼相答。[1]

表面上看来是地方官员的权力扩大了，但由于实际上"教案"像烫手的"山芋"，地方官员唯恐避之不及。造成地方官员由于害怕教士将教案上报到总理衙门，摘掉自己的"乌纱帽"，在处理教案时，几乎无法"持平办理"，只能多数偏袒教士和教民，进一步加剧了的民教冲突，而且将基督教各教派的主教与中国地方官督、抚并列而论，在官僚士大夫看来更是对中国儒家文化的亵渎。

## 二　以慈禧太后为首的顽固派官僚的"仇洋"情绪

### （一）痛恨列强对维新志士的袒护

这种"仇洋"意识主要体现在西太后为首的满族官僚身上。戊戌变法中维新派以慈禧太后为改革障碍并欲除之，因此，慈禧太后在变法失败后，对她的仇敌康有为、梁启超等维新派欲杀之而后快。先是未经审讯，迅速处决了"戊戌六君子"，后出高价悬赏康有为、梁启超的头颅，高达白银十万两，甚至活人抓不到，死尸也行，只要"验明正身"。许多官员都欲把抓到康有为、梁启超作为升官发财的"敲门砖"。然而康有为、梁启超却出乎意料地受到英、日等列强的严密保护。不仅如此，对康党的重要人物张荫桓、王照、黄遵宪等人的处理，也由于列强的干涉，西太后不能随心所欲地对他们进行惩罚。逃到国外的康有为、梁启超等人在海外创办报纸、成立"保皇会"，大肆攻击太后，更让西太后对训政后政权的合法性发生怀疑和担心。据时人记载，清廷曾以一万两黄金悬赏康有为，由于港英政府对康有为严加保护，使清廷雇的刺客难以下手，后来，英国人亦觉得香港亦不够安全，派人将康有为送到日本加以

保护。据说，慈禧太后闻讯大怒，将手中玉
杯掷碎于地，咬牙切齿地说："此仇必报！"[2]
一八九九年刚毅奉命到广东等地筹饷练兵，
向西太后汇报《清议报》关于勤王的消息，
更加坚定了她废黜光绪皇帝的想法。

（二）痛恨列强对废立皇帝的阻挠

戊戌政变后，太后虽然再度"训政"，顽
固派当权，但是维新派在国外强烈的保皇宣
传攻势，使那些参与策划太后重新"训政"
的大小官吏对自己政治命运的未来忧心忡忡。
关于废立皇帝的传闻，"百日维新"期间就已
在朝野间流传，甚至说天津阅兵即是为废黜
原来的皇帝，推出新皇帝进行的准备，废立
之说在戊戌政变之后甚嚣尘上，京师不断传
出光绪皇帝病重的消息，"皇上病势沉重，恐
致不起"。各国害怕政局发生变动，影响在华
利益，于是有"驻京各国使臣闻圣躬不豫，
均诣总署问安，并叩致病之由"。[3]《字林西
报》更是发布种种消息，怀疑光绪皇帝已经
被害，认为各国使节有权知道真相，"这些人
都是被遣到中国皇帝的宫廷中充当代表的，
而不是被派遣到一个窃居中国宫廷的僭篡摄
政那里的"。[4]这种否定太后统治合法性的言
论引起了清政府的担忧。[5]十月十六日，庆亲
王向英国公使窦纳乐表示，光绪帝还健在，
并以私人身份请公使提供一个消除外界疑虑
的方法。窦纳乐建议清廷，"找一位外国医生
为光绪皇帝看病，并签署一份光绪的健康证
明证书"[6]。清政府不得不接受此建议，法国
医生德对福（Dr. Detheve）对光绪帝病情的
诊断结果是，"病势无大碍，惟患血虚之症"。

〔1〕《光绪朝东华录》（四），
　　总第 4327 页。

〔2〕李希圣：《庚子国变
　　记》，《义和团》（一），
　　第 11 页。

〔3〕中国史学会编：《戊戌
　　变法》（三），神州国
　　光社 1953 年版，第
　　418—419 页。

〔4〕《北京之谜》，《字林西
　　报》，《戊戌变法》
　　（三），第 489 页。

〔5〕周育民：《己亥建储与
　　义和团运动》，《义和
　　团运动一百周年国际
　　学术讨论会论文集》，
　　山东大学出版社 2000
　　年版，第 840 页。

〔6〕《戊戌变法》（三），第
　　538 页。

这样，就使太后欲废黜光绪皇帝失去了借口。后来，在荣禄的建议下，太后改变直接废黜的方略而改行"建储"。[1]

改废黜为立储，是由于惧怕外国人干涉的一种退而求其次的方法，因而主张废黜的守旧大臣对洋人极为不满。尤其是端王载漪，时人有一段生动的描述可以说明载漪对"洋人"的愤恨：

> 立嗣之昭既下，载漪谓其仆曰："各国公使将于今日来贺溥儁为大阿哥（皇储）事，汝等预备茶点。"至夜寂然。初二日载漪又命仆备茶点，至夜又寂然。初三日载漪复命备茶点，至夜复寂然。自是载漪之痛恨外人也，几于不共戴天之势。凡有满汉官员之谒见载漪者，载漪辄谓之曰："予见中国说部中，恒有剑仙侠客，何至今寂寂无闻？"谒者叩之曰："汝欲剑仙侠客何用？"答曰："吾欲用其力以杀尽外国人。"谒者乃笑谓之曰："世无剑仙侠客久矣，汝将安所？即求而获之，只杀一二外人，安能将外人尽杀之耶？汝欲杀尽外人，不必求诸剑仙侠客，但求诸义和团可耳。"于是义和团之祸，胎于此矣，大阿哥位之不能保，定于此矣。鸣呼！一言丧邦，谁之过欤？[2]

从这里可以看出载漪对外国驻华公使的痛恨，对"神术"的渴望，所以我们也就不难理解一旦"降神附体"、"刀枪不入"的义和团出现，载漪等人主张招抚与利用义和团，并驱逐洋人的用意既迫切又实际。

由此可见，康、梁等人逍遥法外，废黜与建储的挫折，慈禧及顽固守旧大臣痛恨之余，不免迁怒外人（"洋人"），这是他们后来利用义和团以驱逐外国人的重要原因之一。这种"仇洋"情绪由于清政府反对意大利侵占三门湾的胜利，更增加了"驱洋"、"灭洋"的筹码。

（三）清廷在"三门湾事件"中的强硬态度

三门湾位于浙江省东部沿海三门县，地处全国海岸带南北交汇的中心地段，南北长约四十公里，东西宽约六十公里，海陆方圆约二千四百平方公里，东连猫头洋，通向东海，南西北三面群山环抱，形如匏瓜。有三门山、庵山、狗山三山（岛屿）矗立海中，形成航道三条，三门湾因此得名。三门湾形势险要，历史上曾有"海上三门似赫奂，四时潮讯老渔谙，平沙两岸护良港，锁钥波湾镇海南"之誉。湾口海域开阔，水深一般五至十米，猫头山嘴附近水深五十米左右，万吨巨轮可直驶湾中。[3] 十九世纪末，德国、俄国、英国、法国等国先后在中国强辟"租借地"，划分"势力范围"，意大利也积极参加，以夺取在华利益。一八九九年二月，意大利驻华公使马迪讷（Martino）向清政府总理衙门递交照会，要求租借三门湾为海军基地。这就是三门湾事件之始。

意大利提出租借三门湾后，总理衙门一反以前软弱的外交立场，从一开始，就决定不能让意大利的非分要求得逞。参加谈判的许景澄多次"建言驳之"。[4] 为表示清政府的强硬态度，总理衙门不仅对意大利的要求一口拒绝，甚至采取罕用的外交手段，对意大利发来的外交照会，原件退回，以表明决绝的立场。[5]

清政府不仅在外交上比较强硬，而且在军事上也做好了积极的防备。为防备意大利用武力占领三门湾，清廷要求地方官署做好充分的准备。一八九九年五月，总理衙门指示两江总督刘坤一秘密备战，防守东南沿海，命令浙江巡抚刘树棠"妥筹调度"，"密饬严备"，并要刘树棠密电闽督许应骙"一体遵照"[6]，必要时可分别商请闽浙总督和两江总督增拨军队和给养。如果意大利军队胆敢登陆强占，"即当奋力合击，毋得观望游移"[7]。清政府的强硬态度和积极备战，使意大利方面不敢轻举妄动。到这一年的十二月底，意大利虽然没有开战的迹象，但清政府仍保持着越来越强硬的立场并发布了一份措辞严厉的上谕，通告各省督抚：

〔1〕恽毓鼎：《崇陵传信录》，《戊戌变法》第1册，第477—478页。

〔2〕宋玉卿编：《戊壬录》，《清代野史》第一辑，巴蜀书社1987年版，第353页。

〔3〕《三门县志》，浙江人民出版社1992年版，第1页。

〔4〕《清史列传》（十六），中华书局1987年版。

〔5〕转引自相蓝欣《义和团战争的起源》，第85页。

〔6〕《清季外交史料》（五），第2362页。

〔7〕同上。

现在时势力艰,各国虎视眈眈,争先入我堂奥。以中国目下财力兵力而论,断无衅自我开之理。惟是事变之来,实逼处此,万一强敌凭凌,协我以万不能允之事,亦惟有理直气壮,敌忾同仇,胜败情形,非所逆计也。近来各省督抚,每遇中外交涉重大事件,往往遇梗一"和"字于胸中,遂之临时毫无准备。此等痼习,实为辜恩负国之尤。兹特严行申谕:嗣后倘遇万不得已之事,非战不能结局者,如业经宣战,万无行议和之理。[1]

这封上谕清楚表明了戊戌政变后清政府对列强强硬的态度。自胶州湾事件后,俄、法、英、日相继在中国划分了"势力范围",清政府显得软弱而无可奈何,而后来的废黜与建储,又横遭列强的干涉,地方督抚也是阳奉阴违,此次终于发了一份这样的上谕,排解了多年的"闷气"。意大利驻华公使被召回国及至最后宣告放弃对中国的租借地要求,使甲午战争以来清廷的一再让步的屈辱心态为之一变。三门湾事件中清政府的强硬态度是对列强贪得无厌要求勒索的抵制,符合了中国人民反对列强侵略的愿望与要求。当然,最终意大利放弃了对三门湾的领土要求,这是由于清政府的态度强硬,但更重要的是列强之间的矛盾和意大利驻华公使马迪诺的"狂妄与错误"。[2]顽固派官僚却自负地认为这是"御洋"的胜利,他们变得更加骄横,由此将清廷引向进一步"仇洋排外"。

## 第五节　义和团运动兴起及清政府的态度

### 一　义和团运动兴起

关于义和团运动起源的研究,史学各家观点虽不尽相同,但都强调了民教(基督教)矛盾及胶州湾事件是义和团运动兴起的是不可忽略的因素。胶州湾事件直接引起了山东民众的"仇洋"情绪,德国占领胶州湾和修建胶济铁路,遭到山东人民的强烈抵制。高密和日照等地曾发生反抗德国人的暴力事件,德国在青岛的军事当局立即派遣驻扎在中国的远征军,对当地百姓大肆报复,杀死多名村民,焚烧大批房屋,进一步使彼此的矛盾激化。"自德人占据胶澳,教(基督教势力)焰益张,霄小恃为护符,借端扰害乡里,民间不堪其苦,以致衅端屡起"。"下流社会尤为激烈，以恨德人者推展而及所有之欧洲人"，"而以仇视欧人，乃并与欧人接近者亦仇视之"[3]。因此当义和拳会以"扶清灭洋"为名树旗起事百姓"云集响应，所在蜂起"。[4]

义和团运动在山东兴起，外国公使曾多次要求清政府采取镇压措施。光绪二十六年三月（一九〇〇年四月）以前，清政府亦秉承外国入侵者的意愿一直采取严厉的镇压措施，李秉衡、张汝梅、毓贤三任山东巡抚都坚持"持平办理""调和民教"的方针。但"平原事件"后[5]，时任山东巡抚毓贤改变了对义和团一意主剿的态度，主张"筹办教案，只分良莠，不分民教"，同时主张"改拳勇为民团"，[6]这些近于疏导的措施有利于拳会的发展，引起了列强不满，他们要求撤换毓贤，代之以袁世凯。因袁世凯实施高压政策，使得山东义和团逐渐蔓延到毗邻的直隶地区，并迅猛发展。

一九〇〇年四五月间，直隶义和团迅猛发展，势如破竹。义和团一方面反"洋教"，一方面与官军交战。特别是涞水事件[7]后，义和团声势大震，"杨福同被戕后，匪焰日炽"。[8]一个显著的标志是义和团开始破坏铁路、拆毁电杆。四月初十日（五月二十七日），义和团团众数

〔1〕《清实录》卷五七，第 975 页。

〔2〕相关内容可参见相蓝欣《义和团战争的起源》的相关章节。

〔3〕故宫博物院明清档案部编：《义和团档案史料》（上），第 44—45 页；《胶州事件》，同上书，第 280 页。

〔4〕《庚子纪闻》，中国社会科学院编：《义和团史料》（上），第 222 页。

〔5〕平原事件：从一八九九年春天开始，"神拳"在山东平原县活跃起来。不久，在杠子李庄和森罗殿拳民与官府的冲突中，拳民受到重创。但在平原县的这两次冲突中，拳民提出了"兴清灭洋"的口号，从而引起了公众和官府的注意，成为官府对拳民态度变化的一道分水岭。

〔6〕中国社会科学院近代史研究所、中国第一历史档案馆合编：《筹笔偶存》卷二，中国社会科学出版社 1983 年版，第 45 页。

〔7〕涞水事件：一九〇〇年初，位于保定至北京铁路之间的涞水发生义和团民与教民之间的冲突。由于保定天主教会出面干涉官府调查，官府对义和团民作了苛刻的判决，造成冲突进一步升级。官府派总兵杨福同前往镇压义和团，结果却被义和团打败，杨福同被杀。义和团的影响迅速扩大。

〔8〕《义和团档案史料》（上），第 107 页。

百人拆毁了京师附近涿州至琉璃河的十余里的铁道，同时将沿路的电杆砍倒，将电线割断，使这一段路的运输、电讯顿时中断。次日，又有团众数千人在琉璃河至卢沟桥的铁路线上拆铁道、砍电线，并将长辛店和卢沟桥两个车站、料厂以及沿途的桥梁、局所等放火烧毁。四月十二日（五月二十九日），团众偷袭丰台车站。他们在焚毁了车站之后，连西太后的专用"龙车"也付之一炬。义和团的激烈行径开始向京城方向蔓延。从五月二十七日到五月二十九日的短短的三天里，义和团中拆毁了芦（沟桥）保（定）铁路线上涿州南北百数十里铁道，焚毁了高碑店、涿州、琉璃河、长辛店、卢沟桥和丰台等处车站的站房。

　　义和团戕官和破坏铁路的行为，引起了清政府和在华外国公使的强烈震撼，尤其是在清廷内部，对如何处置义和团发生了分歧。

## 二　"剿"与"抚"之争

　　面对义和团的兴起与发展，清廷核心成员对义和团的存灭主要有两种观点：

　　一种以庆亲王奕劻、总理衙门大臣吏部侍郎许景澄、兵部尚书徐用仪、太常寺卿袁昶、内阁学士联元和军机大臣荣禄、王文韶为代表，主张剿杀并且派兵保护铁路。地方上有实力的封疆大吏张之洞、刘坤一及督办铁路事务大臣盛宣怀等人也主张剿灭义和团。盛宣怀迭次打电报给裕禄、荣禄和总理衙门，要求"派兵（对铁路进行）防护"，并批评朝廷的剿抚不定政策："自来乱民初起，多由剿抚不定，酿成大患"，应该乘"各省土匪尚未联合，外人尚未启齿，即就现有兵力克期肃清畿辅，消外衅而遏效尤。至乱民聚则当剿，散则当抚"，要求总理衙门请旨，对"聚众滋事，律所当诛，统兵将领及地方文武，遇有立会聚众，持械拒捕，不受官长约束，皆属滋事匪徒，不分首从即当立时剿灭。"[1]湖广总督张之洞要求政府采取果断措施，剿灭义和团。他说："此等匪徒，抗拒官兵，戕杀武职大员，扰近都门，毁坏国家所设铁路，法所当诛……"至于动手拆路焚屋之徒，按律亦当格杀勿论，并准官军开枪轰击。[2]两江总督刘坤一说得更是露骨："似应一意主剿，痛剿一两股，则余股自灭，辟以止辟，正所以保全民命也。"[3]请病假的荣禄，连上七禀，要求政府对义和团赶紧剿办，以清乱萌，而杜外国人干涉的借口，"若不及时解散剿除，势将不可收拾"。[4]

时任督办东清铁路大臣和总理衙门大臣的许景澄看到铁路破坏将给总理衙门的交涉带来更大的被动，为防患于未然，立刻拍了一封加急电报给直隶总督裕禄，要求添派军队，保护铁路。[5]虽然裕禄加派了军队保护铁路，然而，义和团民破坏铁路的行为并未因此而停止。继破坏芦保铁路后，义和团团民于六月初又继续在京津铁路上发动攻势，黄村、落垡、廊坊车站亦被焚毁。许景澄得知这些消息后，心里十分着急。五月十一日（六月七日），禀请庆亲王奕劻拨兵"轮班在站值夜巡逻"，五月十二日（六月八日）又写信给荣禄，要求时任直隶总督兼北洋大臣荣禄派武卫军"通筹设法，如何禁止土匪，不致扰毁京站及酌添兵力兜捕黄村一带匪徒"。[6]

对于许景澄等人来说，认为铁路是国家花巨资建造的，驱杀基督教传教士、外国商人和工程技术人员或侨民，甚至不分男女老幼，概行杀戮，容易引起外国干涉，给国家带来灾难，因此主张剿杀义和团。

另一种以赵舒翘、徐桐等为代表，主张对拳民"抚而用之"。最早主张对拳民主抚的是左副都御史何乃滢。五月初三（五月三十日）何提出，"拳会蔓延，诛不胜诛，不如抚而用之，统以将帅，编入行伍，因其仇教之心，用作果敢之气，化私忿而为公议。缓急可恃，似亦因势利导之一法。特拳民以灭洋为名，洋人视如仇雠，我若收而用之，彼必危不然。然各国练兵，所以自卫，例非他国所能干预，且约束不会滋事，于和局固无妨碍也"。[7]主抚派从义和团的破坏铁路给外国驻华公使带来的惊慌中，似乎更看到了义和团蕴藏的力量，希望朝廷充分利用民众的力量，"抚而

〔1〕《义和团档案史料》（上），第114、117—118页。

〔2〕同上书，第112页。

〔3〕同上书，第121页。

〔4〕杜春和等编：《荣禄存扎》附录，第399页。

〔5〕林学瑊：《直东剿匪电存》，沈云龙编：近代中国史料丛刊正编第八十三辑，文海出版社，第276页。

〔6〕《荣禄存札》，第2页。

〔7〕《庚子事变清宫档案汇编》，八国联军侵华卷一，中国人民大学出版社2003年版，第46页。

用之"。刑部尚书赵舒翘认为义和团有"古侠士之风",反对将义和团与寻常会匪一律严办,否则"势必迫而成匪,民气必致大伤,不可不慎"[1]。

处在最高权位的慈禧太后的态度是起决定性作用的。在她眼里,义和团只不过是些乌合之众,她更关心的是她所掌控的政权的合法性是否得到国际社会的承认,也就是说各国驻华公使对戊戌政变后新政权的态度。正如前文所述,各国公使对维新派的保护及对废立建储的冷漠甚至干预,加深了慈禧对自己是否能继续掌控政权的担忧,面对各国公使所发出的咄咄逼人的要求,即剿灭义和团的"联合照会",慈禧太后感到义和团在列强眼中的分量,于是善于权变的她下意识地将"义和团"作为与"洋人""抬杠"的一个重要筹码。因此在可以看到的列次镇压义和团的上谕中,西太后的态度总是模棱两可。最早关于镇压义和团的上谕是一九○○年一月五日颁布的。此上谕一方面对英国传教士卜克斯被杀表示道歉,一方面严饬地方官员保护不力,要求他们不得玩忽职守,对外国人随时保护。[2]此谕颁布后,正逢袁世凯在山东执行严厉的剿"拳"政策。袁世凯所采取的措施被许多官员看作是因为兄长袁世敦(时任济南候补知府)在山东被撤而官报私仇,是对山东拳民的报复,于是袁受到了许多御史的参奏。袁世凯的"滥杀"加剧了山东的民教冲突、官民冲突。朝廷只得又于一月十一日再颁布了一道上谕,此上谕一方面承认了义和团民"或习技艺以自卫身家,或联村众以互保闾里,是乃守望相助之义",一方面要求以后地方督抚办理民教案件"只问其为匪与否,不论其会不会(参加义和团成为其成员),教不教(是否加入基督教)也",要"分清良莠"。[3]一月十一日上谕被各国公使认为是对一月五日上谕的否定,并认为是政府有意怂恿"拳民"攻打"洋人"和教民。一月二十七日,各国公使向清廷发布了第一个联合照会,声称:一月十一日的"上谕"所用的措辞很不幸地表明中国政府支持"义和团"和"大刀会",而这两个组织的成员已经对此上谕表示感激,甚至在上谕的鼓励下他们继续攻打基督教徒。[4]这个照会正好在宣布建储上谕发布后的第三天,公使团的联合行动使慈禧太后认为这是冲着立储而来,认为公使们正在筹谋复辟已被软禁的光绪皇帝的地位,并认为公使团拒绝道贺"大阿哥"(皇储)就是一个明证。各国公使要求中国在官方的《京报》上发表"剿拳上谕",遭到拒绝。总理衙门大臣徐用仪向英国公使窦纳乐解释:一月十一日的"上谕"只不过是为了缓解民教冲突,防止"拳会"鱼肉乡民,达到自己的目的。徐用仪还直截了当地否认该上谕与"毓贤"有关,认为公使们的猜测毫无依据。[5]

五月份以后,义和团在直隶地区迅速发展,并形成向京城蔓延之势。随着义和团进京和联军来华,清廷内部关于义和团"剿"、"抚"问题的争论开始白热化,并由剿抚之争引发"和""战"之争。

[1]《义和团档案史料》(上),第 108 — 110 页。

[2]《清实录》(光绪朝)卷五七,第 1010 页。

[3]《义和团档案史料》上册,第 56 页。

[4]*Papers Related to Foreign Relations of the United States*,1900,Washington D. C1902,p. 96.

[5]《英国议会文件》,中国第三号,1900,第 23 页。又笔者注:外国驻华公使一致认为前山东巡抚毓贤是义和团的首领,并认定一月十一日的上谕与一月五日的上谕不同,很大程度上受了毓贤的影响。应列强的要求,朝廷以袁世凯代替毓贤担任山东巡抚,但毓贤不久又被改派为山西巡抚,外国驻华公使对此十分不满。

# 第 六 章

# "五大臣"被杀

义和团进入北京后，列强以保护各自驻华使馆为名，向清政府提出了增派使馆卫队和派兵代剿的要求，以载漪、徐桐为代表的顽固派主张利用义和团抵御"洋人"，"剿抚"之争引起"和""战"之争。御前会议上"五大臣"大胆直言，反对"用拳御洋"，而宣战后五大臣"剿拳和洋"的主张遭到主战派的忌恨，随着天津沦陷和各国联军逼近北京，朝廷突然下谕处死五大臣。

## 第一节　宣战前"五大臣"反对"用拳御洋"

### 一　用"拳"御"洋"（"以之抵御洋人颇为有用"）

一九〇〇年五月与六月之间，义和团在涿州大破芦保铁路后，声势浩大，不久向京、津发展。关于他们不怕刀枪，能避枪炮的神话与妖化的传闻也越来越多。端郡王载漪和大学士徐桐主张利用义和团抵御"洋人"。载漪因为各国驻华公使不来祝贺立"大阿哥"（皇储），非常迫切希望利用义和团杀尽外国人。大学士徐桐甚至写了赠义和团大师兄一副对联：

> 创千古未有奇闻，非左非邪，攻异端而正人心，忠孝节廉，只此精神未泯；
>
> 为斯世少留佳话，一惊一喜，仗神威以寒夷胆，农工商贾，于今怨愤能消。[1]

从这则对联中可以看出，徐桐一方面为"攻异端而正人心"的义和拳正名，特别明确其"非左非邪"，反驳了一般士人眼中的义和拳的"异端"行为；一方面对"仗神威寒夷胆"的义和团的出现惊喜过望，因而，在徐桐等人眼里，义和团就是国家的义民，应该"择知兵大员，如李秉衡、董福祥等，召集拳民无家可归者，另编一军，酌给口粮，以兵法部勒之"[2]。

端郡王载漪（"大阿哥"的父亲）、徐桐和崇绮（"大阿哥"的老师），经常在慈禧太后面前吹嘘义和团的神术。处在深宫的太后进退两难，正如中国海关总税务司赫德所言："中国朝廷处于进退两难的地步，如不镇压义和团，则各国使馆将采取行动相威胁；如准备镇压，则这一强烈的爱国组织将变为反抗清朝的运动。"[3]剿、抚不定的西太后决定派宠臣刚毅去涿州"劝散"和"察看"义和团[4]，以便决定能否对其招抚。刚毅经过八天的考察，向太后汇报说，拳民"一言及洋人，则怒目切齿，愿得甘心"，对他们"断无轻于用剿之理也"[5]。刚毅的汇报使慈禧太后更加确信义和团专门与"洋人"作对，再加上载漪等人的从旁鼓动，使太后由"剿抚两难"开始转向"主抚"，"决计不将义和团剿除，因该团皆忠心于国之人，如与以上等军械，好为操演，即可成为有用劲旅，以之抵御洋人，颇为有用"[6]。由于慈禧默许，义和团进入北京城。

"以之（义和团）抵御洋人，颇为有用"，这是朝廷将何乃滢、赵舒翘提出"抚而用之"政策的具体化。而西太后默认义和团进入北京与列强增派使馆卫队和续派军兵进入北京的行为是互动的。

〔1〕佚名：《西巡回銮始末记》卷二，见《庚子国变记》，第133页。

〔2〕《义和团档案史料》（上），第132页。

〔3〕《中国海关与义和团运动》，第6页。

〔4〕中国第一历史档案馆编：《义和团档案史料续编》（上），中华书局1990年版，第594—595页。

〔5〕《义和团档案史料》（上），第137—138页。

〔6〕佐原笃介、浙西沤隐：《拳乱纪闻》，《义和团》（一），第124页。

## 二 列强增派使馆卫队并"派兵代剿"

一九〇〇年五月二十九日，京津线上的丰台火车站被毁，令居住在北京的"洋人"十分紧张。美国公使康格夫人说："丰台车站被焚。车站、车厢、商店、太后专列全部被烧毁，在京的外国人群情激动。"[1]在华公使们害怕京津铁路中断带来严重后果，一致要求"不失时机地调来卫队保护各国使馆"。[2]外国驻华公使借机提出调进卫队进京保卫使馆的要求，遭到清廷总理衙门拒绝。[3]气急败坏的公使团进而威胁：列强调兵进京的决心已定，如果中国政府能够让步，提供一切便利条件，那联军进京的人数将会很少，并且仅逗留到不再有危险的时候为止；否则，他们一定增派大兵强行北上。[4]在列强的威胁下，西太后只好妥协，要求总理衙门同意加派使馆卫队，但条件是卫队人数应该与一八九八年使馆卫队的人数相同，而且一旦局势恢复平静之后即将其撤出。五月三十一日，三百三十七人的使馆卫队进入北京。[5]这个数字超过清政府规定的人数，而且还不包括后来德国和奥地利的军队人数。

列强并不以此为满足，他们以地方上"洋人"不断遭到攻击和京津铁路交通中断为借口，要求本国政府加派援军到北京，而清政府的剿抚不定政策更增加了他们对援军的迫切要求。虽然公使馆与总理衙门的来往频繁，但总理衙门官员的忧虑和软弱更增加了列强对中国朝廷政策的怀疑。如六月五日的一次会见中，许景澄就向英国驻华公使窦纳乐谈到义和拳运动必将影响清官军，认为不要多久的时间官军都将成为义和拳。[6]许景澄的话对窦纳乐的刺激很大，使他更加确信清政府的"用拳御洋"政策，而这种传闻在窦纳乐与总理衙门的译员联芳的会晤中，似乎更得到了证实。[7]联军很快集结。六月十日以英国东亚舰队司令西摩尔（Seymour）为首的八国联军由天津向北京进发。

"洋兵"要入京的消息不仅激起民众更大的"仇洋"情绪，而且影响清廷的"剿拳"政策。一方面，义和团为防止洋兵入京，不断焚毁京津沿路车站，拆毁铁轨，拔掉电杆，在六月初再次掀起破坏铁路的高潮，并一度造成京津交通中断，派去镇压的官军最终也无所作为。另一方面，"洋兵"入京，引起了朝廷的恐慌，总理衙门受命立即与公使团交涉。

六月十日，载漪受命管理总理各国事务衙门，礼部尚书启秀、工部右侍郎溥兴、内阁学士兼礼部侍郎衔那桐均被任命为总理衙门大臣。[8]这次任命的总理衙门大臣，都是满人，而且是有名的守旧派。尤其是端王载漪，他此次被委为管理总理衙门大臣——与庆亲王同等职位——在西方外交使团看来，实为驻京外国人将要发生危险的预兆。"因此委任，无疑是表示北京的政权已经握在主战派手中了"[9]。虽然总理衙门经过了重大调整，主战派占主导地位，但总理衙门中的许景澄、袁昶、徐用仪、联元等人并没有放弃主和要求。

六月十一日，下午，许景澄和袁昶拜访了英国驻华公使窦纳乐，劝告他们，列强增加使馆卫队是不必要的。窦纳乐告诉他们说：交通中断将增加我们对安全的忧虑，以致为援救我们而采取的措施可能超过实际需要，因此，我的意见是，中国政府应努力保护铁路线，并尽快恢复交通。[10]六月十二日，许景澄同其他三位总理衙门大臣敬信[11]、那桐、赵舒翘一起再度拜访窦纳乐，声称中国对外国人绝不会放弃保护，请公使停止调兵。许等人提的要求遭到拒绝。最后总理衙门大臣不得不宣布，"中国政府将放弃反对增援军队前来使馆的意见"[12]。总理衙门大臣虽几经交涉，但没有获得"在任何情况下（列强）部队的到达不超

〔1〕"Mrs. Congers Own Story of the Horrers", Peking Academy Siege of Peking, 1900. 粘贴，中国国家图书馆藏。

〔2〕胡滨译，丁名楠、余绳武校：《英国蓝皮书有关义和团资料选译》，中华书局1980年，第78页。

〔3〕《英国议会文书》中国第3号，1901年，第57件。

〔4〕《英国议会文书》中国第4号，1901年，第1件。

〔5〕《英国蓝皮书有关义和团资料选译》，第81页。

〔6〕同上书，第84页。

〔7〕同上书，第88页。

〔8〕《义和团档案史料续编》（上），第596页。

〔9〕George Nye Steiger, China and Occident :the Origin and Development , Yale University Press. 1927,pp. 218—219.

〔10〕《英国蓝皮书有关义和团运动资料选译》，第90页。

〔11〕这里敬信可能应该是溥兴。查《总署大臣年表》光绪二十六年总署大臣中没有敬信，只有新被任命的溥兴。有可能是窦纳乐记载有误。

〔12〕《英国蓝皮书有关义和团运动资料选译》，第91页。

越铁路终点站以外的地方"的保证，而且各国也没有按总理衙门要求控制卫队士兵的人数。联军陆续抵达北京，这就使慈禧太后更加怀疑使馆卫队的目的——可能不只是为了保卫使馆，更可能是为干涉中国内政。义和团成功地阻止西摩尔联军向北京进发，落垡、廊坊阻击战的胜利，使西太后不得不考虑利用自己的臣民——那些有"神秘法术"的臣民，那些宣称"扶清灭洋"的臣民，来增强抵抗"洋人"的力量。中外冲突进入最危险的阶段，朝廷剿抚、和战的争论也进入最激烈的阶段。

### 三　"五大臣"御前会议上的直谏

西摩尔远征军的行动促使清廷将注意力由剿抚之争转移到"和战之争"。"和战之争"与剿抚之争正如一把双刃剑，是紧密相连的。大致说来，主剿派多是主和派，主抚派多是主战派。许景澄、袁昶、徐用仪、立山、联元属于主和派，载漪、徐桐、启秀等人属于主战派。五月十六、十七、十八、十九日义和团连续四天在京城内焚烧店铺、教堂等以及连续不断的"洋兵"入京，使朝廷中关于和、战与剿、抚之争的争论更趋白热化。西太后在剿抚、和战不定的情况下，一面电召李鸿章入京，一面于五月二十日（六月十六日）到五月二十三日（六月十九日）连续召开王公大臣、六部九卿等百余人参加的御前会议商讨对策。

（一）第一次御前会议

五月二十日，西太后召开了第一次御前会议。在这次会议上，以载漪为首的主战派和以袁昶、许景澄为首的主和派，围绕着清廷对八国联军是"战"还是"和"的问题展开了激烈的争论。

据参加会议的恽毓鼎记载，会议开始后，主剿派首先发言。翰林院侍读学士刘永亨首先上奏，说："臣顷见董福祥，欲请上旨，令其驱逐乱民。"话还没说完，端王载漪厉声说："好！此即失人心第一法！"刘永亨吓得再也不敢发言，众大臣也面面相觑。太后说："今京城扰乱，洋人有调兵之说，将何以处之？尔等有何见识？各据所见，从速奏来。"群臣纷纷奏对，有人认为"宜剿"，有人认为"宜抚"，有人认为应当"速止洋兵"，还有人认为应当"调兵保护"。[1]这时，跪在门槛外的袁昶大声说:"臣袁昶有话上奏",光绪帝要求袁昶上前讲话。袁昶指出:"拳实乱民,万不可恃,就令有邪术,自古及今,断无仗此成事者。"太后说:"法术不可恃,岂人心亦不恃乎?今日中国积弱已极,所仗者人心耳,若并人心而失之,何以立国?"从太后的反应中可以看出,此时的慈禧太后想依靠人心而立国,袒护"拳民"之意很明显。

主张剿"拳"的袁昶见太后意欲以义和团抵抗"洋兵",非常着急。为了挽回局面,袁曾先后拜见奕劻、荣禄和载漪,指出:"若招抚拳会,与董军合势,即使洗剿东交民巷,然开衅十一国,众怒难犯,恐坏全局。"听了袁昶的话后,庆亲王神色沮丧,"无所言";荣禄虽认为袁昶说得有道理,又说"非我所能做主";端王载漪则非常愤怒,责怪袁昶"言太激"[2]。袁昶在无法说服三人的情况下,又去说服荣禄的幕僚樊增祥,希望由他出面恳请荣禄坚持反对对外开战。

袁昶身为京官,对义和团的了解与态度是变化的。袁昶对义和团的最初了解来自于直隶省吴桥县令劳乃宣。丙子己亥之际,袁昶和劳乃宣曾一起纂修《京畿通志》,以为劳乃宣才堪大用。一八九八年春,袁昶条陈变法改革建议达四十余条,其中举荐循良俊杰之选三十余人,劳乃宣就是其中之一。一八九九年,袁昶条陈改革税法,主张以落花税替代繁苛的厘金,又推荐劳乃宣为征税权课人选。一八九九年十月,时任直隶省吴桥县知县的劳乃宣著《义和拳教门源流考》,对义和拳(团)的来源作了考证,认为:"义和团乃白莲教之支流","实系邪教,并非义民",[3]并声称作此书的目的是作"曲突徙薪之谋。"[4]书成后,劳乃宣一方面写信给袁昶,希望时任总理衙门大臣的袁昶能够代为上奏,另一方面,又直接上书给自己的顶头上司、直隶总督裕

[1]恽毓鼎:《崇陵传信录》,《义和团》(一),第48页。

[2]袁昶:《乱中日记残稿》,《义和团》(一),第337—338页。

[3]《义和团》(四),第438—439页。

[4]同上书,第449页。

禄，请求刊发。袁昶虽然认为《义和拳邪教源流考》"志义如快斧利刀，遇事一分两断"，并表示"钦佩之至"。[1]但并没有代替劳乃宣上奏，其中有"格于同僚之议"的原因，有"此事已交袁慰帅（世凯）办"的原因，但主要原因是他不同意劳乃宣将山东拳民反对"洋人"的举动一概视之为"邪教"的观点。袁曾身为芜湖地方官，深知民教相仇及"洋人"在中国的所作所为，他认为"义和团者，……初起自山东曹州某县，乡间曰义士党，专以仇杀洋人及教民为事，此则平日教士，挟制官长，欺压平民之所致也。其兵器有刀枪而无火炮，初起名曰大刀会，自前年平白要办积谷团练，乃以为兵食等事责之民间，自然充足，于是办团练下，便树旗曰义合团，又曰义和团。有奉旨团练之旗，有替天行道之旗，有助清灭洋之旗"。[2]

袁昶虽认为义和团带有迷信色彩，但却并不讳言"民教相仇"的主要原因是教士"挟制官长"、"欺压平民"所致。列强的入侵，加深了中国的平民百姓对"洋人"、"洋物"的痛恨。他赞赏劳乃宣对镇压邪教"当用治乱国之重典"，另一方面对劳乃宣将所有山东拳民都指为邪教、叛匪不以为然。然而义和团进入北京后的焚烧滥杀行为和清政府由原来的剿抚并用的政策逐渐演变为倾向主抚，使袁昶对义和团的态度也发生了变化。据袁昶日记记载：

> 十七日，酉正，徐、许、吴及门吏，方由署散值。拳匪不知何时闯入（京城）前三门，倏聚数千人，焚烧海岱门内，及堂子胡同，灯市口各教堂。火光烛天，一片喊杀。旋攻东交民巷各洋馆。洋兵用破车架叠，把断要（腰）路，放枪立毙数人，匪众渐即纷散藏匿，洋兵间出近巷巡逻。
>
> 十八日，街市尽闭，门吏出查看前门一带情形……顺治门内教堂，又见焚烧，群匪叫喊，游手乘机抢掠……是夜子正，东长安街及东单牌楼，有拳匪数百人，喊杀并喧围比利时馆，杀毙教民数人。洋兵枪子不绝，击毙游手数人，至寅初散去。
>
> 十九日，晨，拳匪攻顺治门内教堂焚而未尽之屋，遇洋兵轰击多时。[3]
>
> 二十日，未至戌，拳匪焚烧大栅栏、珠宝市一带千余家，延

及正阳门，城楼塌毁，炉房二十四家尽，银根顿绝，市面大坏，东西荷包巷洗净。[4]

义和团在进京前后不断的纵火焚烧行为令许多官员失望、惊愕、惧怕。他们烧基督教教堂，烧教民房屋，伴有抢掠行为，根本不同于以前赵舒翘等人所奏纪律严明，有"古侠士之风"的义和团的宣传，又焚烧著名的商业区大栅栏，使之一切化为灰烬。原本对义和团持有同情、观望态度的许多官员转而怀疑和痛恨义和团。身为总理衙门大臣的袁昶，知道焚毁外国人的基督教教堂的结果将是什么。六月十四日，袁昶和许景澄共同致函樊增祥，请求荣禄能够"先清城匪，再图外匪"。[5]六月十五日，袁写《上庆亲王请急剿拳匪书》，向庆亲王陈述了从五月十六日至五月十九日（六月十二日至六月十五日）义和团在北京城中的烧杀行为，指出为今之计，也为防止"洋人"报复，必须"先清城匪"，其具体措施是：

凡遇身系红带，持刀放火、杀人之拳匪，准其格杀勿论。高悬赏格，缚献匪首，赏银一万两，擒斩放火要匪，赏银五百两，余匪计首一级，赏银一百两；并暂闭（京城）前三门，严禁游民，只准出，不准进，遴派得力将兵，挑选劲兵十队，每队二三百人，分路搜捕匪徒，命提督衙门、刑部速派明干司员十人，即在前门厅设立公案，捕得匪徒，略讯口供，其情真罪当，众供确凿者，即押至西市枭示，以儆凶顽，余者解散驱逐出外城之外。先肃清内城地

〔1〕袁荣叟藏：《袁忠节公手札》，影印本，商务印书馆，民国二十九年（1940）版。

〔2〕袁昶：《乱中日记残稿》，《义和团》（一），第345页。

〔3〕袁昶：《上庆亲王请急剿拳匪书》，《义和团》（四），第157页。

〔4〕袁昶：《乱中日记残稿》，《义和团》（一），第338页。

〔5〕同上书，第337页。

面，使人人知畏国法，则匪首闻风远窜，方可剿抚并施。

袁昶的"剿匪"措施是当时主剿派中最具体的，也是最狠毒的。刘坤一、张之洞等地方督抚，虽然反对朝廷的剿抚不定的政策，痛恨义和团进入北京的行为，多次呼吁必须剿杀义和团，但都没有具体的操作措施，只有袁昶提出"治乱国用重典，必用义刑义杀，乃足以遏乱萌而靖人心"，袁昶认为，只有清廷自己先发制人，自行剿办，才可以杜绝列强派兵助剿的口实。如果不这样，一旦"洋兵"进京，"喋血京师"，必定大事溃败，不可收拾。[1]

然而袁书上达庆亲王后，庆亲王奕劻未加理睬。自载漪管理总理衙门后，庆亲王与端王本掌有同样权力，但随着"洋人"入侵，太后对"洋人"意图的疑忌，庆亲王在"拳匪"的处置方法上已经多是缄口不言，而在京师中留传的杀"一龙二虎"的流言（"一龙"是指主张变法的光绪帝，"二虎"指庆亲王奕劻和李鸿章），让庆亲王也不寒而栗。因此，袁昶指望依靠自己的顶头上司——庆亲王力持主剿避战的期望落空。

正阳门外大栅栏六月十六日的熊熊烈火，在两派人物中都留下了深刻的印象，载漪之流强调所谓"民心可用"，袁昶等人却认为"乱民将使大局溃烂"。这次会议虽然太后主张抚"拳民"，"以拳御洋"的意图已经很明显，但还是不敢与西方列强公开对抗。为调和主剿派（主和派）、主抚派（主战派）之间的关系，慈禧太后作出了以下几项决定：第一，派那桐、许景澄出北京城劝说联军返回天津。第二，派大学士荣禄全力保护使馆，并特颁一上谕。"著荣禄速派武卫中军得力队伍，即日前往东交民巷一带，将各使馆著力保护，不得稍有疏忽"。[2]第三，特颁上谕，要求刚毅、董福祥对"拳民"一面亲自开导，勒令解散；一面将其年力精壮者，即行招募成军，严加约束。第四，调兵入卫，命令袁世凯立即亲率其武卫右军开赴直隶。

这些措施表明，尽管主抚派（主战派）得到了"以拳御洋"的机会，但慈禧太后对义和团的作战能力还是不太放心，在给刚毅的上谕中还特别提出："究竟该团民临敌接仗有无把握，世铎等须严加察验，谋定后动。"[3]

会后，总理衙门大臣许景澄和那桐前往京城永定门外马家堡，欲阻止西摩尔所率联军入城。其实，许景澄知道此次劝阻成功的希望很渺茫，临行前曾致书荣禄的幕僚樊云（增祥）希望他代筹"感佛阻端

助庆之法"[4]控制董军（福祥）的行为。抱着
侥幸心理的那桐和许景澄，此番路途所遇凶
险，令二人胆战心惊。据那桐日记记载：

> 五月廿一日寅刻，赴马家堡发报，午过
> 丰台，遇义和团，到塔寺烧香焚表毕，归。[5]

那桐的日记记载很是简略，没有记载当时
被义和团强迫焚表的心理活动。对此，许景澄
的记载比较详细，他在给家人的信中较详细记
述了五月二十一日的历险：

> 二十日偕侍郎那桐奉派出京，顺洋兵
> 来处，欲与商阻不必到京，随带翻译官三
> 人，次日行至丰台（离京二十余里），遇见
> 义和团人，一队拦阻，持刀协令，赴坛烧
> 香，告以奉差大员，彼竟不理，并疑为欲
> 通洋人，令对神焚表，如表灰连起三次，
> 则为好人，即为释放，灰不起，即须杀害，
> 当时无可如何，生死只听天命。幸表灰皆
> 起，彼等乃慰谢以受惊为歉。[6]

第一次御前会议所定四项决定彼此矛盾，
既派人前去阻止洋兵，又命令袁世凯调兵入
京；既派人保护使馆，又派人招募"拳民"，
明眼人已看出这次御前会议上，"和"、"战"
虽然暂无定论，但主战派凭藉慈禧太后的支
持略占上风。当时主和态度比较明确的主要
是袁昶、许景澄、徐用仪、联元，而他们主
要的依靠对象是荣禄。第一次御前会议后，
他们都分别拜见荣禄，希望利用他的权力抵

[1]《上庆亲王请急剿拳匪
书》，《义和团》（四），
第 157 页。

[2]《义和团档案史料》
（上），第 144—
145 页。

[3]同上书，第 146 页。

[4]《乱中日记残稿》，《义
和团》（一），第
338 页。

[5]《那桐日记》，《北京档
案史料》2001 年第
4 期。

[6]《许文肃公遗集·书
札》，第 893—894 页。

制义和团和董福祥的军队，利用他的特殊地位来劝服西太后。但首鼠两端的荣禄，并无力挽狂澜的能力，他虽然主观上"主和"，但害怕得罪载漪，不敢直抒己见，这对许景澄、袁昶等强硬主和派极为不利。

（二）第二次御前会议

五月二十一日，西太后又召见大学士六部九卿，讨论和战事宜。徐用仪首先发言，指出"用兵非中国之利，且衅不可自我先。"载漪仍一意主抚主战，"义民起田间，出万死不愿一生，以赴国家之难，今以为乱欲诛之，人心一解，国谁与图存？"[1]平时说话很少的光绪帝想到甲午之战，当时还有各国调停，也没有能够取胜，更何况现在是面临着国力都比较强大的十一国呢？因此他再也不愿沉默不言，他说："乱民皆乌合，能以血肉相搏耶？且人心徒空言耳，奈何以民命为儿戏？"载漪无言以对。慈禧转而问立山。想不到立山却说："拳民虽无他，然其术多不效。"立山虽然没有公然说剿"拳"，但一句"其术多不效"，很显然，潜台词是既然没有神术，那么依靠他们去抵抗洋人肯定是不行的。载漪害怕立山的话会改变太后已经倾向于用"拳"抗"洋"的态度，当即责斥立山："立山敢廷争，是且与夷通，试遣立山退夷兵，夷必听。"想到满城的义和团，杀通"洋人"的"二毛子"、"三毛子"的呼声，立山马上以自己不是总理衙门官员拒绝了载漪的提议，说："首言战者载漪也，漪当行。臣不习夷情，且非其职。"想不到太后说："德亲王亨利昔来游，若尝为供给，亨利甚得之，若宜往。"[2]载漪接着大骂立山是汉奸，立山起而"抗辩"，会议的气氛骤然紧张。主战官僚见此情景，乘机"痛哭合词面奏"，"皆主端邸（载漪）之说"。[3]

徐用仪是后党重要成员，甲午战争时是主和的倡导者，后遭言官弹劾称其与孙毓汶朋比误国，因此被光绪皇帝逐出军机处和总理衙门。戊戌政变后，慈禧"训政"，徐复任总理衙门大臣，在半年之间，官职由都察院左都御史而署吏部尚书，再擢兵部尚书，官运可谓亨通。但他并没有因太后的眷顾而附和言战。在给其兄长的信中他说："试思甲午之役，仅止日本一国，尚不能敌，今欲以一敌八，岂不殆哉？又况上次用兵尚有洋债可借，今已不能，部库仅有四百万金，转瞬即尽，贸易既停，税厘皆无所出，何以支持？"[4]所以会议一开始，徐就强烈反对对外开战，指出"用兵非中国之利，且衅不可自我先"。

立山的主和立场出乎太后意料。立山长期受宠，既是户部尚书，又是内务府大臣。他属于"所谓贵幸之臣，椒房之戚，（这样的人）大都管理过内务府"。[5]立山以"不习夷情"为借口，不肯再次前往列强驻华使馆交涉，主要是不愿在这关键时刻，被政敌扣上"私通洋人"的罪名。实际上，正是因为他"习夷情"，才使他坚持主和的态度。立山上次去使馆交涉，给外国人留下了深刻的印象。据英国公使窦纳乐九月二十日给索尔兹伯里的报告：六月十八日[6]三位总理衙门大臣，包括许景澄在内，在一位名叫立山的高级官员陪同下，前来访问我。立山不是总理衙门的成员，据说他很得慈禧太后的宠信。……立山给我的印象十分良好，询问了几乎所有有关我们援军的目的问题，并且不断督促请他的同事们注意我的态度是合乎道理的。……立山明确答应要将事情的真相奏报慈禧太后，而且他的友好声明显得很诚恳。

窦纳乐公使所说三位总理衙门大臣是指许景澄、徐用仪、联元，他们与立山一起主要是劝说"洋兵"不要进京，各国援军应留驻黄村（距北京大约十二英里的铁路线上），不要攻打大沽炮台，否则请这些公使"下旗归国"。三位总理大臣还向窦纳乐解释，"义和拳所（代表民众）进行的任何反

〔1〕《庚子国变记》，《义和团》（一），第13页。

〔2〕以上引文皆出自李希圣《庚子国变记》，见《义和团》（一），第13—14页。

〔3〕《乱中日记残稿》，《义和团》（一），第338页。

〔4〕钱应溥：《诰授光禄大夫太子少保兵部尚书筱云徐公家传》。

〔5〕郑天挺：《清史探微》，北京出版社1997年版，第72—73页。

〔6〕《英国蓝皮书有关义和团资料选译》，第95—96页。这是窦纳乐九月二十日的报告，显是事后补记。笔者觉得窦纳乐此处时间可能有误，应该是六月十七日。据参加会议的恽毓鼎、袁昶所记，立山共有两次被派去劝阻"洋兵"。第一次是五月二十一日（六月十七日）（也是窦纳乐报告所提到的那一次），立山与徐用仪等人被派去各使馆劝阻洋兵。第二次立山被派与王文韶一起去使馆劝阻洋兵是五月二十三日（六月十九日）这一次因为天色已晚，致函英、俄公使，准备第二天下午两点钟去，因为第二天立意决战，遂停止。因此窦纳乐所回忆与立山的会谈应该是五月二十一日（即六月十七日）。

抗（举措）不应解释为得到政府的赞同，因为政府不能阻止他们（义和团）"。窦纳乐说只要中国军队不参加作战就行。窦纳乐还向三位来访者说明联军来北京"对中国政府不但没有任何敌意，相反，他们的驻扎（中国土地上）对维护秩序将有重大的帮助，从而防止那些对中国政府和朝廷本身都将具有严重后果的事件发生"。虽然这次会谈的气氛还比较融洽，但窦纳乐最终还是拒绝了联军停止向北京进军、暂驻黄村的建议。接着三位总理大臣又拜访了美国公使康格。许景澄对康格说："使馆卫队已在京城造成人心惶惶，再续派洋兵实无必要。"康格的态度非常骄横，威胁说，如果手中有一千"洋兵"，将杀尽全城的"拳匪"。接着他还气焰嚣张地说："如果我的家人或使馆任何成员受到伤害，美国军队将毁掉北京城。"[1]与两位公使的交流对立山、许景澄等人的刺激非常之大，他们对公使的骄横耿耿于怀，更为联军进北京城将产生的严重后果而担忧。立山等人回来后应该是将此次会谈结果报告了太后，尤其是立山（但目前并未有史料证明他们是否这样做了），但可以肯定地说他向太后声明了联军来华的目的只是助剿，联军对现在仍掌控在慈禧手中的清政府没有"任何敌意"，劝太后不要用"拳"抗"洋"，不要对外开战，只有自剿才能杜其助剿。而对太后而言，此次会谈的结果并没有将联军阻止在北京城外，如果通过和平谈判不能阻止联军进京，那就只好诉诸武力了。和平谈判又一次失败了，主和派的手中筹码越来越少。虽然有官员奏"近日匪徒党羽日众，杀人放火，横行无忌。始而近畿滋事，今则城内矣；始而三五成群，今则什百矣，始而托词仇（基督）教，今则害良矣。"指出"拳民"在京城难以控制，慈禧太后此时不仅没有下令禁"拳"，反而派李端遇、王懿荣为"京师团练大臣"[2]，招抚团民的意图已经很明显，同时命令各省督抚派兵"星夜驰赴京师，听候调用。"[3]主和大臣心急如焚。

这次御前会议太后的反常态度，据会议的参与者恽毓鼎记载，是因为太后收到了联军索要大沽炮台的最后通牒以及要她"归政"的照会，这使太后更加加深对"洋兵"前来动因的猜测，这两件事都让她既惊又怕。前者勾起了她辛酸的回忆，四十年前大沽炮台失陷，二十几岁的她和咸丰皇帝仓皇出京，逃往热河。英法联军在北京烧杀抢掠，举世闻名的皇家园林圆明园毁于一旦。虽然四十年过去了，但那一幕幕还是让她刻骨铭心。现在战端尚未开启，洋人又要强行索要大沽炮台，在慈禧太后看来，其中必然居心叵测。这种担心被"归政"照会所印证。还是据参加会议的恽毓鼎记载，太后在会议期间宣谕，顷得洋人照会四条：一，指明一地，令中国皇帝居住。二，代收各省钱粮。三，代掌天下兵权。第四条原本是勒令太后归政，太后看到这里，并未读出，怒极："今日开衅自彼，国亡在目前，若竟拱手让之，我死无面目见列圣。等亡也，一战而亡，不犹愈乎?"她还宣称："今日之事，诸大臣均闻之矣，我为江山社稷，不得已而宣战，顾事未可知，有如战之后，江山社稷仍不保，诸公今日皆在此，当知我苦心，勿归咎予一人，谓皇太后送祖宗三百年天下。"[4]慈禧欲用"拳"抗"洋"对外宣战的想法似之坚定。

长期以来关于第二次御前会议时慈禧收到的"归政"照会问题在史学界看法不一，有人甚至认为根本不存在所谓的照会。不过大多数学者认为照会确有其事，但关于照会的来源众说纷纭。有人认为来自于江苏粮道罗嘉杰（恽毓鼎持此说），有人认为是载漪让人伪造的。因为恽毓鼎是会议的直接参加者，其记载应该可靠。罗嘉杰是荣禄的门人，在五月二十日夜遣自己的儿子到荣府传递了这个照会。荣禄看后，彻夜难眠，最后决定呈交给慈禧太后。太后看了"悲且愤，遂开战端"。[5]其实，关于照会问题，当时参加会议的袁昶在会后提出质疑：

> 然罗嘉杰所称，既非各国提督照会裕禄，亦非天津各领事扬言，又李鸿章、刘

[1] Papers Related to Foreign Relations of the United States, 1900, pp. 151—153.

[2]《义和团档案史料》（上），第 151 页。

[3]同上书，第 147 页。

[4]恽毓鼎：《崇陵传信录》，《义和团》（一），第 48—49 页。

[5]同上。

坤一等前后电奏，各国外部语绝无此说，各外部金言此次调兵，系为保护使臣，助剿乱民，断不干预中国国家政治家法。当时战未交接，何所施其要挟？可知非请旨革职拿问，讯明严惩不可。[1]

袁昶身为总理衙门官员，对于外交事务颇为熟悉，了解各国的情势，他的这番推测，合情合理。同时袁昶也是御前会议人员，认为"罗语妄诞不根，荒唐无据，轻率密禀，实为祸魁"。袁也认为根本没有什么"归政"照会。当然，令人不解的是无论是当时还是事后，都没有人追究罗嘉杰这个"罪魁"。袁昶将二十一日发生的事情记在二十四日日记后，也十分令人费解。据此，学者林华国怀疑在此次御前会议上，根本就没出现过"归政"照会。[2]

（三）第三次御前会议

由于立山、徐用仪、联元、许景澄去使馆谈判，除了遭到公使的一番威胁外，一无所获。五月二十二日，第三次召开御前会议，筹议和战。此次会议没有谈成什么，"少顷即退"。[3]

（四）第四次御前会议

五月二十三日，召开第四次御前会议。这次会议一开始气氛就很紧张，因为联军索要大沽炮台的最后通牒的消息得到证实。据袁昶日记记载：二十三日到署，始知朝议今晨决战。"载漪请攻打使馆，太后许之"。[4]西太后这一决定，吓坏了光绪与主和派官僚。总理衙门大臣、内阁学士联元挺身而出，苦劝太后："倘（各国驻华）使臣（性命）不保，洋兵他日入京，鸡犬皆尽矣！"载漪之弟载澜说"联元贰于夷，杀联元，夷兵自退"。多亏庄亲王载勋出面保驾，联元这时才免于一死（联元是庄亲王载勋的"包衣"，所以会出面保护他）。一向胆小怕事的协办大学士王文韶说："中国自甲午以后，财绌兵单，众寡强弱之势，既已不侔，一旦开衅，何以善其后，愿太后三思。"太后听见此言，愤怒地拍桌大骂："若所言，吾皆习闻之矣，尚待若言耶？若能前去，令夷兵勿入城，否者且斩若！"王文韶无言以对。情急之中，光绪竟顾不得君王的尊严，拉着许景澄的手说："朕一人死不足惜，如天下生灵何？"许景澄身为总理衙门大臣，又曾经出使八国，他知道，使臣代表国家，攻打使馆，伤害使臣，违反国际公法。愤怒中的太后，看到光绪和许景澄搅在一起，怒斥"皇帝放手，勿误事"，"自是嗛景澄"。[5]

　　联元作为满人，对满族保守官僚载漪之流的个人私欲了然于胸，又曾被外放地方十多年，耳闻目睹了地方官民的生活，深知中国的国力和民众的要求。他希望朝廷能进行力所能及的改革，改善人民生活。他的女婿伯茀是一位著名的学者，"泛览群籍，尤谙周官、礼、太史公书，旁逮外国史"，戊戌维新期间写过不少文章鼓吹维新。义和团运动兴起后，曾上书荣禄，建议董福祥军队调离京畿，然后"解散拳民"。[6]在伯茀的影响下，联元比较同情维新变法；而在总理衙门的经历，使他认识到攻打使馆、杀害使臣是不可取的行为，加上他品行端正，为人耿直，所以在御前会议上不顾安危，力阻太后的主战行为。

　　太后虽然愤怒已极，也同意攻打列强驻中国使馆，但并没有决定具体的攻打时间。一方面，谕令裕禄"急召义勇，固结民心，帮助官兵节节防护抵御，万不可畏葸瞻顾，任令外兵直入"。[7]一方面命许景澄等人照会各国公使，现在京城"拳""会"纷起，人情浮动，使臣及眷属及使馆都已处在危险之中，中国政府实有保护难周之势，限被通知的人员二十四小时内出京，并派兵护送到天津。接到照会的九国公使十分紧张，他们要求总署答应能够推迟时间，并希望能够到总署面谈。庆亲王同意缓期"可通融"，但考虑到京城"拳民"很多，考虑到公使的人身安全，让他们千万不要来总署。照会五月二十四日"上午始照复，德使（克林德）未及知，贸贸然肩舆来，被神机营、虎神营兵火枪击毙"。[8]克林德的死使中外冲突进一步升级，主战派们更是骑虎难下，招抚义和团就差一份正式的上谕了。

　　慈禧太后久久没有宣布宣战上谕，也不宣布

〔1〕袁昶：《乱中日记残稿》，《义和团》（一），第340页。

〔2〕林华国：《历史的真相——义和团运动的史实及其再认识》，天津古籍出版社2002年版，第114—125页。

〔3〕恽毓鼎：《崇陵传信录》，《义和团》（一），第49页。

〔4〕李希圣：《庚子国变记》，《义和团》（一），第14页。

〔5〕参考《乱中日记残稿》，《义和团》（一），第339页；《崇陵传信录》，第49页；《庚子国变记》，第14页。

〔6〕《清史稿》，列传二百五十五。

〔7〕《义和团档案史料》上册，第153页。

〔8〕《乱中日记残稿》，《义和团》（一），第340页。

围攻列强驻中国使馆，是因为对大沽炮台的战况不甚了解。而直隶总督裕禄所报军情，误导太后和主战派，他们更对中国的实力和"拳民"的战斗力存有幻想。五月二十四日（六月二十日），朝廷等来渴望已久的裕禄奏折。裕禄在奏折中说天津拳民已经不下三万人，每天焚教堂、杀"洋人"，值此外患猝来之际，很难再分兵力剿办"拳民"，"势不得不从权招抚，以为急则治标之计。当将该团头目传集，示以收抚之意。该头目等均称情愿报效朝廷，义形于色"。这是一向主剿的裕禄开始转向主抚的开始。裕禄还向慈禧太后炫耀，在攻打天津紫竹林租界中"义和团民亦四处分起助战，合力痛击"，"自开仗后，民心极固，军气甚扬"；如果军民合力，必能使"洋兵巢穴尽覆"。[1]可悲的是，大沽炮台在此前的五月二十三日（六月十七日）已经沦陷，裕禄是在谎报军情。他的目的一方面是为了减少自己的责任，同时他也以为紫竹林租界在义和团的猛烈攻势下，指日可下，待胜利后再续报详情，以为推脱责任埋下伏笔。裕禄揣摩后（太后）意，知道大沽炮台失陷，战端不可避免，因此大力吹嘘义和团来迎合太后和朝廷中主抚、主战的王公大臣。裕禄奏报在义和团的帮助下清军虚假的节节胜利，太后信以为真，传旨嘉奖这些助战的、不用国家一兵的、不糜国家一饷的义和团民。[2]然而又过一日即五月二十五日（六月二十一日），裕禄才又奏报："大沽营垒力战失守。"[3]得知这一消息的太后知道炮台失陷，战事不免，立即颁布宣战上谕。上谕宣布："与其苟且图存，贻羞万古，孰若大张挞伐，一决雌雄"，并声言，"苟其自外生成，临阵退缩，甘心从逆，竟作汉奸，朕即刻严诛，决无宽贷。"[4]同时谕令地方督抚召集"义民"，召集成团，抵御外侮。清廷"用拳御洋"政策正式公开并实行。

## 第二节 对列强宣战后"五大臣"主张"剿拳和洋"

### 一 宣战后西太后对义和团的政策

长期以来，史学界多认为西太后对外宣战是在"受惊发昏"[5]的情况下轻率作出的，几天后，她才"渐渐苏醒"，于是从五月二十九日（六月二十五日）起，她便"下谕停止围攻使馆"，对义和团"再开始压制"。清政府对外宣战后其有关义和团的政策也发生了转变。清廷对外表面上宣战，暗中投降；对义和团假称合作，实则待机消灭。这种观点，受到了林华国、张书田等学者的批驳。林、张等认为，清政府对外宣战后，与义和团进行了有限度的合作。[6]笔者同意林、张诸位的观点，太后对义和团不仅是简单与之合作，而且是加以利用，将其看作实现自己野心，抵抗"洋人"的重要筹码。

宣战上谕公开后，义和团的地位得到清廷正式承认，它被视为国家对外战争的一支重要的武装力量。宣战上谕颁布的第二天，懿旨要求户部向在京的义和团发放粳米二百石，交刚毅等分给团民食用。[7]第三天，命令庄亲王载勋、协办大学士刚毅统率京津义和团，并派左翼总兵英年、署右翼总兵载澜会同办理。六月初五（七月一日），下令将各地尚被监押的义和团团民"一律释放"[8]。一方面谕令各省督抚"召集义和民团，藉御外侮"[9]，同时要求裕禄督饬罗荣光等各营和义和团民，奋力杀敌，尽快收复大沽炮台。类似的命令还有不少。太后和主战派大臣将义和团作为一支充满神力的队伍，利用它去驱赶所有在华"洋人"。虽然这些命令受到李鸿章、张之洞、刘坤一、袁世凯等地方督抚的抵制，但一些地区在不同程度上还是付诸实施了，尤其是在河北、山西、河南等满族人为督抚的省份。义和团在这些地区获得很大的发展，其中以毓贤掌政的山西省为最。[10]清政府甚至为了笼络义和团不惜惩

〔1〕《义和团档案史料》（上），第 159 页。
〔2〕同上书，第 162 页。
〔3〕同上书，第 164—166 页。
〔4〕同上书，162—163 页。
〔5〕范文澜：《中国近代史》，民国丛书第四编（78）。
〔6〕参见林华国《关于义和团运动高潮阶段的几个问题》，《义和团运动史讨论集》，齐鲁书社 1982 年；张玉田《庚子那拉氏对外宣战原因的探讨》，《义和团运动史论文选》，义和团运动史研究会编，中华书局 1984 年版。
〔7〕《义和团档案史料续编》（上），第 611 页。
〔8〕同上书，第 215 页。
〔9〕同上书，第 176 页。
〔10〕事件结束后的一九〇一年春，各国驻华使节向清政府提交了一份"惩办"地方官绅的名单，九十六名官绅中属于山西省的就有二十九名（毓贤尚不包括在内），占名单总数将近三分之一，后来新任山西巡抚岑春煊又自行"奏参"了十三名。这些名单足以说明山西省地方官绅参加或支持义和团的普遍态度。

罚自己的重臣，聂士成就是一例。六月九日（七月五日），御史郑炳麟上奏，指控聂士成"包打义和团"，"以致众怨沸腾"，部下溃散。六月十三日（七月九日），清廷宣布给聂士成革职留任处分。[1]聂士成后来在与联军激战中阵亡，清廷还在上谕中责备说："多年讲求洋操，原期杀敌致果，乃竟不堪一试，言之殊堪痛恨"，下令将其部队"严加淘汰，其中如有奉教及私通洋人弁兵，万不可以收用"。[2]由此可看出，太后对义和团的信任和期望。由于义和团痛恨"洋人"，朝廷甚至让官兵脱下轻便简洁易于作战的"洋装"。因此，我们完全可以断定，太后宣战后真心希望清军与义和团合作，发挥义和团的"神术"，及早将"洋人"赶出京城去。

## 二　宣战后"顽固派"官僚的猖獗

自甲午战争后，中国的民族主义情绪日趋高涨，一些官僚的"排外仇洋"情绪逐渐走向极端化。西太后的与其"苟且图存，贻羞万古，不如大张挞伐，一决雌雄"的豪迈壮语，更使他们热血沸腾。浙江道监察御史攀桂就是此类的典型代表，他奏陈"收抚义和团，更其名曰神武军"，[3]派人督率经理，以抗拒"洋人"的臂助。在朝中掌握大权的顽固派，更是踌躇满志，以为一下子就可以将"洋人"赶尽杀绝，所以在此时更容不得半点反对的声音，贝勒载澜的奏折很有代表性：

> 窃维行政之道，用人为先；用人之道，辨邪正为先；君子小人从来无并立之日，君子道长，则小人道消；小人道长，同君子道消，此不易之理也。佞党一日不尽，正人一日不前，正人孤立，佞党朋从，何事不可以欺蒙，何事不可以摇惑。比来吏治废堕，人才消乏，穷推致此之由，其过必有所在，奴才蒙恩与诸大臣屡次召对，其间谁正谁邪，自难逃圣明洞鉴之中，不恃奴才一一指出，惟祈宸断，将迹近反叛，甘为汉奸者，立即正法，以昭天讨；其违阿典招，心术不端，平时苟禄求荣，临事依草俯木者，亦祈圣明洞察其隐微，立予罢斥，以清政源，由公主明，由明生断。前此战局未定，群小谣诼，不待复言，今既明发谕旨，大加挞伐，若仍功罚不明，善恶不辨，是犹物有生机而戕其萌芽，病有转机而误用药饵，其弊何可胜言。[4]

载澜是并掌总理各国事务衙门的端亲王载漪的胞弟，义和团运动高潮阶段时，与英年、载勋一起统带京师的义和团，是极端的主战者。御前会议上袁昶、许景澄、徐用仪、联元、立山等人反对对外开战的一幕让他耿耿于怀，所以在此奏折中载澜特意提起屡次召对之事，他将许景澄、袁昶等人视为"邪党"、"小人""汉奸"、"心术不端之人"，要求立即正法。

此折在宣战后不久由载澜上奏，毫无疑问，是代表了主战派的声音和立场，足见当时的恐怖气氛。所以许多原先主剿的官员要么噤若寒蝉，如奕劻、荣禄、王文韶；要么改变了立场，由主剿变为主抚，如裕禄，对已经发生的战争，寄希望在战场上出现奇迹；只有许景澄、袁昶等人一直未改变对内"主剿"对外"主和"的立场。而他们继续"主和"的立场，更是遭到主战派官僚的嫉恨。

载漪的另一弟弟载滢也上奏云："前日议和诸臣，莠言乱政，柔奸巧佞，包藏祸心，尤为腹心之疾，如联元等。其情罪显然，即处以极刑，亦不为过，切勿任其肖康（有为）逆之所为，致贻少纵即逝之患也。"[5]载滢为除掉联元、许景澄等主和派，将他们与太后最痛恨的康有为、梁启超类比，以激起太后对他们的仇恨，杀机潜伏于此，由此可知。即使这样，许景澄、袁昶等人还是继续坚持"主剿和洋"的立场。

### 三　"五大臣"主张"主剿和洋"

（一）反对攻打各国驻华使馆

大沽炮台失陷后太后宣布向敌人开战，而

〔1〕《义和团档案史料》（上），第 265 页。

〔2〕同上书，第 282 页。

〔3〕《义和团档案史料续编》（上），第 614 页。

〔4〕中国第一历史档案馆：载澜"严邪正之辩，以端政本而一众心折"，光绪二十六年录副，内政之二。

〔5〕《义和团档案史料续编》（上），第 628 页。

且当时联军正从天津向北京进军，按照战争的一般规则，失利的清军应该是立即向天津增兵以收复大沽炮台，同时阻止联军前进。而这时的载漪却令义和团民和董福祥的清军攻打使馆，并得到了太后的同意。关于为什么攻打使馆，林华国认为是太后想将外国驻华使臣陷入危险、绝望的境地，以此要挟列强停止战争，以为将来转寰。[1]这个分析很有说服力，也足见太后不是一个"吓昏"的无用的老太太。然而即使太后的这种想法是聪明的，在当时已经宣战的情况下，刚宣战就想停战的这种想法是不能对大臣言明的，况且太后还对义和团的"神力"充满期待。对于同意攻打使馆，引起朝廷各派人物对此事的截然不同的看法。

对载漪等主战派大臣来说，攻打各国驻华使馆是他们梦寐以求的做法，尤其是载漪，驻华公使干涉"废立"，不来祝贺"大阿哥"，让他切齿难忘昔日之恨。在他被任主管总理衙门时，按照公法，他本应该去各使馆进行礼节性拜访，但他没有这样做，这让各国驻华公使们更加认为他就是义和团的"首领"。太后同意攻打各国驻华使馆，正是他向公使复仇的好机会。载漪命令董福祥的军队及义和团围攻各国驻华使馆，而置裕禄要求董福祥部驰援天津于不顾。[2]在大敌当前的关键时刻，载漪之流不去组织力量阻挡八国联军，而是首先围攻公使馆，时人一针见血地指出："使馆朝夷，皇位夕易矣。"[3]这种盲动行为既削弱了抵抗八国联军的力量，又给联军武装干涉以口实，充分暴露了这帮顽固主战派的利令智昏和愚昧偏激。然而，他们这种卑劣的行为在"反帝仇洋"的浪潮下，却被淳朴无知的义和团民视为可敬可泣的行为。私利与公愤结合，义和团民和清军一起，开始了对位于东交民巷的各国驻华使馆轮番围攻。清军围攻使馆的行为，使列强出兵中国找到了新借口，他们觉得自己此行的主要目的是解救本国生命危在旦夕的使臣。尤其是德国公使克林德被杀的消息传出后，坊间关于使馆和使臣的传闻报道很多，如伦敦《每日邮报》七月十七日报道，驻华使馆人员全部壮烈牺牲，包括妇女和儿童。[4]由于他们歪曲的、臆测的报道，使列强的报复心理更加严重。

"五大臣"反对攻打外国驻华使馆。早在御前会议上许景澄、联元等就指出，外国的使臣代表国家，不能轻易伤害，否则会遭致外人报复。许景澄"日夜至总署筹措之策，数日之内，须发尽白"。[5]克林德被戕后，许景澄、袁昶等主和派对外间的传闻非常紧张，驻德公使吕海

寰曾通过张之洞致电总署说，当德皇得知驻北京
的德使被戕后，又加派军队和兵舰、快船，"矢取
北京为城下之盟"，而德国国内也是"民情汹汹，
有与（清廷驻使国）使馆为难之势"。[6]德人甚至
多次投信中国驻德使馆，要求中国公使抵命。在
总理衙门任职多年的徐用仪对攻击使馆的行为将
引起的不良后果很耽心，在给其兄的信函中写道：

> 公法失和之后，亦必将其使臣出境，乃一
> 面给与照会，令其出境，未及动身，而官兵率
> 领拳民遽往焚烧攻击，凡使馆附近华俄银行、
> 汇丰银行及中国所用总税务司公馆以及同文馆
> 所延洋教习，不分皂白，概行焚杀，初不计中
> 国出使大臣亦将陷于虎口，此等办法适以激各
> 国之怒，日后洋兵大集必致生灵涂炭，且以豫
> 绝议和之路，直以宗社之重为孤注一掷……[7]

徐指出载漪等人率军队与义和团攻打外国驻中国使
馆不仅违背公法，而且会影响我国在国外使臣的生
命安全，以国家为赌注，孤注一掷，日后必遭洋人
报复。他对攻打使馆的董军扰民掠财的行为非常愤
慨，"此次□□（指董福祥）所部之军奉令攻打使
馆，数日不能破，反将附近一带官宅民居铺户大肆
抢掠、烧杀，与盗贼无异，辇毂之下尚且如此，军
法何在？"[8]徐对官军乘乱抢掠、烧杀，目无军纪，
大局难以收拾的局面十分担忧。

（二）主张"借洋灭拳"

袁昶、许景澄、徐用仪等主和派大臣虽然慷慨
陈词，劝说太后"欲止外患"，"必先清内匪"，但
最终还是主战派占优势。在已经宣战的情况下，虽
然袁、许等人的立场并未改变，只是将以往用官兵

〔1〕林华国：《历史的
真相——义和团运
动的史实及其再认
识》，第172页。

〔2〕《义和团档案史料》
（上），第158页。

〔3〕《崇陵传信录》，《义
和团》（一），第
50页。

〔4〕骆惠敏编，刘桂梁
等译：《清末明初政
情内幕——莫理循
书信集》（1895—
1912）（上），知识
出版社1986年版，
第172页。

〔5〕《许文肃公年谱》，
载《国专月刊》4
号，第49页。

〔6〕吕海寰：《庚子海外
记事》，第27页，
沈云龙主编：近代
中国史料丛刊第五
辑，文海出版社。

〔7〕钱应溥：《诰授光禄
大夫太子少保兵部
尚书筱云徐公家
传》，中国国家图书
馆藏。

〔8〕同上。

镇压义和团的方法，改为将义和团驱往前线欲借洋人之手消灭之。

义和团的地位得到清廷承认后，在京城到处设坛，甚至端王、庄王宅里都有团坛。总署——在主战派眼里这个专为"洋人"服务的机关，成为首当其冲的目标场所。五月三十日（六月二十六日）就传来义和团要"焚毁总署"的传闻。[1]载勋向庆王解释说"教匪"冒充"拳民"所为，并立即派"拳民"去护署。据袁昶六月初一日记记载：

> 昨晚（指五月三十日——引者）六下钟，庄邸、刚（毅）相派团长四老爷（礼部主事）带义和团三百人保护典属署，暂住西厅，已设两坛，庖人供应素面，今早俱行，长四云，叫本团来换班，另调来百名性稍驯，乃西四牌楼新练者。[2]

"长四爷"身为礼部主事，此时却担任义和团"团长"，他们名为保护总署，实质是占领总署，取消总署与"洋人"的交涉，可见京城设坛及总署被团民占领的情况。不仅如此，总署成员还必须"焚香顶拜"，"竹篔（指许景澄——笔者）昨入署，不得不拈香一拜"。[3]面对京城众多的"拳民"（据袁昶估计，仅庄王和刚毅督带的内城就有三万多人，外城不计其数），袁昶与许景澄、徐用仪商量应对目前局势的最好方法是将义和团驱散出城，同时劝说他们不要攻打东交民巷的外国驻华使馆。袁昶曾私下拜访英年，指出"先清内城以安民心为要，现团有三万人，（外）城尚不止此数，日久生变，既不能部勒使受约束，不若劝导使往析（天）津御洋人，乃两得之"。[4]英年答应与载勋、刚毅、载澜三人商量。当马玉昆所率武卫左军赶往天津的时候，载勋等并没有采纳袁昶等人提出的派京城义和团一同前往的建议。

袁昶、许景澄等人知道靠载勋等无法达到剿杀义和团的目的，于是他们又将希望寄托到荣禄的身上，六月初五日，袁昶密禀荣禄，建议剿杀义和团的方法是：

> 移宋、董诸军会同庄邸押送义和团开往津沽，俾当前敌，而以诸军鞭笞严督其后，胜则勒部编伍，汰弱留强，如曹（操）公收黄巾精锐，编为青州兵之法，败则付诸虫沙，浩劫以绝后患，可两得之。[5]

袁昶使出"借刀杀人"之计，利用义和团去抵抗洋人，这些义和团民本身缺乏训练，装备简陋，连清军的枪炮都挡不住，更不要说"洋人"的"洋枪"、"洋炮"。据袁昶日记记载，这段时间经常与许景澄、徐用仪会面，因此可以推断他们主张剿杀义和团的方法应该是一致的，他们此时之所以极力主张借义和团抵抗"洋人"，以收一举两得之利，主要基于以下几个原因：

其一，义和团自身发生了变化。此时京城的义和团与最初反对侵略和反对"洋教"的爱国团体已经截然不同，怀有各种不同利益的人乘机参加义和团，有的乘机抢劫，有的乘机报复，有的乘机巴结权贵，他们成为载漪等顽固派发泄私愤的工具。义和团大批进入京城后，他们大多到端王府挂号，据袁昶日记记载："已在端邸府挂号听调者（回籍听调），共有一千四百余团，每团以二三百人计，至少亦百十人。团长各自为雄，并无统头子。"可见义和团在端王府挂号的至少达十余万人。这些团民主要在载勋的率领下，"攻剿住京洋馆"。[6]由于载勋等人的误导，他们烧砸"洋店"，攻杀"教民"，盲目排外，这又是许景澄、袁昶等人不能容忍的。

其二，维护统治阶级利益。大批的义和团在北京城的无理性的排外行为，使许、袁等担心义和团会危及清政府的政权。清政府虽然派载勋、刚毅等人统率义和团，但义和团的所作所为，有时亦不能控制。"庄邸、刚相谕令毋乱焚教民房屋，留以入官充饷，团长傲睨不听命，庄邸、刚相、英年、澜公仍不能约束。"[7]

〔1〕《义和团档案史料续编》（上），第619页。
〔2〕《袁爽秋京卿日记》，六月初五，抄本。
〔3〕《袁忠节公手札》，商务印书馆民国二十九年，影印本。
〔4〕《袁爽秋京卿日记》，六月初五。
〔5〕同上。
〔6〕中国第一历史档案馆：内务府档，光绪二十六年六月载勋折。
〔7〕《袁爽秋京卿日记》，五月，庚午。

义和团民甚至将虎神营统领阿克达春和庆桓一家杀害，这些使他们害怕"有祸起肘腋之忧"；徐用仪担心义和团不仅不能御敌，反而会带来更大的社会动荡，"日后事急饷匮，必至劫掠逃散，岂能恃以制敌乎？"[1]

其三，换取列强的谅解。列强出兵来华，虽然有着维护各国在华既得利益的目的，但其出兵的主要借口是"代剿"，袁昶等人希望通过消灭义和团的方法来换取联军对朝廷的宽恕和谅解。这种主张清军与联军联合"剿拳"的方式，充分体现了他们的阶级本质。因此所谓"汰弱留强"只是借口，实质是要将他们"付诸虫沙"。

（三）寻求外交解决

袁昶等人一方面采取"以洋灭拳"的方法，坚持以"剿拳"作为挽救朝廷的重要手段，另一方面，他们也对列强采取"以夷制夷"的方法分化瓦解联军的力量。慈禧太后宣战，但并没有指向哪一具体国家，也不是向各国开战，而事实是八国都向中国派出了军队。袁昶他们知道，"以一敌八"根本没有胜利的可能，甚且会遭致亡国的危险。在这种情况下，六月初五（七月一日），袁昶向荣禄提出了对各国区别对待的方法。袁指出：此次决战，应该除开俄国、日本两国，而专与行教之各国为仇敌。其理由一是朝廷与俄、日两国都有密约，一决裂则"新盟顿寒，前功尽弃"。因此应该分别办理。二是日本与俄国没有教士教民在中国煽惑生事，而无故开衅，实也是师出无名。这两条是从情理上分析。三是从地势上来说，与俄、日两国更不应该轻开兵衅，这是因为俄国有重兵屯扎在邻近中国东北的阿穆尔、东海滨两省，在中国辽东半岛旅大又有驻兵，而日本自广岛、对马岛到芝罘、津沽不到三天就可航行到达。此两国和其他列强相比，地近兵多，调兵容易。朝廷不应该孤注一掷全面出击，应该联络俄、日"以共拒欧洲"。[2]袁昶的这个建议很受荣禄赏识。荣禄是太后的宠臣，位高权重，还是立储的倡议者，他的官运是与后党等人联系在一起的，所以，他一直不敢明确支持袁昶等人公开反战的要求，在四次御前会议上说话很少，但他的"主和"的倾向是很明显的。袁昶正是看到荣禄主观"主和"反战这一点，频繁与荣禄接触，争取荣禄能态度明朗地"主和"反战。西太后宣战后，荣禄已看到义和团"填街塞巷，无处不有，已成尾大不掉之势"[3]，八国联军又将直取北京，王朝随时有倾覆的危险，内心也比较紧张。当他看到袁昶的上书后，觉得袁昶所提的"区别对待"

的方法很有见解，"略园深以为然，发三国电，添入英"。[4]六月初七（七月三日），太后听取了荣禄的建议。清廷发出致俄、日、英三国国书，以示清政府与他们不一般的国际关系，希望此次开战能赢得他们的谅解，"设法筹维，执牛耳以挽回时局"[5]。

　　袁昶等人将希望放在对列强的分化瓦解上，认为通过列强之间的相互牵制能够避免"瓜分中国"的危机。而他们对某些列强的"示好"，更激化了他们和义和团及主战派大臣之间的矛盾。在义和团的眼里，中国危机的根源完全是由列强的侵略一手造成的，"四十年间外国人颠倒中国，占领中国的港口，剥夺海关的收入，并侮辱我们的神和圣人"。[6]义和团"最恨和约，祸国殃民"，所以他们认为挽救中国的唯一方法就是驱逐在中国的"洋人"。他们也不相信什么以夷制夷，反对和外国人打交道。义和团的这种思想与载漪、徐桐等顽固派大臣有许多共通之处，而与经常和"洋人"打交道的袁昶、许景澄、徐用仪、立山、联元等人却截然不同（尤其是曾经出使外国多年的许景澄）。这些人成为义和团公开要杀的所谓"二毛子"。[7]

## 第三节　东南督抚的京中"坐探"

　　当大清朝廷激烈争论"和与战"、"抚与剿"时，"主剿"、"主和"的东南督抚密切注视朝廷政策的变化。东南督抚中，袁昶、许景澄与张之洞、刘坤一、李鸿章的关系最为密切。义和团迅猛发展并被默许进入京城后，张、刘、李等就曾多次向许景澄、袁昶打听消

〔1〕钱应溥：《诰授光禄大夫太子少保兵部尚书筱云徐公家传》，中国国家图书馆藏。

〔2〕《袁爽秋京卿日记》，六月初五。

〔3〕《荣文忠公集》卷四，第4页，清华大学图书馆藏。

〔4〕《袁爽秋京卿日记》，六月初五。

〔5〕《义和团档案史料》（上），第228页。

〔6〕W. A. P. Martin, The siege of Peking, New York, 1900, p. 67.

〔7〕《袁爽秋京卿日记》六月初二；《致夫子大人函文》，见《袁忠节公手札》。

息。如五月初九（六月五日），张之洞曾经致电许景澄与袁昶，指出义和团"能避枪炮更是谣言，若因此畏怯，更大误矣！"并打听"朝旨如何"、"时论如何"？[1]袁昶立即告诉张之洞朝廷大臣对义和团的看法：

> 众论盈廷，端邸、荫相、崇文山师，力主助拳杀夷，刚相、展如主抚，目左道为义民，言路附和，致慈意始终以余蛮子待之，坚主抚意。现拳匪四起，势甚迫切。决非刚、赵宣谕劝解可济，惟匪无枪械，究系因旱饥乌合，及今下诏，饬聂军痛剿，匪势自沮，且可折服外人调兵自卫，暂纾目前之急，其如事机未转何？岘帅电奏请速剿，师当披沥再陈。沤叩元。[2]

袁昶将清廷内部的守旧派对义和团的态度分为两种：载漪、徐桐、崇绮主张"助拳杀夷"，而刚毅、赵舒翘则"主抚"，朝中附和的人很多，这是袁昶作为局内人的深刻见解。从此电报中可以看出袁昶的"主剿"主张：（一）他认为拳匪四起，绝非刚毅、赵舒翘仅仅靠口头宣谕就能奏效；（二）在他眼里义和团只不过是由于干旱、饥荒而聚集的"乌合之众"，是易剿的；（三）如果义和团被剿，那么外国人就失去了调兵自卫的借口；（四）刘坤一是主张"速剿"的，请老师（张之洞）"披沥再陈"，言下之意，要求张之洞也能电奏速剿。

张之洞、刘坤一等督抚对内主剿、对外主和立场对袁昶、许景澄来说，不啻为一坚强的后盾，这也是他们敢于在御前会议上犯颜直谏的重要原因之一。张之洞、刘坤一等督抚一方面希望许景澄、袁昶等人在朝廷中坚持主剿主和立场，一方面，他们又联合了李秉衡、鹿传霖、王之春、松寿、于荫霖、俞廉三等地方督抚同时致电总署和荣禄，吁请朝廷明旨："力剿邪匪，严禁暴军，不准滋事，速安慰各使馆，力言绝无失和之意"，并告诉各国驻华使臣已派李鸿章北上议和，"饬驻各国使臣，向外（交）部道歉"，"明谕各省保护洋商和洋教士"。他们不无忧虑地说："宗社安危，间不容发，再过数日，大局决裂，悔无及矣。"[3]遗憾的是，这封代表东南地方督抚政见的电报却是在慈禧太后已经宣战后的两天五月二十七日才到。袁昶惋惜地说"已不及事"。[4]

朝廷对外国军队宣战后，张之洞等东南督抚多通过他们探听"政府所见"，袁昶、许景澄更是经常向张之洞通报京城的消息。六月初二（六月二十八日），袁昶致张之洞函称：

此事误于北洋大臣、步军统领、顺天府、五城，揣摩圣意，事前毫无防范。十七日以后，拳民在禁城突起滋事，天皇贵胄、弘德师保，力主借拳灭洋，钳荣相、庆邸之口，并造谣云：义和拳入京城，先杀四人通洋者，荣相、庆邸、崇礼、竹篔，于是钳口结舌，而宣战之旨决矣。

东交民巷十一国使，洋兵只四百十余人，分之西什库四十名，顺治门内三十名，孝顺胡同各处三十名，则各使馆只三百人，自二十三日下午发照会各（公）使限二十四点钟下旗出京，某即令甘军攻打，东长安街一带化为战场，连打九天，东交民巷各馆焚杀洋人将尽，所余洋人窜入堂子坛内，今日攻坛，未知明日能否了结也？

各公使续调之洋兵千四五百人困于杨村一带，马玉昆已往剿，董军俟东江米巷后，亦开往杨村。而庄邸、刚邸所督带之义和团三万人（不止此数），则安然盘踞禁城内（外城不能计数），且邀赏犒十万两矣。

受业与竹篔坐困危城中，典（署）昨由刚相、庄邸派拳匪百人保护，已在西所设红山老祖坛矣。竹篔昨入署，不得不拈香一拜，团长则四品宗室长四爷，服拳民衣冠，而弃其四品冠服矣。十七（日）至今细情，均详日记中，命钞呈钧阅。前文电所询，政府主见，外廷议论，尽具于斯。现事外患群夷报复，内困拳会盘踞，聚六州三辅铁，铸此大错，兴献邸方操十万横磨剑，以为得志，文

〔1〕《张之洞全集》，第 7966 页。

〔2〕袁昶：《致夫子大人函文》（光绪二十六年六月初二中关于"文电"的内容，当是五月十三日对张之洞五月十二日的回电），见袁荣叟《袁忠节公手札》，商务印书馆民国二十九年（1940）版。

〔3〕《李秉衡、刘坤一、张之洞等致总署、荣中堂电》，二十四日发。《义和团》（三），第 329—330 页。

〔4〕《乱中日记残稿》，《义和团》（一），第 341 页。

〔5〕袁昶：《致夫子大人函文》，见《袁忠节公手札》，光绪二十六年六月初二。

山师亦大称快事也。千里草不受略园节制，如西巡，必成李傕、
郭汜之祸。[5]

    袁函向张之洞透露了以下几个信息：第一，指出宣战发生的背景。
载漪、载勋、裕禄、徐桐、崇绮等人揣摩圣（慈禧太后）意，力主借
"拳"灭"洋"，他们控制了朝廷的声音，而荣相、庆邸由于谣言之恫
吓，钳口结舌已不能左右局势，朝廷政局发生了剧烈的变化，宣战就
是在这样的情形下发生的。第二，指出了董军攻打各使馆的情况。各使馆
人员总共只有三百余人，清军连打了九天，东交民巷各使馆"洋人"将被杀
尽，袁昶以为凭董军的军事力量消灭三百人应该是轻而易举的，或许明日
（六月三日）使馆"洋人"就会消灭殆尽。事实上袁昶的消息是不准确的，
当时使馆人员伤亡很少。但当时所有人都认为只要攻打使馆，使馆肯定不
保，袁昶也不例外。第三，指出战争的发展态势。董军解决了东交民巷战事
后，下一步的目标是集中力量围剿天津的"洋兵"。第四，指出京城义和团
的情况。载漪、载勋为义和团最高首领，统领人数众多，仅内城就有不止
三万人，外城更多，而且得到朝廷重用。第五，指出宣战后的朝局。总署
形同虚设；载漪（兴献邸）等人踌躇满志。而董福祥（千里马）不受荣禄
（略园）控制，又传来太后及皇上要"西巡"（即放弃北京而外逃）的传
闻，京城现已成为一座危城。
    这封密函给张之洞最大的信息就是朝廷已为"乱党"控制，这就为他
们的"东南互保"提供了理由。义和团在北方如火如荼时，南方的督抚
（主要是张之洞、刘坤一、李鸿章等人）在要求朝廷镇压义和团的同时，
在南方开展了与列强之间的外交活动，以使东南各省免于兵火的洗劫。列
强尤其是英国，在长江流域的商业利益促使中国地方官员与驻上海各国领
事炮制了一个"东南互保"的协议。简单地说，"就是上海租界归各国保
护，长江内地归督抚保护，两不相扰"。正当谈判进入关键时刻，朝廷五
月二十五日（六月二十一日）颁发了宣战上谕和招抚团民的上谕。很显
然，在朝廷已经宣战的情况下，再与交战国私下订立协议，是违反朝廷诏
旨的，更是违反传统的纲常伦理的。虽然督抚们私下联合将朝廷谕旨视为
"矫诏"，但这只是他们从情理上推测，心里还是有几分不安。袁昶的密
函告诉他们宣战的背景是因为"天皇贵胄、弘德师保，力主借拳灭洋"，

并且攻打的是受国际公法保护的使馆，这就为他们私下"互保"的活动提供了现实依据。五月二十五日诏旨是"伪诏"也就顺理成章了。

作为地方督抚，虽然他们采取了自保的方法，但依旧非常关注朝廷的政局和战争发展态势。他们获得情报的渠道主要是朝廷中的荣禄和袁昶、许景澄。荣禄由于首鼠两端，唯太后马首是瞻，与地方督抚的交往总有许多禁忌，而袁昶、许景澄不同。许、袁是张之洞的门生，正是他们不断地向东南督抚传递朝廷的信息，如六月二十三日，袁昶给张之洞的密札中再次汇报了京城政局与义和团民的情况：

十九、二十（日）天津城陷，裕禄奉旨革职留任，送庆交部议处；马玉昆退扎离天津府二十里之北仓。廿二日寄谕李鸿章，各国使臣均无恙，速电知杨儒等转交外部；又寄谕长萃、宋庆拨通仓米济军用；又寄谕许应骙、善联、袁世凯各保海疆，毋得有失；又寄谕寿山、长顺笼络俄人仍需战备……又交片派长麟、文瑞分统义和拳二千五百人往天津助剿。又谕统帅义和拳王大臣严查匪徒混迹京城。

询之办带拳之桂阁学春云：已在端邸府挂号听调者（回籍听调），共有一千四百余团，每团以二三百人计，至少亦百十人。团长各自为雄，并无统头子。李来中（陕西人）其人，八旗王公大臣，上自东朝，至今坚信五斗米为长城可恃也。

沤屡屡苦口微辞，为相识之旗下巨子言之，终不能悟，殆皆王拟之之后身邪？沤与嘉许反舌无教，亦可哂也。十国公使具为（闻皆）鸠形鹄面，不成样子矣。[1]

[1]袁昶：《致夫子大人函文》，光绪二十六年六月二十三日，见《袁忠节公手札》。

这里袁昶再次向张之洞透露了朝廷政策的矛盾之处。天津失守后，西太后一方面做好求和的准备，一方面又派长麟、文瑞督带义和团去天津迎敌。京城的义和团人数已达二三十万，袁昶与许景澄虽然多次劝说，不要相信义和团，但闻者寥寥，"八旗王公大臣，上自东朝，至今坚信五斗米为长城可恃也"。而各国公使听说由于长时间的围困已是"鸠形鹄面"，袁昶、许景澄仍是希望地方督抚能够给朝廷施加压力，挽救时局。张之洞、刘坤一得知天津失守的消息后，会衔电奏，要求朝廷速速求和，并授李鸿章以全权，在上海与各国电商。[1]

形势的发展越来越对主战派不利，黔驴技穷的载漪问计于袁昶。据袁昶六月二十二日（七月十八日）日记记载，"见端邸，问计将安出？予力赞现公使无权，且无电邮可通，不若从各疆吏议，以合肥（李鸿章）为全权大臣（驻沪亦可），电商外部或面商各水师提督，较灵活，一面厚集兵力，防守由（天）津通（州）犯京之路"。"邸以为然"。[2]从袁昶主张从"各疆吏议"的建议中，更加证实袁昶等人与东南地方督抚是遥相呼应的。端亲王不能忘记一年前地方督抚反对废黜光绪的那一幕，他虽然知道最终是会和的，但还要作最后一搏，"庄、端二王以为议和原属可行，惟嫌太早耳"。[3]而袁昶的坚持主和的建议与地方督抚的建议如出一辙，在端王面前暴露无遗，端王表面上同意袁昶的观点，而实际上已萌杀机。

六月二十八日（七月二十四日），许景澄、袁昶又致电张之洞，汇报京城的情况：

> 卦电敬悉。荣相足疾已愈。董军尚在都中，团就抚，不甚受约束。现奉明谕，除战事外，被害洋人教士及损失物产，查明核办。土匪乱民，督抚统兵大员相机剿办等因。各使均尚存。闻现筹保护使出京，未悉办法。赫德消息不知。澄、昶叩。[4]

袁昶、许景澄告诉张之洞义和团民不甚受约束的情况，指出西太后态度的变化及外国公使的现况。袁昶、许景澄在"飞蝗蔽天"局势动荡的情况下，源源不断地将清廷上层的动向及中外交涉的情报向张之洞密禀，张之洞再将信息通告其他东南督抚，袁昶、许景澄宛然成为东南督抚在京城中的"坐探"。许景澄、袁昶联合地方督抚，并游说荣禄、奕勖等权臣，使朝廷中的"主和"的力量越来越大。东南督抚力促"东南互保"，他们对诏旨秘而不宣以及与敌国合作的行为多次受到御史言官的弹劾，但他们没有因"通夷"而获罪，而袁昶等人却因"主和"后来遭杀身之祸，究其原因与地方督抚的权位、声望和资历以及他们不在京城有很大的关系。

袁昶、许景澄等人敢冒太后之大不韪，敢于在朝廷宣战后还坚持对内"主剿"对外"主和"，主要基于下面几个原因：

其一，他们认为慈禧太后主战的想法不会持续太久。袁、许等人对慈禧太后的宣战过程比较了解，太后是在"剿""抚"两难中一步步走向战争的边缘的。他们都亲自参加了慈禧太后主持的五月二十日至二十三日（六月十六日至六月十九日）的御前会议，会上虽然载漪等"主战派"官僚占上风，但是会后太后仍总是派"主和派"官僚与各国公使协商，以争取和平解决。在决定宣战后的次日，即五月二十六日（六月二十二日），慈禧又下令各督抚"各就本省情形，通盘筹画……事事均求实际"。"并要求各督抚互相劝勉，联络一气，共挽危局"。这道上谕与随后发表的"宣战诏书"的思想内容有很大的出入，对于政治嗅觉比较灵敏的"五大臣"来说，认为主战不会坚持很久，因为慈禧为"和"留有余地。原属后党的徐用仪，在甲午战争中，就曾遵慈禧太后之命，与孙毓汶、李鸿章一起一面主战，一面谋和，凭他多年从政的经验，深谙慈禧那种对"洋人"既恨又怕的心理。立山也是一样，他是太后的宠

〔1〕《义和团》（三），第 352—353 页。

〔2〕《袁爽秋京卿日记》，六月二十二日。

〔3〕同上书，六月二十一日。

〔4〕许同莘：《庚辛史料》，《河北月刊》第3卷第4期，民国二十四年四月出版。

臣，深谙太后的权力心理，他也不认为慈禧这次会真的与"洋人""翻脸"，因此，当着慈禧心理天平暂时失去平衡，暂时倒向顽固派一边的时候，徐用仪、立山也就不惜冒着同慈禧太后"翻脸"的危险，坚持"主和"，反对开战。

其二，朝廷中荣禄、庆王模棱两可的态度，对他们也是一种变相支持。载漪之流控制朝局时，荣禄、奕劻因为害怕得罪载漪，虽然没有与载漪等人针锋相对的斗争，但他没有倒向载漪"主战派"一边，对处于劣势的"主和派"来说，他们将荣禄、庆亲王作为争取的力量，并把希望寄托在他们两人身上（如前所述），袁昶与荣禄往来频繁，频频建议，或陈策于书简，或谋划于密室，希望通过荣禄对太后施加影响，她将逐渐由"主战"转向"主和"。

其三，他们本人对形势有清醒的认识，有敢于说话与敢于担当的精神。袁昶敢于直谏，在安徽芜湖道上已颇有声名；许景澄长期担任驻外公使，对中外强弱了如指掌；联元是一个品行端正的学者。毫不讳言，他们要求镇压义和团维护统治阶级利益具有阶级的局限性，但主张对外"主和"与载漪之流为了一己私利、为了泄愤拿国家的命运作政治赌博是有天壤之别的。

面对"主战派"官僚的猖獗，袁昶、许景澄、徐用仪对危险也不是没有察觉。他们将在京城的家眷安排南下，然而自己并没有跟着家眷南下。徐用仪在给其弟徐用福的信中说："京官清苦居多，既无川资，又乏旅费，在此坐困者，亦尚不少，兄所有仅千金，现令大媳一房往张家口暂避，五侄及三儿旱路回南，二儿一房经保定府，三处川资共需千余金，幸总署尚可借用，否则竟不能度用矣。"言官曾弹劾徐用仪贪鄙纳贿，从其私人通信中可以佐证，徐并不是那样的人。此时的徐，已对自己的性命之忧有几分担心："兄夫妇（指徐用仪夫妇）早思偕隐，迁延未果，致遭此厄，莫非命也。"[1]许景澄在给朋友的信中，也表达了同样的心境："自问生平和气，且不作刻薄事，想可侥幸，现惟耐心听天由命而已。"[2]袁昶曾对家人说："今日言亦死，不言亦死，与其死于乱民之手，曷若死于司寇，苟死而朝廷顿悟，吾无憾矣。"[3]所谓听天由命主要是他们安慰家人，安慰朋友而已，其实他们已经做好了死的准备。

其四，他们背后有东南督抚的支持。宣战诏书刚下，两天后袁昶、许景澄就收到了张之洞与刘坤一的会衔电奏。
在电奏中，督抚们分析了形势并陈述了他们
的主张，论国力，中国无力与各国同时开战，
"从古无国内乱民横行惨杀而可以治国者，亦
未闻一国无故与六七强国一同开衅而可以自
全者"；且自甲午战后，"中国兵力甚弱"，
"即合各省兵力，饷缺械少，岂能抵御群
强"[4]。这些主张是与袁昶、许景澄等人在御
前会议上的主张是一致的。宣战后袁、许等
人与东南督抚尤其是张之洞，函电交驰，频
送信息，遥相呼应，他们的行为得到督抚的
支持与勉励。

## 第四节 "五大臣"被杀

### 一 对外宣战后慈禧的"主战"政策仍占主导地位

一般观点都认为，慈禧太后为了一己私
愤，被列强的照会吓昏了头脑而宣战，宣战
后才又渐渐清醒过来。明显的标志是五月二
十九日（六月二十五日）和六月初三（六月
二十九日）给地方督抚和驻外使臣的电旨，
声明朝廷"不得已"的苦衷，并在地方督抚
的压力下开始作出了保护使馆的姿态。所以
时人和大多数学者都认为宣战诏书颁布几天
后，太后一边主战，一边求和，并且认为战
也是为了保存自己作为谈判的一方而做的准
备。就是说，"主和"开始占主导地位，战争
只不过是对义和团施放的烟幕弹。而笔者的
观点正相反。撇开时人笔记中的猜测，依据

[1]钱应溥：《诰授光禄大
夫太子少保兵部尚书
筱云徐公家传》，北京
中国国家图书馆藏。
[2]《许文肃公遗集·书
札》，第889—890页。
[3]《太常袁公行略》，第
11页。
[4]《义和团》（三），第
329页。

档案史料分析，笔者发现宣战后无论是上谕、电旨还是密寄，多数还是以"主战"为主，甚至在天津失陷后，仍然如此。虽然其中有求和的举措（如命令李鸿章来京，但直到北京沦陷，李鸿章还没有到京），随着各地勤王之师的到来和李秉衡的主战鼓动，加上"洋人"扬言"如各国使臣或他人被害，将执政诸公抵偿"的威胁性言辞，太后与主战派大臣又惊又恨，也许希冀最后一搏以保住北京城。直到裕禄、李秉衡兵败自杀，八国联军逼近京城，北京沦陷，慈禧出逃，这时他们才放弃主战的政策，下令剿杀义和团，一味求和。

宣战后的第四天，即五月二十九日（六月二十五日），朝廷收到李鸿章、刘坤一、张之洞等人"保护（列强驻华）使馆"的电报，慈禧不得不慎重对待，召集会议，研究对策，决定在东交民巷附近竖起"奉上谕保护使馆"的木牌，[1]并向督抚解释此次开战"朝廷万不得已之苦衷"，因此只可"因而用之，徐图挽救"。[2]"徐图挽救"的语意含混不清，从字面意思看来，似乎是要设法对义和团采取严厉的措施，改变其用"拳"抗"洋"的政策，而实际上，她还是想利用义和团，改变"洋人"向北京进军的意图。为此她调动一切力量，防止联军北上。清政府曾于六月初三（六月二十九日）电令其驻外使臣分别向各驻在国解释："中国即不自量，亦何至于与各国同时开衅，并何至于恃乱民以与各国开衅？"并告诉驻外使臣，对"此种乱民，设法相机自行惩办"。[3]六月初七（七月三日），又分别致书俄、英、日政府，希望他们"设法筹维，执牛耳以挽回时局"。

此时朝廷的"主战"策略并未改变。因为就在同一天，谕令"现在中外业经开战，断无即行议和之势"，"各将军督抚等务将'和'字一字先行扫除于胸中"，"所有一切战守事宜，即著一面妥为布置，一面迅即奏报"。朝廷多次催令"所有各省派出勤王之兵"，"星夜兼程北上，毋稍刻延"。[4]六月十八日（七月十四日），天津失陷后，奕劻曾照会各国驻华公使，请他们携带眷属与使馆人员"分起出馆"，"暂寓总署"，以便保护。慈禧也于六月二十一日（七月十七日）谕令保护外国驻华使馆与"各国洋商、教士"，又致书法、德、美等国，希望他们出面"排难解纷"[5]。次日，又派总理衙门章京文瑞往东交民巷"慰问"各国公使，此后还多次给使馆送西瓜、蔬菜、冰块、白面等食物，并一再表示将护送各国公使前往天津。但外国驻华使馆人员非常怀疑清政府的诚意，他们甚至不敢吃清廷提供的面粉，因为害怕清政府下毒。[6] 而对于总理衙门要求护送他们去天津的目的也深表怀疑。

事实上，太后的这些求和举措只是一种外交姿态，因为与此同时，慈禧依然在布置战守事宜，她于六月十九日（七月十五日）谕令仓场侍郎刘恩溥"联络义和团民，分路扼要布置，……杜其（八国联军）北窜之路"。六月二十日（七月十六日）谕令刘坤一等"谕令将士，加意严防，倘有敌人侵犯，即行奋勇堵击，力挫凶峰"。六月二十一日（七月十七日），谕令裕禄等"戴罪立功，督饬各军竭力防剿，以遏敌人（八国联军）北窜"。六月二十二日（七月十八日），重申"前经降旨，'和'之一字万不可存于胸中"，各将军督抚"务当秉遵前旨，不得稍涉松劲，致误战守机宜，倘若误会朝旨，海疆万一有失，定惟该将军等是问"。[7] 六月二十九日（七月二十五日）谕令各省速派营队北上勤王。"所有业经北来各营，即著星夜兼程前来……如查有逗留观望情形，定以军法从事，决不姑宽。"[8] 六月三十日（七月二十六日），七月初一（七月二十七日），上谕李秉衡帮办武卫军事务，所有来京勤王之师张春发、陈泽霖、万本华、夏辛酉四军均归其节制。[9] 由此可看出太后宣战后确实采取了一些具体措施和背水一战的决心。

## 二　"五大臣"被杀

### （一）被杀的不同传闻

就在太后决定背水一战时，清廷收到了各省督抚联名奏折，建议授李鸿章以全权，就近在上海与各国电商。[1] 想到开战以来的每次上谕，都要受到地方督抚的抵制，而且他们还违背"圣旨"私自与敌

〔1〕扑笛南姆威尔：《庚子使馆被围记》，《义和团》（二），第267页。

〔2〕《义和团档案史料》（上），第187页。

〔3〕同上书，第203页。

〔4〕同上书，第221—222、290页。

〔5〕同上书，第325、328—329页。

〔6〕《泰晤士报》1900年9月11日，第7版。

〔7〕《义和团档案史料》（上），第311、316、326、339页。

〔8〕同上书，第370—371页。

〔9〕同上书，第385页。

国签订"互保条约",而现在京城告急,各督抚不是迅速带兵前来保驾,而是要求谈判求和,并把谈判的地点放在上海,弃京城而不顾,太后岂能不愤怒!如果太后同意在上海谈判,载漪想当太上皇的想法也就化为泡影!载漪看到刘坤一等人的意见与六月二十二日袁昶给自己的建议如出一辙,再想到袁昶、许景澄与东南督抚的亲密关系,于是向太后建议杀袁昶、许景澄等"主和派"以鼓舞士气,甚至还要求杀庆亲王、李鸿章、王文韶。[2]太后眼看联军逼近京城,许景澄、袁昶从开战以来一直主和,大悖己意,遂决定抛出许景澄、袁昶。七月初二(七月二十八日),许景澄、袁昶二人被逮,"未经刑曹推问,录取供招",[3]七月初三,即被正法。同日朝廷发布上谕:

> 光绪二十六年,内阁奉硃谕:吏部左侍郎许景澄、太常寺卿袁昶,屡次被人参奏,声名恶劣、平日办理洋务,各存私心、每遇召见时,任意妄奏,莠言乱政,且语多离间有不忍言者,实属大不敬。若不严刑惩办,何以整肃群僚。许景澄、袁昶均著即行正法,以昭炯戒。[4]

　　这是一则以光绪皇帝名义颁布的宣布袁昶、许景澄死刑的朱谕。清廷惯例,除非非常重要的决策,很少用硃谕的形式。杀重臣(许景澄,吏部左侍郎,从二品;袁昶,太常寺卿,正三品)用朱谕本无可厚非,而处死他们的罪名则为"声名恶劣"、"各存私心"、"语多离间"等道德评判的语词,"并未明宣罪状",[5]显得苍白无力,极为勉强。事实上,自戊戌政变后,光绪皇帝就失去了处理政事的自由,更没有表达己意起草朱谕的机会,所以此次朱谕显然是慈禧太后的旨意。太后觉得杀他们二人毫无依据,因此杀人的罪名还是让光绪皇帝来承担。另外,光绪在御前会议上也是主和的,而且在御前会议上还与许景澄"牵衣而泣",以皇帝的名义颁布,对光绪也是很毒辣的报复。

　　许景澄、袁昶被杀,"主和派"惊恐不已,满朝文武也噤若寒蝉。和许景澄、袁昶交往频繁的徐用仪在家信中写道:"许、袁二公无端被逮,不问口供,猝遭奇祸,邸钞皆莫须有之词,究不知为何事,都下莫不思之,现值国势危迫,朝议纷歧,陈力已穷,扶危乏术,原该见机而作,惜时已晚,以老年而处此危地,生死在所不计,只可听之于天。"[6]

徐用仪也做好了"死"的打算。

果不其然，七月十七日（八月十一日）上谕：

内阁奉上谕，兵部尚书徐用仪屡次被人参奏，声名恶劣，办理洋务贻患甚深；内阁学士联元，召见时任意妄奏，语涉离间，与许景澄等厥罪惟均；已革户部尚书立山，平日语多暧昧，动辄离间，该大臣受恩深重，尤为丧尽天良，若不严刑惩办，何以整饬朝纲。徐用仪、联元、立山，均著即行正法，以昭炯戒。[7]

旬日之间连杀"五大臣"，虽然颁布了上谕，但并未指名具体罪名。当时无论京内、京外官员都惊愕不已，张之洞得知他们被杀后，"惟日啜泣"[8]，翁同龢听说此事后，"胸中梗塞，竟夕不寐"[9]。

（二）"五大臣"被杀，对当时的时局影响很大

第一，对李鸿章北上议和进程的影响。不管"五大臣"是因何种具体原因被杀，有一点是肯定的，他们被杀与"主和"有关。义和团是敌视李鸿章的，他是"一龙二虎"的"二虎"之一。义和团爆发时，李鸿章时任两广总督，虽远离京城，但由于他曾经位极人臣，弟子门生很多，各路函电络绎不绝。太后

〔1〕《义和团档案史料》（上），第386—387页，联名上奏的各督抚分别是：两江总督刘坤一、湖广总督张之洞、闽浙总督许应骙、四川总督骙俊、福州将军善联、成都将军绰哈布、署两广总督德寿、署陕甘总督魏光焘、浙江巡抚刘树棠、安徽巡抚王之春、山东巡抚袁世凯、护理江苏巡抚聂缉规。

〔2〕陈霞飞译：《中国海关密档》z864，第92页。

〔3〕《义和团档案史料》（上），第593页。

〔4〕同上书，第392页。

〔5〕张黎辉：《义和团运动散记》，《义和团史料》（上），第256页。

〔6〕钱应溥：《诰授光禄大夫太子少保兵部尚书筱云徐公家传》，中国国家图书馆藏。

〔7〕《义和团档案史料》（上），第468页。

〔8〕《张文襄公大事记·体仁阁大学士张公之洞事略》。转引自冯天瑜《庚子年间的张之洞》，《湖北大学学报》1985年第1期。

〔9〕《翁同龢日记》（六），第3280页。

虽然主战，对这次冒险一战的把握并不是很大。因此，在主战的同时，慈禧于五月十九日（六月十五日）电召李鸿章"迅速来京"[1]，但李鸿章却滞留观望月余。六月十三日（七月十四日），朝廷又一再催促，并授李鸿章北洋总督，而李还只是前往上海，仍在观望。[2]又一月，七月十三日（八月六日），太后授李鸿章全权，要求迅速来京。但就在这时，许景澄、袁昶被杀的消息已经传来，李鸿章再次请假二十天，请求延缓去京，滞留上海等待时机。盛宣怀一语道破李鸿章的心思："合肥（指李鸿章——引者）请假廿天以相事机。许、袁被害，合肥亦不敢仓卒入都。"[3]由于许景澄、袁昶被杀和接下来徐用仪、联元、立山被杀，使李鸿章更不敢贸然进京。事实上，李鸿章的担心也不是多余的，当时就有人在奏折中将李鸿章视为最大的"汉奸"，要求朝廷处决他。[4]直到北京沦陷、乘舆西迁后，李鸿章才来到北京，接受残酷的现实并办理屈辱的外交。

第二，对使馆人员的影响。六月十八日（七月十四日），天津陷落，北京告危。当时，西太后所倚重的几支精锐部队聂士成部、马玉昆部已在天津失利，袁世凯部远在山东，甘军的力量和荣禄武卫军的力量又都在围攻京城内的外国驻华使馆，各地勤王之师或尚未出发，或尚在途中，局势非常危急，远水不能解近火，西太后对天津的战局无法把握，只好把眼光又投向久攻不下的使馆。她令总理衙门给各国使臣照会，以保护使馆为名，要求他们"分起出馆""暂寓总署"，并规定出馆时，"万不可带持枪洋兵一人"。[5]但各国使臣拒绝"暂寓总署"的要求。六月二十三日（七月十九日），清政府又以保证使馆人员免受义和团攻击为名，再次建议由清军护送使馆人员赴津。使馆人员对此建议一直采取"拖延"的方法作为答复，但清政府却没有那么大的耐心。据窦纳乐的报告："在我还没来不及答复该信之前，送来了一封很紧急的信件（八月四日），附有总理衙门全体大臣（除了不幸已被处决的许景澄和袁昶之外）的名片。询问我们启程的日期，以便'赶紧'作出必要的安排。"[6]外国驻华使臣最终没有离开使馆的原因：一是他们从清政府的惊慌中猜测援救部队即将来到；另一点因为窦纳乐没有看到他们所熟悉的总理衙门大臣许景澄和袁昶的列名，这使他们自然想到清政府中"各派顾问势力有所变化"，许、袁"未列名"更增加了使臣对清廷送他们出京动机的怀疑。

负责"东南互保"的英国总领事霍必澜听说此事后也相当紧张，因为好战排外的李秉衡一到北京，许景澄、袁昶初二即被捕并很快就被杀，使霍必澜担心"互保"还能不能继续下去？为此，张之洞、刘坤一不得不作进一步保证。

第三，对朝廷"主和派"与"主战派"的影响。一方面，朝廷中的"主和派"大多转向明哲保身，不敢多言，总理衙门的领袖庆亲王奕劻是一个典型。袁昶曾上书奕劻，指出义和团"实属罪大恶极"，应"高悬赏格"，"格杀勿论"。主张"剿拳和洋"的奕劻当然是同意袁昶的观点的。当慈禧决定处死袁昶、许景澄以及立山、联元、徐用仪等五大臣时，奕劻也是反对的，然而，他并没有采取积极措施去营救。《高枬日记》称：处决袁昶、许景澄前，荣禄求情没有获准，就去找奕劻一同再去。奕劻说："我与若等耳，你求不行，我安能行者？如欲获准，非徐（桐）、崇（绮）一言不可。"奕劻明哲保身，甚是明显。马玉昆在北仓大败，太后十分害怕，"问计于左右，以新斩袁、许，无敢言者。"[7]众大臣为求自保，大多选择沉默。即使皇帝与慈禧太后放弃北京，太后下令求和，奕劻还是战战兢兢，不敢言和，"岂以一出言和，将与许、袁同罪欤"[8]许景澄、袁昶等五人被杀，甚至使后来从事议和的人也心有余悸。

另一方面，"主战派"论调更为甚嚣尘上。查看七月初三（七月二十九日）以后至二十一日（八月十五日）的上谕、奏折，可见主战论很是嚣张。特别是李秉衡的到京，

[1]《光绪朝东华录》（四），总第4518页。

[2]《北华捷报》1900年7月18日，第105－106页。

[3]《盛宣怀致恽祖翼函》，《盛档之七·义和团运动》，第176－177页。

[4]《义和团档案史料》（上），第394页。

[5]同上书，第325页。

[6]《英国蓝皮书有关义和团运动资料选译》，第114页。

[7]李希圣：《庚子国变记》，《义和团》（一），第22－23页。

[8]华学澜：《庚子日记》，见《庚子记事》，第182页。

给绝望中的慈禧太后不啻注了一支强心剂，"秉衡主战，且言义民可用，当以兵法部勒之……太后闻天津败，方彷徨，得秉衡言，乃决，遂命总统张春发、陈泽霖、万本华、夏辛酉四军"。李秉衡在长期处理民教纠纷中，对教会中一些人横行不法、欺压百姓的行为十分痛恨。巨野教案发生后，德国公使海靖蛮横地要求将李秉衡撤职，从此他更加憎恨"洋人"。加上他一向清廉自守，声名很好。因此，联军来华的消息传来时，许多大臣都向朝廷举荐重用李秉衡，认为"其声名足以服众，其威望足以慑敌，其公正无私足以信赏而必罚"[1]，给事中蒋式芬上奏："立黜一汉奸之李鸿章，而小人不敢效尤，重用一公忠体国之李秉衡，而士气因之以振。"[2]他们都建议朝廷特简李秉衡为统帅，各省援军归其节制、调遣，以一事权。太后采纳了此建议，令李秉衡帮办武卫军事务。七月十五日（八月九日），李秉衡率"勤王军"在河西务迎战八国联军，结果大败。另一方面，清军再次猛烈攻打东交民巷的各使馆，但使馆仍没攻下。七月二十日（八月十四日），北京失陷。慈禧仓皇西逃，并在西逃的路上，下令剿杀义和团，公开向各国求和。

许景澄、袁昶、徐用仪、立山、联元五人，死于强敌压境且败局已定之际，他们以"未明罪状"招致杀身之祸，成为晚清一大悬案。

（三）关于"五大臣"的死因

"五大臣"为什么被杀是个十分重要却难以准确回答的问题，至今也没有发现有关确凿可靠的官方资料来佐证他们被杀时朝廷颁布的上谕，因此关于他们的死因有多种解释。

1. 关于袁昶、许景澄的死因

袁昶、许景澄被杀的当天[3]，清政府公布了一道上谕，列举了袁昶、许景澄的四条罪状，即"屡被人参奏，声名恶劣"；"平日办理洋务，各存私心"；"每遇召见，任意妄奏、莠言乱政"；"语多离间，有不忍言者，大不敬"。虽然是明谕，"并未明宣罪状"[4]。其中原委，官方档案、当时人的著述以及现在诸多学者的论文（著）见仁见智，众说纷纭，甚至相互矛盾。从现有资料来看，关于他们被杀的原因主要有下面几种说法：

第一种，上疏谏阻而被杀。这是一种最为普遍的说法。《驴背集》、《天津拳匪变乱纪事》、《庚子记事》等时人的私家撰述，均持此说。但据笔者考证，谏阻是事实，上疏却不真。袁昶的第一疏根本就没上奏，二、三两疏是好事者伪作托名于袁昶、许景澄，也没上奏，因此，这种说法虽然最合情合理，却是不成立的（关于三疏的考证见"附录"）。

第二种，被义和团所杀。这种说法是袁昶、许景澄二人死后《申报》最早报道的。"朝廷深膺显戮，虽事有不可料者，然悬揣其若何获遣之处，思之终日而不可得。如谓兵连祸结，朝廷不无有憾于洋人，二公洋务素谙，或偶左袒洋人之处，故或此重遣，然恭读历次谕旨，朝廷不愿意失和，以保护使臣相告诫，得二公调剂其间，方资臂助，其不因此而获遣，一也。有人认为执政者将义和拳目为义民，蒙蔽朝廷，二公必欲辩明邪正是非，致获此遣，不知剿匪之谕一次，即或朝廷游移两可，亦何致重匪类而轻大臣，其不因此而获遣者二也"。文章指出，袁昶、许景澄二人的行为无论是从"剿匪"还是从"和洋"的角度，都不违背朝廷的意旨，因此认为他们被杀"害于拳匪者十之八九，死于国法则百不得一也"。[5] 这只是最初的传闻，后来的上谕使传闻不攻自破。

第三种，擅改谕旨而被杀。这种说法在外国人之间流传非常广泛，据《北华捷报》登载：慈禧太后曾经发布一个"洋人该杀"的密谕，这个密旨是交给总理衙门大臣袁昶和许景澄拍发的，许景澄、袁昶却将上谕中的"杀"字改为"保"字。这份密谕在河南、陕西、山西、四川曾经有外国人亲眼看到。当李秉衡率兵勤王抵京后，太后问他一路上

〔1〕《义和团档案史料》（上），第393页。

〔2〕同上书，第394页。

〔3〕关于许、袁的死期有两种说法，一种认为是七月初三，如李希圣《庚子国变记》、袁允肃《太常袁公行略》等，这种说法见之于大部分史料；一种是七月初四，如恽毓鼎的《崇陵传信录》。恽文认为许、袁是在七月初四日颁布上谕后被杀。根据《义和团档案史料》，上谕是七月初三日，因此恽文可能记载有错。本文采信七月初三。

〔4〕张黎辉：《义和团运动散记》，《义和团史料》（上），第256页。

〔5〕《答客问大臣遇害事》，《申报》1900年8月7日。

的见闻，李秉衡说北方几省完全执行抚拳灭洋谕旨，而南方督抚却对洋人非常友好。经过调查，原来是许景澄、袁昶偷改谕旨造成的。慈禧得知情况后，大怒，命令处斩[1]。同样的观点在《泰晤士报》上也有登载。[2]中文史料采信此观点的也有不少，如《庚子大事记》、《清史纪事本末》，现被证明是伪作的《景善日记》对此记载最为详细，《慈禧外记》、《中华帝国对外关系史》（第三卷）因援引《景善日记》，也采信了这种说法。

　　其实这个罪名是不成立的。首先，查找档案资料，没有发现相应的上谕。所谓上谕"用电报拍去的地方，丧失了效力"而"发生变乱的地区，上谕的抄本是由专差递送的"。[3]然而查阅属于"专差递送"范畴的陕西巡抚端方的档案中并没有类似的记载。其次，如果真有这样的密谕，应该由军机处密寄给地方将军、督抚，许景澄、袁昶为总署大臣，应该无权过问此事，时人说："译署非出纳丝轮之地"，"其说颇异"。[4]即使由总理衙门以电报形式发送地方督抚，慈禧太后也不可能让许景澄、袁昶去办这件事，在御前会议上，许景澄、袁昶反对招抚义和团，要求保护洋人的态度非常明显，怎么可能选他们两人去办这件事呢？最后，窃改上谕是重大的罪行，一旦发觉，死路一条，许景澄、袁昶久历官场，是务实而谨慎之人，[5]不可能作出这样的事情。

　　第四种，通敌被杀。赵声伯《庚子纪事长札》记载："七月初三日，忽将侍郎许景澄、太常卿袁昶弃市，致其罪状，则通敌。"[6]佚名《综论义和团》指出，"许公之被祸，实因先一日缮写一信，饬送某国军营，略言团匪之乱，系端王蒙蔽皇太后纵之使然，与皇上无干。不意信差被董军所获，将信呈览，太后大怒"。[7]八月七日，载勋奏：据投首教民傅景涛招供，在使馆被围期间："每日仍有中国大员遣人送信，惟六月二十间，有许景澄大人派人送信一封，是我眼见的。以后又有人送信，我不知道姓名，听他们说都是中国官员。至他们商议什么事，我不知道。"[8]《北华捷报》报道许景澄、袁昶被杀的原因时，认为许、袁两人主张给各国驻北京的公使馆送食物，并主张与公使谈判。[9]《泰晤士报》驻北京的记者莫理循认为许景澄、袁昶被杀原因也是"他们与外人的关系"。[10]

这种说法也是不成立的。"通敌"的说法即使证据充分，也不构成死罪，因为当时与使馆人员发生通信关系、供应食物是公开的事情。而关于许景澄派人送"密信"的说法也是子虚乌有。英国驻华公使窦纳乐确实在六月二十一日（七月十六日）收到一封信，信是当天晚上六时以后由一名老教徒递送的。而根据窦纳乐的报告，在这段时间他收到的来信"从来不确切了解是谁写给我们。我们收到的信件中，有些采用了总理衙门通常采用的形式，并附有全体总理衙门大臣的名片……那部分重要的信件都是写给我本人的，或许以为我是那些使馆卫队的各国公使中的首席公使，信上注明是由'庆亲王及其他大臣'或'庆亲王及其同僚'写来的……"[11]核对中方史料，七月十六日，窦纳乐收到的是总理衙门奕劻等大臣的复函，信中保证"中国自应加派队伍，严禁团民不得再向各国使馆放枪攻击"。[12]因此，这封信并不是许景澄派人送来的密信。博景涛之所以认为是许景澄派人送的信，或许是他偶然看到了这封信札下面的签名有总理衙门大臣许景澄的名字，因此说"是我眼见的"。另外，在窦纳乐的报告中，除提到了与荣禄、奕劻有书信往来外，没有提到任何其他具体人的名字，如果确有许景澄独自署名的信，窦纳乐在给索尔兹伯里的报告中不可能不提到。许景澄、袁昶两人已死，载勋此时报告许景澄有"通敌"行为，并没有什么意义，而清

[1]《北华捷报》1900年9月12日，第541页。

[2]《泰晤士报》1901年4月29日，第5版。

[3]马士：《中华帝国对外关系史》第三卷，上海书店出版社2000年版，第254页。

[4]龙顾山人：《庚子诗鉴》，《义和团史料》（上），中国社会科学出版社1982年版，第63页。

[5]袁荣叟：《袁忠节公手札》，附录。

[6]赵声伯：《庚子纪事长札》，《义和团史料》（下），第657页。

[7]佚名：《综论义和团》，《义和团史料》（上），第171页。

[8]《团练大臣载勋等折》，《义和团档案史料》（上），第447页。

[9]《北华捷报》1900年8月8日，第269页。

[10]《泰晤士报》1900年9月10日，第7版。

[11]《英国蓝皮书有关义和团运动资料选译》，第101页。

[12]《总理各国事务奕劻等复某公使函》，《义和团档案史料》（上），第326页。

政府公布处死许景澄、袁昶的上谕中也未谈到他们有"通敌"之事。

2. 有关真实背景的历史分析

散逸于其他文人笔记中关于许景澄、袁昶被杀的原因还有很多，如因李秉衡参劾、出使俄国签订不平等条约[1]等，有的是道听途说，有的是以讹传讹，这些说法似乎都有些道理，但都没说到问题的实质。笔者认为许景澄、袁昶被杀的原因，其导火索是对外"主和"，隐藏在背后的利益集团之间的权力之争如帝后之争、中央与地方之争、中外之争是本质原因。在戊戌政变后清政权新的政治生活中最大的利益集团就是"大阿哥党"。这个利益集团的代表的政治目的性很强，即实现"废立"阴谋（废黜光绪帝，推举大阿哥为新皇帝），这个集团成员以"大阿哥"为纽带，以"大阿哥"的父亲载漪为领袖，以"大阿哥"的家族之人、师傅、亲朋为核心成员，他们是庄亲王载勋，载漪的兄弟载濂、载澜，载漪的好友刚毅、"大阿哥"的师傅徐桐、崇绮等。

其一，许景澄、袁昶与"大阿哥党"之间的矛盾。上谕中说许、袁"屡被人参奏，声名恶劣"。庚子事变中，被人参奏声名恶劣者大有人在，独许、袁被处死，原因何在？如前文所述，参奏许、袁的大多是"大阿哥党"顽固派官僚如载漪、载溁、载勋、刚毅、徐桐等人，戊戌政变后他们密谋"废立"，本想组成新的"帝党"，却不料废立之议，不仅遭到洋人的反对，也遭到统治集团内部的李鸿章、刘坤一、张之洞等南方督抚的反对。在中央，立山及政变后新被任用的徐用仪、袁昶、许景澄等人也反废立。最后，"废立"变成了"建储"，"帝党"退而为"大阿哥党"。最高权力欲望没有得到满足的"大阿哥党"对"洋人"切齿痛恨，听说义和团有"神术"，可以专门对付"洋人"、"洋物"，遂孤注一掷，利用义和团去杀尽"洋人"及与"洋人"有关联的"大毛子"、"二毛子"、"三毛子"……五大臣就是他们要杀的"二毛子"。

其二，太后虽然与大阿哥党的政治利益有所不同，但在反对以光绪为首的帝党利益方面是一致的。戊戌政变后，慈禧太后与"大阿哥党"的政治关系比较微妙。虽然，她与"大阿哥党"都主张"废立"，但太后更关心的是巩固自己的"训政"地位，而"大阿哥党"更关心的是夺取最高权力；光绪、康有为、梁启超多次被外国人庇护，使太后颜面尽失,而康有为、梁启超在海外的"勤王"活动,更是对她权力合法性的质疑,因此太后和"大阿哥党"在反对以光绪为首的帝党利益方面是一致的。严格说来,戊戌政变后,帝党已不复存在,袁昶、许景澄在政变后能到中央任要职,证明他们至少不是帝党。然而,庚子事变中袁昶、许景澄御前会议上的表现却是大忤太后的旨意。上谕中有袁、许"每遇召见,任意妄奏、莠言乱政";"语多离间,有不忍言者,大不敬"。主要是针对此事。御前会议上许景澄、袁昶不仅主和,而且和光绪竟然结成一团,许景澄、袁昶异常行为在戊戌政变后的帝后关系恶化时触动慈禧敏感的神经,是慈禧太后极不愿意看到的一幕。关于这件事,后来逃抵西安的慈禧,仍然耿耿于怀,怒不可言,吴永《庚子西狩丛谈》述及此事时说:

> 一日入见,奏事毕,太后与皇上同坐倚窗槛上,予见太后意尚闲暇,因乘闲奏言"徐用仪、许景澄、袁昶三臣,皆忠实为国,当时身罹法典,当然必有应得之罪,顾论其心迹,似在可原,据臣所闻外间舆论,颇皆为之痛惜,可否谅予昭雪?"方言至此处,意尚未尽,突见太后脸色一沉,目光直注,两腮逆突,额间筋脉悉偾起,露齿作噤齿状,厉声曰:"吴永,连你也这样说耶?"予从来未见太后发怒,猝见此态,惶悚万状,当即叩头谢曰:"臣冒昧不知轻重。"太后神色略定,忽将怒容尽敛,仍从容霁颜曰:"想你是不知道此中情节,皇帝在此,你但问皇帝,当日叫大起,王公大臣,都在廷上,尚未说着话,他数人叨叨切切,不知说些什么?哄着皇帝,致赚得皇帝下位,牵着许景澄的衣袖,叫'许景澄你救我',彼此居然结着一团,放声纵哭,你想还有一毫体统

〔1〕李希圣:《庚子国变记》,第20页。

〔2〕吴永:《庚子西狩丛谈》,《义和团》(三),第433页。Chesrer C, Tan, *The Boxer Catastrophe*, Columbia, University Press, New York 1955. pp.117-118. 谭先生认为吴永书中所述并不可信。举证了三点原因,一是为五大臣恢复名誉是列强压力下的国际性问题,向吴永那样职微的小官是没有资格在太后面前提那么重要的问题。二是吴永对三人的死因和死的时间都不清楚。三是认为外国列强提出为五大臣恢复名誉时,太后非常生气的事纯属子虚乌有。

么？你且问皇帝，是否实在？"皇上默无一语……[2]

在御前会议上，许景澄、袁昶要求剿杀义和团，反对对外开战，本是根据太后的懿旨正常地议论国政。然而，皇帝以九五之尊和大臣拉手，并且结成一团，哭成一团，叨叨切切。自戊戌政变后，康、梁亡命海外，但"勤王"之声不绝于耳。慈禧太后唯恐"新党"死灰复燃，扶植光绪，迫她归政，许景澄、袁昶虽算不上严格意义上的帝党，但对外"主和"的主张与皇帝一致，又与皇帝结成一团，这是太后最不能容忍的。所以上谕中说"每遇召见，任意妄奏、莠言乱政"；"语多离间，有大不敬者"，当指此事。帝、后党争的余波仍在，杀机即伏于此。因此太后及"大阿哥党"在天津失陷后，眼看五大臣在御前会议上预见的战争后果即将成为现实，不堪因战争失败而见笑于天下的太后，在载漪的怂恿下，对许景澄、袁昶大开杀戒。据恽毓鼎言，"先是载漪力主外攘，累攻战，不得逞，欲袭桓温枋头故智，多诸戮大臣，以示威而逼上"。[1]许景澄、袁昶或反对废立，或反对宣战，他们与"大阿哥党"的矛盾很深，诛戮五大臣与"大阿哥党"的阴谋没有得逞有很大关系。

其三，使馆和总署是中外之争的"火力点"。许景澄、袁昶都是南方人（浙江人），他们虽然痛恨列强的侵略，但也感受到"欧风美雨"给中国特别是南方带来了商业上的繁荣和教育上的发达。他们虽饱受儒学的浸染，但更侧重经世致用之学，因此他们对待"洋人"、"洋物"，不可能采取一概摒弃的态度。许景澄、袁昶都在总理衙门任职，每日必须和洋务打交道。在与"洋人"尤其是与外国驻华使臣的接触中，都会遵守一般的外交礼仪。然而这些却让在光绪二十六年五月十四日（一九〇〇年六月十日）进入总理衙门的极端保守派官僚载漪、启秀等非常不满。在排外思想甚嚣尘上时，"自总署、同文馆、铁路公所、大学堂，凡交涉洋务者，不分皂白，毫无影响，概目之为汉奸，诬之为吃教"[2]，总署尤为排外者所忌恨。当时士大夫多持"攘夷"之说，视译署大小官员或目为"媚夷"，或斥为"汉奸"。以理学者自居的徐桐、崇绮之流固不屑齿论，即使以辞藻风流擅长的李慈铭，虽然非常欣赏袁昶和许景澄的学识和人品，但对他们任职总理衙门也甚觉可惜。义和团运动兴起，主张剿杀义和团的不仅仅是许景澄、袁昶,甚至御前会议上的廷争,给慈禧太后印象最深的却不是他们,而是翰林院侍讲学士朱祖谋。朱因言多而声大,太后甚至怒目问其姓名。[3]而独加罪于许、袁,"犹视昔日之陈见,谓此辈乃不悦于攘夷也"。[4]在顽固派和义和团眼里,主办交涉事务与洋人打交道的总署官员,对外"主和"、"媚夷",这样的"二毛子"当然该杀。据时人记载,在庚子五月间,端王载漪甚至有撤署之意以绝"亲夷"之人,"有此署然后来此人,亟宜撤而去之,俾外人无可闹处"。[5]推而及之,可知顽固派对许景澄、袁昶的仇恨,尤其是对许景澄。许曾长期为清廷驻外使臣,代表政府与俄国签订了许多不平等条约,在他们眼里,许景澄就是"汉奸"、"卖国贼"。因此,上谕中有许、袁"平日办理洋务,各存私心"之语。其实,总署从创立起,一直都奉行着"外须和戎"的外交政策,也没有哪一个条约是许景澄私自与外人签订的。而攻打使馆之议,早在戊戌政变以后不久就有传闻。光绪二十四年八月二十一日(一八九八年十月六日)熙礼尔报告英国公使窦纳乐:"我的买办(吴懋鼎)告诉我:昨晚街谈巷议中有某些值得注意的说法,据说是军机处的一个成员讲的,要趁这留住北京的外国人为数很少之际,将他们全部根除,烧毁各国使馆。我的部下昨晚曾尾随在一群总理衙门属员身后,听到了这种十分令人担心的交谈。"[6]"大阿哥党"和太后对外国人的痛恨,集中到外国人人数最多的使馆和与外国人交往最多的总署,许景澄、袁昶都反对攻打使馆,从而成了中外斗争的牺牲品。

其四,许景澄、袁昶与东南督抚的亲密关

[1]恽毓鼎:《崇陵传信录》,《义和团》(一),第51页。

[2]《太常袁公行略》,第29页。吃教,依靠基督教生活之意。

[3]《崇陵传信录》,《义和团》(一),第48页。

[4]《袁忠节公手札》,癸亥十一月钝斋吴毓生书。

[5]佐原笃介、浙西沤隐:《拳乱纪闻》,《义和团》(一),第120页。

[6]骆惠敏编、刘桂梁等译:《清末民初政情内幕——〈泰晤士报〉驻北京记者、袁世凯政治顾问乔·厄·莫理循书信集》上册,知识出版社1986年版,第116页。

系触动太后和"大阿哥党"的"内轻外重"顾虑。张之洞、刘坤一等于五月二十四日联衔致电总署、荣禄，要求"力剿"义和团，明谕各省保护"洋教士"等，反对载漪等顽固派大臣的"主抚"政策[1]。朝廷公开对外国势力宣战后，旨令各督抚在本地招抚义和团，并派兵北上"勤王"，然而以张之洞为首的东南督抚以各种借口推托说本地并无义和团，对派兵北上也是应者寥寥，责怪朝廷"信邪术以保国"，不理解朝廷"万不得已之苦衷"，私下与外国立约"东南互保"，公开对抗朝廷的圣旨。除了知名督抚策划、参与"东南互保"外，东南地区不少地方实力派如盛宣怀、张謇、沈庆植、余联沅等为"互保"的事多方奔走联络。互保章程订立后，参与的省份扩展到长江中下游数省、两广、闽浙和山东……时人对此也不无疑惑："向者两国失和，势不两立，自上而下，自近而远，莫不同声气忾……未尝以南北而殊，以朝野而异，今也事起于北方，而无涉于南省"[2]地方督抚与地方士绅联络一气，置朝廷的宣战上谕于不顾，表明地方与中央的抗衡远远超出了太后所能控制的范畴。地方的反叛行为让控制中央的慈禧太后和"大阿哥党"无法容忍，可他们对掌握兵权又有"洋人"撑腰的地方督抚却又无可奈何；而在中央，朝廷宣战后，袁昶、许景澄与张之洞、刘坤一密函往来，联络一气。惟慈禧是瞻的载漪之流更想到"废立"时张、刘等人的态度，岂能不恨？而"许、袁鄂督门生，诸王怒鄂督，故袁、许不免。"[3]李秉衡入京后极力主战，建言用杀许景澄、袁昶来警告外臣。"当李秉衡入觐时，极言东南和约之非，且言不诛一二统兵大臣，不足以震中国之势，而外人决不能除。故许、袁以直谏先罹其咎，所以儆外臣也。"[4]所谓"儆外臣"，就是对地方督抚发出警告，袁昶、许景澄由于与东南督抚特别是与张之洞、刘坤一的特殊关系，从而成为牺牲品。

其五，袁昶、许景澄"主和"立场宣战前后没有变化，成为太后和"大阿哥党"的眼中钉。在五月二十日（六月十六日）的御前会议上"主和"的人以袁昶、许景澄、立山、联元、朱祖谋为主，尤其是朱祖谋态度激烈，"太后于祖谋之出，犹怒目送之"[5]，但同一个朱祖谋，在太后五月二十五日（六月二十一日）宣战后，其原来的"主和"立场发生了变化。当朱听说董福祥的甘军在东交民巷潜挖地道的消息后，他马上上书建议："倘日内得手，攻克使馆，洋兵必应悉数歼戮，使臣则宜设法生擒。并非藉此施恩，实可挟以为质也。"[6]朱祖谋的方法，正合太后心意。朱的政治立场的转变，真实地反映了部分士大夫官僚畏惧惶恐、投机迎合的心理。但许景澄、袁昶在朝廷宣战后，并没有见风使舵，更没有改变原先"主和"立场。原想孤注一掷，以战泄恨的慈禧太后和"大阿哥党"在天津失陷，联军逼近北京时，为稳定军心，以儆外臣，"主和"的许景澄、袁昶二人也就在劫难逃了。

由此可见，上谕中没有一项是违反的《大清律例》，可是，根据此上谕看来，许、袁实为道德败坏之人，道德杀人正是太后及"大阿哥党"的法律。诚如时人所云"莫须有之狱后世自有公论，无待余之讼冤"。[7]

3. 关于徐用仪、立山、联元之死因

许景澄、袁昶死后近半个月，清廷又颁发上谕，宣布将徐用仪、立山、联元正法，并且罪名与许景澄、袁昶相似。他们的死因与许景澄、袁昶一样都与御前会议上的主和有关，但与许景澄、袁昶不一样的是，对徐用仪、立山、联元来说，私仇是动因，如时人所云，"强敌在境，先修私怨"，[8]可谓一语中的。

徐用仪是"后党"重要成员，甲午期间依附孙毓汶，一意"主和"，遭到帝党弹劾，结果被光绪皇帝遂出军机处和总理衙门。戊戌政变后，慈禧再次"训政"，被太后重新启用，复任总理衙门大臣；在半年之间，徐由都察院左都御史而署吏部尚书，再擢兵部尚书，官运可谓亨通。毫无疑问，徐用仪是后党官僚，但他反对慈禧太后立载漪的儿子溥儁为"大阿哥"，"用仪不甚附和"，载漪恨之。据王彦威《庚子西巡大事记》记载，"三人者（徐、许、

〔1〕《李秉衡、刘坤一、张之洞等致总署、荣中堂电》，《义和团》（三），第329—330页。

〔2〕《义和团》（四），第187页。

〔3〕《义和团运动史料丛编》（一），第132页。

〔4〕《义和团史料》（上），第178页。

〔5〕《义和团》（一），第48页。

〔6〕《义和团档案史料》，第212页。

〔7〕叶昌炽：《缘督庐日记》，第3176页。

〔8〕同上。

袁）同心协志，每议交涉事，赖其力者居多，三人为译署眉目"。这对掌管总理衙门的载漪来说，也是不能容忍的。作为后党成员，徐用仪反对太后对外开战，"译署堂官集议，用仪恒言挑衅非福，载漪久衔之"。载漪最恨"后党"成员"主和"，因为"后党"成员最有可能改变太后"主战"的主张；袁昶、许景澄被杀后，徐用仪独为哭殓，刚毅说："是亦汉奸也，留之必为患，竟并立山等缚斩之。"据王彦威《庚子西巡大事记》记载：徐用仪之被逮，荣相（荣禄）欲往约徐桐，请入谏。徐桐曰："此等背国向外之人，杀一人少一人好，吾不惟不能携同人谏，并劝公不必为请命也。荣与王协揆（文韶）力争之，亦不能得。"徐用仪与载漪、刚毅"大阿哥党"等人私怨极深。因此，徐用仪虽身为"后党"成员，也难逃厄运。

　　联元之死，似与崇绮关系龃龉所致。据《春冰室野乘》记载："联（元）仙蘅学士上封事，请停攻使馆也，出遇崇文山上公于景运门外。崇（绮）讶曰：仙蘅何事？今日未明入直耶？学士告以故。崇勃然曰：仙蘅君自忘为吾满洲人乎？乃效彼汉奸所为。学士点庶当时，崇为阅卷大臣，故师生也。学士毫不逊谢，竟拂衣出。崇益怒，未数日，学士遂赴西市。"[1]联元身为满人学士，竟然反对攻打使馆，"效彼汉奸所为"，更有甚者，目无师长，未对崇绮唯唯诺诺，这是身为"大阿哥党"骨干成员的崇绮不能容忍的。崇绮是"大阿哥"的老师，如果光绪被废，他就贵为"帝师"，结果这样的好事却给"洋人"给搅了。崇绮因此对"洋人"恨之入骨，借义和团之力攻打使馆，杀死使臣，正是报复的好机会。所以当得知联元准备上奏反对攻打使馆，再加上联元对自己"毫不逊谢，竟拂衣出"的态度，崇绮怎能不恨？另据吴永《庚子西狩丛谈》及沃丘仲子《近代名人传》记载，联元认为如果对外开战，联军杀进京城，"必致鸡犬不留"，太后听了也是十分气愤；徐桐责问联元："子旗籍理学名家，奈何亦附异端？"联元说："那些'拳匪'，只是假神官家言，托鬼神愚弄他人，则异端矣。吾所言衷诸往训，不知其畏也。"身为崇绮门生，却冒犯师长，身为旗籍理学名家，却对外"主和"，身为满人，却为"洋人"说话，甚至有人建议对他"处以极刑，亦不为过"。[2]

　　立山身为内务府大臣，见识过"洋人"的礼仪及生活方式，也从

"洋人"赠送的具有现代科技的小礼物中感受
到西物的美观、实用、精巧、便捷。由于职
务关系,立山经常到"三织造"(苏州、江
宁、杭州)验货、办货,他虽然痛恨列强的
侵略,但与外国驻华使臣的接触中和接待来
华的要员中,都会遵守一般的外交礼仪。御
前会议上,立山认为"拳民"不可依靠,也
不主张对外开战,这些特别违背了太后和
"大阿哥党"的心愿。清军和义和团民围攻北
京城内的西什库教堂,然久攻不下。载勋遂
乘机诬陷立山家有"地道"通西什库教堂,
立山是"洋人"的内应,所以教堂久攻不下,
请旨搜查立山府第。然而搜查后,并未搜查
到"洋人",但载勋并未就此罢休,六月十九
日(七月十五日),请旨要求将立山"革职":

> 奴才载勋等跪奏为请旨事。奴才等奉命
搜查户部尚书立山有无私藏洋人及沟通形
迹。遵即带领团民官兵两次往查,并未起获
洋人,至令奴才等查讯该尚书是否教匪一
节。于十七日传令该尚书自至总坛上焚香请
神,遂被诸神降坛,数其交结洋人,行踪诡
秘之事。遂质之该尚书,形色仓皇。奴才等
不敢不据实直陈。相应请旨将户部尚书立山
即行革职,交刑部牢固监禁。是否有当,伏
乞皇太后、皇上圣鉴。谨奏请旨。[3]

这份奏折提供以下的信息:搜查立山府第
是奉旨而为;执行搜查的是团民、官兵;两次
搜查,并无私藏的"洋人";诸神降坛说立山
交结"洋人",行踪诡秘;立山神色仓皇,因

〔1〕李岳瑞:《看冰室野
乘》,近代中国史料丛
刊第六辑,台湾文海
出版社 1967 年版。

〔2〕《载滢奏陈御敌管见
折》,《义和团档案史
料续编》(上),第
628 页。

〔3〕《尚书立山请革职交部
监禁由》,《录副奏
折》,缩微号:631。

此断定立山可疑。

　　从这里还可以看出慈禧太后对义和团的迷信，可以看出司法程序形同虚设，可以看出顽固派大臣的嚣张气焰，判定立山有罪的证据是诸神降坛所云。六月二十日（七月十六日），立山果然被交与刑部监禁。在一些私家笔记中，都认为立山下狱完全是顽固派大臣"矫旨"所为，太后并不知道此事，或者即使太后知道此事，也是出于无奈，并非出自太后本心。然事实并非如此。立山虽是太后的宠臣，但这主要是戊戌政变以前的事。戊戌政变后，立山在奉命囚禁光绪皇帝的过程中，同情光绪帝，并曾安装玻璃屏风为光绪御风[1]；在废立计划中，太后欲行内禅，召其夙所宠信者密谋，"立山意不谓然，太后浸疏之"[2]；庚子御前会议上，在太后决意主抚时，立山又认为义和团"其术多不效"，对于自己的宠臣如此逆意而行，太后岂能不气愤！所以当立山以自己非总理衙门成员不愿意去使馆交涉时，太后愤怒地说："汝敢往，固当往；不敢往，亦当往。"[3]因此，宣战后，当载勋以立山私藏"洋人"诬陷立山时，即使未查到证据，太后还是同意将立山交到刑部监禁。后来人为了替太后解脱罪责，将责任全部推给顽固派大臣与义和团，是不客观的。如参加御前会议的恽毓鼎就认为立山下狱是义和团"矫诏"行事。

　　　　钦命义和团、王大臣奉懿旨，闻户部尚书立山藏匿洋人，行踪诡秘，著该王大臣查明办理，该王大臣至宅搜查，并无洋人，并将该尚书拿至坛中，焚香拜表，神即下坛。斥以沟通洋人，行踪诡秘，尚书神色仓皇，著即革职交刑部牢圈监禁，倘有疏虞，定惟该王大臣是问。[4]

　　将此诏书与载勋十九日的奏折相比较，发现其内容基本相同，因此可以断定此旨是根据载勋等顽固派大臣的意图所拟，此诏书并非伪诏，只是载勋等人利用了太后对立山逐渐疏远的心理，以"主和"通敌为借口，公报私仇，欲置立山于死地。立山死后，《申报》曾专门报道《立侍郎遇祸事》：审讯立山的竟然是义和团大师兄，而此大师兄又恰巧是曾被立山撵逐的长随。[5]立山其人虽不足取，但被正法，死非其罪。

　　柯凤孙曾有《哀城南》一诗，对立山颇有微词，诗曰：

西安门里酒醋坊，杨家宅第临康庄。

连甍累栋郁相望，文皮藉地锦衣墙。

蹋筵歌舞罗名倡，百僚上寿争踉跄。

两宫恩礼逾寻常，出入禁掖连貂珰。

祸机猝发谁能量，柴东西市真抢攘。

侃侃廷争袁太常，从署牍者两侍郎。

老臣无罪龙昂藏，白头饮刃可怜伤。

象齿焚身兆厚亡，意与謇谔同罹殃。

秦人不用哀三良，危身奉上名俱彰。[6]

诗中描述了在北京皇城西安门内立山宅第（立山，原姓杨）豪华，百官争交，两宫恩礼，赞颂了袁昶、许景澄、联元侃侃廷争，痛惜徐用仪"白头饮刃"，而认为立山无端附骥成名。于是立山之死，不缘于国事，几成定论。

"五大臣"的死亡前后相隔不到半月，死因不尽相同，但其却有相通之处：（一）都与对内"主剿"对外"主和"有关，（二）都没有经过三法司会审，[7]（三）都是死非其罪，其背后牵涉利益集团复杂的政治斗争。鸦片战争后，清政府体制外面临着自身与西方列强之间的权力分配，而在体制内存在着帝后、满汉、中央与地方之间的权力分配各方，利益分殊引起权力分配不断演化为各种政治斗争，其中不少人成为政治斗争的牺牲品。庚子年间，"五大臣"即为利益集团权力斗争的政治牺牲品。

〔1〕徐彬彬：《庚子之忠臣》《越风半月刊》，第 12 期，沈云龙主编：近代中国史料丛刊续编第六十六辑，台湾文海出版社。

〔2〕李希圣：《庚子国变记》，《义和团》（一），第 22 页。

〔3〕恽毓鼎：《崇陵传信录》，《义和团》（一），第 49 页。

〔4〕同上书，第 51 页。

〔5〕《立侍郎遇祸事》《申报》1900 年 10 月 7 日。

〔6〕柯凤孙：《哀城南》，《越风半月刊》第 12 期。

〔7〕清律，凡重辟，必须三法司（大理寺、都察院、刑部）的意见完全一致，才能定案。如果意见不一，由刑部主稿，都察院大理寺签字，奏闻钦定，由皇帝裁决。

# 第七章

# "五大臣"昭雪

"五大臣"的预见是正确的。他们深知，朝廷贸然宣战，会给列强扩大侵略制造借口，会使自己政治上日益被动，最终会导致更多利权的丧失。果不其然，在清政府宣战后不久，八国联军就侵入了北京，而此时以慈禧为首的"主战派"狼狈西逃。宣战的结局是令人悲哀的，最终签订了空前屈辱的《辛丑条约》。中国从此完全沦入半殖民地的深渊。庚子事变后，清政府在列强的压力下，不得不接受惩办祸首和为被杀的"五大臣"平反昭雪的要求。"五大臣"平反后受到时人的隆重祭奠。

## 第一节 惩凶与平反

### 一 惩办"祸首"

八国联军兵临京城，銮舆西迁，城遂陷落。在逃亡的路上，西太后下旨官军围剿义和团，并令李鸿章迅速北上求和。李鸿章与入侵的"八国联军"的谈判是非常艰难的，所谓以"全权大臣"的名义与各国所进行的"议和"，其实不过是清廷自欺欺人而已。对此，荣禄在一封家书中曾说过："庆（亲王）、李（鸿章）名为全权，与各国开议，其实彼族均自行商定，是日交给条款照会而已，无所谓互议也。"[1] 谈判的一项重要内容就是关于"祸首"的惩处。所谓"祸首"，就是主张招抚并借用义和团对外宣战的清廷官员。具体地说，就是指西太后以及载漪为首的"大阿哥党"，他们也正是处死"五大臣"的人。西太后曾作为最大的祸首，由德国提出要求惩办[2]。然而作为谈判代表的奕劻和李鸿章，尽管他们万分憎恨将国家推入深渊的西太后和载漪之流，但对皇室的忠诚使他们拼死也要保护太后和皇亲国戚的尊严。他们不能想象太后和皇室成员被绑到菜市口在"洋人"的监督下砍掉脑袋的情景。在奕劻、李鸿章、张之洞等人的努力下，列强决定不再追究西太后的责任，但仍坚持对端郡王载漪、庄亲王载勋、辅国公载澜、山西巡抚毓贤、协办大学士吏部尚书刚毅、甘肃提督董福祥、都察院左都御使英年、刑部尚书赵舒翘、大学士徐桐、前四川总督李秉衡十位大臣决不宽恕。这些人都是首祸中品位最高的，曾是西太后的同道者，但在列强的意志面前只能听任宰割。应列强的要求，西太后曾于闰八月初二（九月二十五日）、九月二十二日（十一月十三日）、十二月二十五日（一九零一年一月十三日），三次颁布上谕，惩办诸王大臣，但列强仍不满意惩罚的力度。"即如此次徐筱云尚书、许竹篔侍郎、袁爽秋京卿皆系大臣，而皆无罪而戮，夫无罪而戮之，有罪则反生全之"[3]；"何以杀许竹篔诸人，又容易如彼"[4]。在列强的压力下，清廷不得不再次颁布上谕，三次上谕对首祸大臣的惩处见下表：

[1]《李文忠公全集·电稿》卷三七，第21页。

[2]孙瑞芹译：《德国外交文件有关中国交涉史料选译》第2卷，第122页。

[3]《读九月二十二日上谕恭注于后》，《申报》1900年11月18日。

[4]《高枬日记》，《庚子记事》，第207页。

### 三次上谕对首祸诸王大臣惩处对照表

| 官职（爵位） | 姓名 | 闰八月初二上谕 | 九月二十二日上谕 | 十二月二十五日上谕 | 备注 |
|---|---|---|---|---|---|
| 端郡王 | 载漪 | 撤去一切差使，交宗人府严加议处、停俸 | 革去爵职，交宗人府圈禁，俟军务平定后发往盛京，永远圈禁 | 发往新疆永远监禁 | 懿亲，特予加恩 |
| 庄亲王 | 载勋 | 革去爵职 | | 自尽 | 派署左都御史葛宝华前往监视 |
| 辅国公 | 载澜 | 交该衙门严加议处 | 停俸，降一级调用 | 发往新疆永远监禁 | 懿亲，特予加恩 |
| 山西巡抚 | 毓贤 | | 发往极边充当苦差，永不释回 | 即行正法 | 派按察史何福堃监视行刑 |
| 协办大学士、吏部尚书 | 刚毅 | 交都察院吏部议处 | 免其置议 | 追夺原官，即行革职 | 已病故 |
| 甘肃提督 | 董福祥 | | 革职留任 | 即行革职 | 在甘肃素著劳绩，回汉悦服，格外从宽 |
| 都察院左都御使 | 英年 | 交该衙门严加议处 | 降二级调用 | 加恩革职，定为斩监候 | 先在陕西省监禁 |
| 刑部尚书 | 赵舒翘 | 交都察院吏部议处 | 革职留任 | 加恩革职，定为斩监候 | 先在陕西省监禁 |
| 大学士 | 徐桐 | | | 革职，将卹典撤销 | 已殉难身故 |
| 前四川总督 | 李秉衡 | | | 革职，将卹典撤销 | 已殉难身故 |

（此表格根据光绪二十六年闰八月初二上谕、九月二十二日上谕、十二月二十五日上谕制成，见《义和团》（四），第五十八页、第七十二页、第八十六页。）

由上表可以看出，列强对首祸诸王大臣的惩处一次比一次严厉，除了端郡王载漪、辅国公载澜保存了性命外，其他人都被处以极刑。这是清廷有史以来对高位王公大臣最严厉的惩罚。根据清律，区分首犯和从犯，英年、赵舒翘，都是"从犯"，因此不应当判处死刑，但列强坚决不同意，坚持对他们处以死刑，并声称"他们所犯罪行不是违反了中国的法律，而是违反了国际法和人道的准则。我们对中国的法律不能予以考虑"。[1]这充分体现了列强的强盗逻辑。光绪二十七年正月初六（一九〇一年二月二十四日），清廷被迫再次下谕：已监禁在陕西的英年和赵舒翘赐令自尽，派陕西巡抚岑春煊前往监视。这些"顽固派"大臣代表了社会最落后和最腐朽的一面。他们在庚子年杀害了袁昶、许景澄和徐用仪、立山、联元；他们为了自己的私利，给国家带来的无可挽回的损失；他们的死并不足惜，但由列强指名惩处且清廷诏旨屡屡更改而惩罚逐渐加重，正如历史学家陈旭麓所言："通过惩处这些人以儆其他人，却是民族的耻辱。"[2]

## 二 平反昭雪

"五大臣"被杀时，时人都认为是"莫须有"的罪名，但公开要求为"五大臣"平反的却是外国驻中国公使团。光绪二十六年十二月十八日（一九○一年二月六日），各国使节举行会议，除了讨论对首祸诸臣的惩罚究竟最后应采取什么形式外，还决定坚决要求清廷发布一道上谕，为"五大臣"恢复名誉。会后，各国使节以联合照会的形式向中国全权大臣提出。

为"五大臣"平反昭雪，被写入《辛丑条约》中，该条约第二款规定："兵部尚书徐用仪、户部尚书立山、吏部左侍郎许景澄、内阁学士兼礼部侍郎衔联元、太常寺卿袁昶，因上年力驳殊悖诸国义法极恶之罪被害，于西历本年二月十三日，即中历上年十二月二十五日，奉上谕开复原官，以示诏雪"（见《辛丑条约》附件七）[3]。

光绪二十六年十二月二十五日（一九○一年二月十三日），清廷在发布加重惩罚祸首的上谕的同一天，也发布了为"五大臣"平反的上谕：

内阁奉上谕：本年五月间，拳匪倡

〔1〕《英国蓝皮书有关义和团运动资料选译》，第455页。

〔2〕陈旭麓：《近代中国社会的新陈代谢》，上海人民出版社1992年版，第210页。

〔3〕《义和团》（四），第495页。

乱，势日鸱张，朝廷以剿抚两难，迭次召见臣公，以期折衷一是，乃兵部尚书徐用仪、户部尚书立山、吏部左侍郎许景澄、内阁学士联元、太常寺卿袁昶，经朕一再垂询，词意均涉两可，而首祸诸臣遂乘机诬陷，交章参劾，以致身罹重辟。惟念徐用仪等宣力有年，平日办理洋务事件亦能和衷，尚著劳勚，应即加恩。徐用仪、立山、许景澄、联元、袁昶均著开复原官。该部知道。钦此。[1]

各国公使对谕旨中所言徐用仪等五大臣"词意均涉两可"非常不满，认为此上谕给人的感觉好像徐用仪等五大臣是主张攻打使馆的，与他们所了解的"五大臣"所作所为明显不符。因此他们不同意上谕中有这样的"隐括之词"，要求清廷重发开复该五员之谕旨，"其中务须详细言明，开复惨罹大辟之五员，系因其当日力驳攻击使馆之故等语"。中方首席谈判代表李鸿章也附和各国驻华公使的意见，认为谕旨内"词意均涉两可"与"廷臣同召对时所闻之语，似有未符"[2]，当李鸿章将各国使节的要求电告西安行在时，太后不以为然，电告奕劻、李鸿章：

> 上年十二月二十五日开复徐用仪等原官谕旨内，剿抚两难，系专指办理拳匪而言，与攻击使馆无涉。徐用仪等五员亦并无力驳攻使馆之奏，何从发抄？近来各处报馆往往捏造蜚语，耸人听闻。各国难保非见报馆所私造，以致生疑。私刻之与官报，不难一望而知。至惩办此五员，实因当时首祸诸臣乘机诬陷，现既加恩开复，已足昭雪。该亲王等务与各使分析剖明，勿再异议。钦此。[3]

西太后以"剿抚两难，系专指办理拳匪而言，与攻击使馆无涉"辩言，并指出"徐用仪等五员亦并无力驳攻使馆之奏，何从发抄？"西太后无视御前会议上徐用仪等五大臣主张剿杀义和团和反对攻打东交民巷各国驻华使馆的事实，忽视对内主剿和反对攻打使馆的一致性，将"剿抚"与"和战"截然分开，将"五大臣"被杀的原因归之为他们自己态度暧昧和首祸诸臣乘机诬陷。这样一来，"五大臣"被杀也就毫无慈禧的责任了。在她眼里，既已加恩开复，已经足以昭雪。更何况他的亲信大臣或远戍边疆、或被迫自尽，或已正法，这已让她的心态很难平衡……

## 第二节 身后哀荣

"五大臣"死后，京城处于动乱和恐惧之中，对于他们的冤死一些知交是敢怒而不敢言，更不敢前往吊唁。据高蔚然的《金銮琐记》记载：

> 三忠灵柩不敢停于长椿寺。徐小云被害，其柩停于南洼破庙。山人往吊，发觉许、袁二人的灵柩也在破庙。山人一一祭奠，宾客寥寥，兵部曹司唯我一人到，丧主到者唯许公一独子，跪地答拜。

此记载再现了三人死后凄凉景象。可以想象，另外两位满大臣的死后景象可能更为凄惨。由于南方的政治气氛相对来说比较宽松以及遇害者与东南督抚的特殊关系，许景澄、袁昶被杀的消息传到他们的故乡后，杭州人民已公开对他们进行公祭。据一九〇〇年十一月十九日《字林西报》报道："此处尚有一节足证南省人民，不以皇太后为然者……据言许、袁二公以李秉衡职谗言，在京为皇太后所杀，杭省人民祭之……彼处人民，竟敢公祭皇太后意中之罪人。"[4]一九〇一年一月，朝廷下诏对五大臣开复原官，平反昭雪。袁昶的后代在北京设灵祭奠就达十一天。[5]接着，"三忠"的后代又将他们的灵柩送回原籍。辛丑年二月二十二日（一九〇一年四月十日），"三忠灵柩回乡，三月初十（四月二十八日）到达上海，上海官民组织了公祭。"《申报》对此以《三忠举襄记》为题，作了详细的报道：

> 徐公以久在总理各国事务衙门，疑与外人有

[1]《义和团档案史料》（下），第940页。

[2]中国第一历史档案馆编：《庚子事变清宫档案汇编》，中国人民大学出版社2003年版，第307页。

[3]同上书，第309页。

[4]《义和团》第四册，第254页。

[5]辛丑二月十一日，浙江同乡在妙光阁设三忠灵位公祭，廿二日忠櫬出京。见叶昌炽《缘督庐日记》，第3387、3397页。

连而见杀，许公、袁公以极言诤谏词太激烈而见杀，虽遇祸不一致，而一时士论无不痛为沈冤。今者钦奉纶音表扬忠烈，灵柩南下航海来。申人无论贤否智愚，争素衣素冠竭诚叩奠，挽联祭悼，满壁琳琅……

两江督宪兼南洋通商大臣刘岘庄制军电饬苏淞太兵备道兼江海关监督袁海观观察，祭于河南路奚良瀛药铺前，招商总局督办盛杏荪丞堂以下诸君，祭于法租界公馆马路鸿运楼酒肆前，《中外日报》、《新闻报》、《苏报》、《沪报》诸同仁祭于四马路盘记栈比邻，铁路公司诸君祭于江海春西菜馆前，电报沪局诸君祭于抛球场宏昌洋货号前，嘉兴诸君同乡祭于聚丰园、状元楼二酒肆前，绸业同人祭于金谷香西菜馆前，同事诸君祭于海国春西菜馆前，酱业各商祭于振新酱园前，湖州诸同乡祭于寿圣庵佛店前，东南济急会祭于金利源宁波码头栈房前，前法界公廨员葛蕃甫大令祭于晋安里公馆前。沈君某祭于来安里前。此外如法界锦章洋货店前、新协成烟馆前、英界十万卷书肆前、北协成烟馆前、源来书肆前、源来典肆前、保安善堂前、仁大典肆前、一林春茶肆前及北泥城桥畔，亦有设筵以祭者。[1]

由此可见，对浙江三忠公祭场面甚是规模宏大，沪上的官宦名僚和各方人士积极参与。外国报纸对公祭三忠的壮观场面也进行了报道。如《泰晤士报》报道说，送葬的队伍有一英里长，马路的两旁是井然有序的充满敬意的人。[2]关于立山、联元的祭奠，似史料失载。

"三忠"在上海受到的隆重祭奠在全国影响很大。迫于压力，朝廷发布上谕，决定对"五大臣"的遗属进行追赠和加封并分别补用。立山之子、奉宸苑员外郎联荣，著以郎中补用；徐用仪之子、户部主事徐士钟，著以员外郎补用；许景澄之子、湖北候补知县许鼎钧著以直隶州知州补用；联元之子、笔帖式椿寿，著以主事补用；袁昶之子、刑部主事袁允肃，著以员外郎补用。[3]录用子嗣，是封建社会官僚特权的一种方式，但对收拢人心以稳定官僚队伍是有一定作用的，也算是对忠烈后代的一种安慰。但对"五大臣"自身还是"昭雪虽加，忠节未显"。[4]

宣统帝即位不久，礼部右侍郎郭曾炘上奏恳请为"五大臣""加恩予谥"。[5]旋奉宣统谕准。宣统元年三月二十日（一九〇九年五月九日）上谕"立山、徐用仪、许景澄、联元、袁昶均着加恩予谥，用示朕推广慈仁之至意"。[6] 立山赐谥号为"忠贞"，徐用仪为"忠愍"，联元为"文直"，许景澄为"文肃"，袁昶为"忠节"。是年八月，浙江巡抚任道镕、增韫，经奏准在浙江省城杭州西湖畔建立"三忠祠"，祀典徐用仪、许景澄、袁昶三人。宣统二年（一九一〇年），两江总督张人俊经谕准芜湖建立袁昶专祠。同年十月，顺天府兼尹陆润庠、府尹凌福彭据八旗顺天绅商公呈疏请在京师宣武门外捐建专祠，合祀立山、联元，获旨允准。[7] 民国七年三月二十二日（一九一八年五月二日），时任外交总长的陆徵祥建议在外交部"双忠祠"[8] 毗连之处修建飨堂三楹以祀徐用仪、许景澄、联元、袁昶，题名为"四忠祠"，每年由外交部总长、次长率人于春秋二季致祭。

时人祭奠"五大臣"的挽联很多，如："与立上书联阁学同罹北寺奇冤，痛箧中谏草未寒，浅土黄沙，正气竟埋燕市血；配岳鄂王于少保，一例西湖庙食，望天半灵旗来下，云车风马，忠魂长咽浙江潮。"[9] 长联写出了"五大臣"身遭奇冤，忠魂常存。

朝野对许景澄、袁昶、徐用仪、立山、联元五人的追谥悼念，反映了人们对朝廷枉杀大臣的不满，从一个侧面反映了中国人在庚子—辛丑这场大事变中所持的是非观念。"故清之亡，非亡于甲午之议和，非亡于戊戌之变故，实亡于庚子之杀忠臣"[10]。首祸诸王大臣被处以极刑，各级政权中残存的顽固守旧分子，或思想上倾向保守的官员，也由于"庚子国变几构亡国之祸"，而"知改革为不可缓"之事

[1]《三忠举襄记》，《申报》1901年4月29日。

[2]《死后哀荣》《泰晤士报》1901年4月29日，第5版。

[3]《光绪宣统两朝上谕档》第27册，第271—272页。

[4]《许文肃公遗集·外集》，第982页。

[5] 同上书，第981页。

[6]《光绪宣统两朝上谕档》第35册，第169页。

[7]《清史列传》（十六），中华书局1987年版。

[8] 清乾隆时期，为纪念驻藏大臣傅清、拉布敦，在拉萨、北京两地建"双忠祠"。

[9] 张俊：《长联雅藏》，中州古籍出版社2002年版，第135页。

[10] 唐文治：《茹经堂文集》四编卷六。

了。[1]"五大臣"以生命为代价，为庚子后"新政"的出现扫清了障碍；"浙江三忠"被冤杀也引起了浙人对朝廷的不满，"三忠"榇南下上海的当日，章太炎写了题为《三厉文》的文章悼念"三忠"，愤怒表达了对朝廷的不满："愿尔国殇，灵其博格。讼我大闾，来取我魂，呜呼哀哉。"[2]

# 余 论

## "五大臣"被杀引发的思考

庚子事变中被杀"五大臣"位非中枢，他们只是朝廷中普通的官僚士大夫；五大臣被杀，只是庚子事变中诸多事件之一。如果不是外国公使团提出为"五大臣"平反，他们只能是庚子事变中成千上万"冤魂"中的一分子。外国驻华公使团要求清廷为"五大臣"提出平反并不值得中国人对列强感恩戴德，《辛丑条约》并不因为有了为"五大臣"平反这一条而改变其丧权辱国的性质。历史不能重演，但在回顾"五大臣"被杀的惨烈景象时，不能不对既往的历史进行反思。

### 一 敌忾与理性——义和团的正义与排外

"五大臣"在御前会议上主张镇压义和团，"五大臣"的死与义和团事件有很大的关系。

十九世纪晚期，中国的民族危机空前严重，德国占领胶州湾，俄国强占旅顺、大连，敲响了帝国主义瓜分中国的警钟。在德、俄两国分别从山东半岛、辽东半岛首先掀起瓜分狂潮的民族危机中，各地"反洋教"的涓涓细流卷进了乡村社会越来越多的人群，将爱国士绅、乡里平民和宗教结社等各种社会力量汇集起来，并以"扶清灭洋"为口号，组

〔1〕《东方杂志》第9卷第7号，第80页。

〔2〕《章太炎政论选集》，中华书局1977年版，第150页。

成了声势浩大、席卷北中国的义和团反帝爱国运动。

　　义和团的直接斗争目标是"洋人"、"洋教"。他们将现实生活中的灾难归结于"洋人"、"洋教",向人们广泛传布:"天不下雨,天发干,全是教堂止住天"[1];"今天不下雨,乃因洋鬼子捣乱所致……消灭洋鬼子之日,便是风调雨顺之时"[2];"杀了洋鬼头,猛雨往下流"。[3]他们将痛恨"洋人"的民族情绪借"神助灭洋"的法力得以宣泄。在此过程中,义和团民又进行自我神化,几乎所有的义和团组织都有所谓"请神咒"、"护身咒"。由于"神助灭洋"所赋予的勇敢无畏精神,义和团在与帝国主义势力的斗争中"其勇猛之气,不顾生死,实为敌人所惮"。[4]当时的西方人也认识到:中国是一个到处"表现出民族情绪的存在与力量的国家"。[5]

　　义和团反对帝国主义对中国的侵略的行为无疑是正义的,但其社会政治诉求却显得非常落后。"神助灭洋"毕竟是一种虚幻的精神力量,它所包含的神秘主义和封建蒙昧主义在义和团运动中造成严重的不良后果。义和团民众借助神咒觋语对"洋人"、"洋教"及与"洋"有关的事物进行了盲目过度的仇杀烧打,其反侵略的正义主张,与落后而幼稚的排外声浪交织在一起。由于它的正义,所以更容易极端、过激,义和团将是否赞成"灭洋"作为区分敌我的唯一标准。凡是赞成"灭洋"的人,无论是激于义愤的爱国人士,还是别有用心的投机分子,都一概引为义和团同道;而凡是不赞成"灭洋"的人,无论是仇恨反侵略运动的顽固保守型官僚,还是对义和团斗争方式持有异议的开明型官僚,都被义和团视为仇敌。正因为如此,这样的组织机构很容易被顽固派官僚利用、扼杀。义和团在揭帖中宣布:"将拆毁同文馆、大学堂等,所有师徒,均不饶放。"[6]因此,任职总理衙门并兼管同文馆、大学堂这些与西方人和事务打交道的许景澄、袁昶、徐用仪、联元都属"不饶放"之列,与"洋人"关系密切的立山同样属于不能"饶放"之列。

　　在真实目标并不完全确定的"灭洋"口号下,义和团的排外狂热情绪与做法由仇教、仇洋而扩展到一切涉"洋"之物、近"洋"之人。"见即怒不可遏,必毁之而后快。于是闲游市中,见有售洋货者,或紧衣窄裤者,或物仿洋式,或上有洋字者,皆毁物杀人"[7]义和团在顽固派官僚的利用下,一步步滑向非理性的"生杀任意"。据时人记载:

"拳民谓西人为毛子,教民为二毛子,与西人往来者为三毛子。每捕至,先使焚香上表,谓凡入教者额有十字,其表不升,香亦不蒸。实者死生一发,听其宰制而已。"[8]许景澄、立山都有过这样的经历。许景澄虽侥幸躲过一次,而立山却因"表灰不扬"而入刑部大狱。

　　"五大臣"认为早期义和团的反"洋教"的举动是因为在各省活动的一些基督教传教士与教民"鱼肉乡里",导致民教相仇。这样的争端,地方官应禀承国家律令,"但凭案情曲直,不分是民是教,并无容匪徒自行报复"[9],更不能将报复的目标指向受国际公法保护的使馆。国际公法规定:"外交使馆享有不可侵犯权。这一不可侵犯主要体现在:一是外交使馆的财产不可侵犯;二是外交使馆的馆舍不可侵犯。"[10]"两国交兵,不斩来使",使臣代表国家,更是不能轻易伤害。因此,义和团在清军的怂恿下,攻打使馆的行为既不符合中国的外交常理,更不符合国际公法。"五大臣"看到了清政府所依靠的义和团并没有载漪、刚毅之流所吹嘘的"神力"。他们认为,义和团成员大多数是"幼壮不一",因"旱饥骤变"的"愚蠢村民",所谓能避枪炮纯属无稽之谈,如义和团首领朱红灯被擒后,"就地正法,绝无能避枪炮、刀斧之妖术"[11]。而攻击基督教教堂,任意滥杀,围攻各国驻华使馆,给外国的武装干涉制造了借口。义和团所拥有的"硬兵器"在反抗八国联军枪林弹雨中的战争中显得脆弱无力,团民们以血肉之躯抵抗"洋枪"、"洋炮",上

〔1〕陈振江、程啸:《义和团文献辑注与研究》,天津人民出版社1985年版,第31页。

〔2〕同上书,第23页。

〔3〕李林:《拳匪祸教记》,上海土山湾印书馆1923年版,第376页。

〔4〕《义和团档案史料》,第146页。

〔5〕陈振江、程啸:《义和团文献辑注与研究》,天津人民出版社1985年版,第258页。

〔6〕同上书,第20页。

〔7〕《义和团》(二),第145页。

〔8〕《义和团史料》上册,第32—33页。

〔9〕《义和团》(四),第160页。

〔10〕黄金祺:《概说外交》,世界知识出版社1995年版,第75页。

〔11〕《义和团》(四),第162、159页。

演了一幕幕悲剧。这悲剧说明，仅有反侵略的正义和满腔的激情是不够的，因为仅有这些并不能救国，甚至可能"误国"，除了正义、激情、勇敢外，更需要有理性。世代以土地为生存资料的中国小农，缺乏了解外部世界的视野，"结果在反帝斗争中无法摆脱封建顽固派的支配和蛊惑，使顺应时代的爱国救亡要求变成了维护本民族旧有的生产方式、思想观念和排斥外来事物包括外来生产方式、思想观念、文化习俗的逆时代潮流的行动"[1]。义和团民众的爱国激情是高昂的，但却无力依靠自身的能量将这种爱国激情进行理性的升华。

## 二　主战与主和——爱国与卖国的诠释

长期以来，在中国近代的历次对外战争中，统治集团内部都有"主和"和"主战"之争。其间的是非问题，史学界历来意见不一。长时期内占主导地位的观点认为：反抗强敌，固然极其艰难，但为了国家独立、民族生存，只应该誓死抵抗，不应屈辱求和。"宁为玉碎，不为瓦全"是士人的最高境界。中国的近代战争屡战屡败，原因不全在敌强我弱，更重要的原因是有些关键人物苟且偷生，勾结外人，致使抗战不能坚持到底。如果朝野上下，一致抗战，战局应可改观。这种观点认为凡坚持抵抗的都是爱国的，凡妥协求和的都是卖国的。

庚子事变中，主张对外开战、驱杀洋人的除了义和团民众外，还包括握有重权的亲贵和一般官僚士大夫阶层。亲贵以载漪为代表，他纨绔不学，既任总署，又掌军机处，一心想当太上皇。戊戌政变后，由于各国列强对光绪皇帝的作为表示同情，反对"废立"，而且公然给予慈禧所痛恨的康有为、梁启超、文廷式、黄遵宪等人政治庇护，私利与公愤胶着，以国运相赌，极力怂恿太后宣战。朝廷中主战的官僚士大夫以刚毅、徐桐为代表。刚毅之愚妄无识，据费行简《近代名人小传》说，他"未尝学问，而刚愎自是。娴习例案，以为当官能事毕。迨任封圻，设馆课吏，以为人才尽在于此。然所课则申呈文结构式及赴官期限，皆人所尽知者，实不关吏治也。所至惟科房吏书言是听，盖此辈皆熟于成案，毅奉之若神明焉"。此段话对刚毅挖苦似乎过于尖刻，但却也道出了他不学无术、刚愎自用的事实。刚毅身为当国之大臣，其识见如此，无怪乎义和团所编织的神怪迷信思想能为他所接受了。再如徐桐，他是当时公认的最有学问道德的理学家，受到太后的尊重。他痛恨"洋人"、"洋物"，有时为了避开"洋人"，宁可绕道去府衙；见儿子用"洋物"，便责骂不已。载漪、刚毅、徐桐等官僚在"政治上极端反动和思想上的极端保守落后，维护一切黑暗势力，仇视和排斥任何进步的新生事物，愚昧落后，而又固步自封，拒绝学习，贫弱衰败，而又自我欣赏，夜郎自大"。[2]他们主张"以拳御洋"，并不是从民族利益出发而作的有组织、有准备的抵抗，而是为了向外国人泄愤和实现"废立"的一己之利，他们不顾国内外条件，把国家大事当"儿戏"，利用义和团向"洋人""撒气"。及至八国联军大兵压境，他们既不亲临前线，又不认真筹措战守，而是攻打只有几百人守卫的各国驻华使馆，他们的言行几乎毫无可取之处，也谈不上爱国。

当时主战最力的地方疆臣李秉衡、毓贤则是当时最有名的清官与廉吏，他们有着封建时代的统治者对臣子最注重的忠诚与操守。他们在"废立"问题上极力拥护慈禧，他们都痛恨"洋人"，在战场上勇猛杀敌，甚至为国捐躯。正是因为他们绝对的忠诚，且有值得称道的道德与操守，在抵抗外来侵略的宣传中被贴上"爱国"的政治标签。然而，他们这种爱国还停留在传统爱国观上，认识不到近代爱国观的另一个内容，即学习西方。他们不能正确认识外部世界与近代世界发展的潮流，不能区分反对外来侵略与学习西方文明的辩证关系，因此他们的爱国行为近乎

〔1〕罗福惠等：《中国民族主义思想论稿》，华中师范大学出版社 2006年版，第 283—284 页。
〔2〕李侃：《中国近代史散论》，人民出版社 1982年版，第 52 页。

盲目而且带上了悲剧色彩，由爱国而变为误国。他们的忠君爱国的行为实在是既可歌可泣，又可悲可叹！

义和团是民间自发反"洋教"活动与甲午战后民族危机的产物，具有反抗列强侵略的性质，其正义、爱国因素不容否定。但它的斗争方式主要是借助于原始的刀枪长矛和"神助灭洋"的精神力量，带有很大的落后性。顽固派官僚正是利用义和团反"洋教"、反"洋人"的特点，主张招抚义和团。由于农民小生产者自身的落后和狭隘，也由于顽固派官僚的误导和示范，义和团由原先的只是反"洋教"，走向破坏电线电杆、烧砸"洋货"、"洋店"，滥杀教士、教民，将一切与"洋"有关系的都视为异类，斗争行为逐渐失去理智而走向极端。这种盲目排外的行为最终为列强的武装干涉提供了口实，因此顽固派大臣的行为只是借"爱国"之名而行"误国"之实。[1]

"五大臣"与其他官僚士大夫一样痛恨"洋人"对中国的侵略，痛恨"洋教"袒护教民干涉中国内政，但他们在与西方人的周旋交际的过程中，获得了传统中国历史经验中所没有的新知识。历次民族战争失败后，特别甲午战争失败后，他们主张"修明内政，慎重邦交"，他们与愚守传统的顽固派不能不出现区别和分歧。

"五大臣"大多是鸦片战争后不久出生的知识分子（徐用仪除外）。许景澄、袁昶生于浙江，少年时代经受过第二次鸦片战争炮火和太平天国冲击[2]，这种少时的经历，使他们对外国侵略带来的社会动荡和势如狂飚的义和团运动有一种天然的畏惧感。他们主张剿杀义和团，除了其本身阶级立场与利益得失观的先天决定外，更是从义和团盲目排外将给或已给国家民族带来巨大灾难的现实考虑出发所作出的选择；他们主张信守条约，争取相对稳定的环境，谋求改革，力图自强，徐图发展；他们主和，是从国际公法、军事、财政、战争的对象及以往历次战争失败的教训诸因素理性思考的结果。许景澄奉使俄国与德国十多年，于外国情形尤为熟悉；袁昶久直总署，留心时务；徐用仪为总署前辈，娴习政事；联元服职总署，通达外情；立山久典内廷，结交洋人，他们反对攻打外国驻华使馆，反对对外开战，这种理智的反应源于他们对外情的通达。他们在御前会议上大胆直谏，反对顽固派官僚的"用拳灭洋"，即使在朝廷宣布对外宣战后，他们仍然坚持"剿拳和洋"，在排外的狂热充溢庙堂的情势下，他们这份理性和担当显得格外难能可贵。他们的这些主张不为顽固派所认同，以至被他们罗织了"勾通洋人"、"莠言乱政"、"语多离间"、"任意妄奏"等"莫须有"的罪名，死于政治迫害。"五大臣"虽非死于枪林弹雨的疆场，但也是为了维护民族利益而死，他们才是真正的爱国者。这正如陈旭麓所言："反抗外国侵略是近代爱国主义思想的主旋律，但并不仅仅指疆场上与侵略者搏斗，而应包括一切以反对外国侵略维护民族利益为目的的积极活动。包括不辞辛劳，犯忌挨骂，为维护中国权益而出使的郭嵩焘等；在谈判桌上，据理力争，尽力维护国家主权，减轻国家损失的，如曾纪泽、杨儒等。……也应包括在某种情况下主张对外国暂时妥协以屈求而遭打击的人们。"[3]"五大臣"即是主张对"外国暂时妥协的人"，应属于近代爱国主义的范畴。

## 三 义和团、首祸诸臣、"五大臣"
### ——专制主义集权政治下臣民的命运

西方列强用鸦片和炮舰打开了中国的国门，彻底改变了中国历史的进程，伴之而生的是"天朝大国"的崩裂，大量民众在生死线上艰难挣扎。人们顺理成章把这种状况归罪于"洋人"和与"洋人"有关联的"假洋鬼子"，归罪于统治者中的奸臣和"弄臣"的腐朽、愚昧和软弱。虽然有仁人志士对封建专制制度提出了质疑，在对君主专制制度极力批判的同时，提出了君主立宪制的构想，

〔1〕有学者认为顽固派官僚"同情支持义和团灭洋从本质上讲也是近代中国的一种爱国主义行为，这种形态的爱国主义，虽然有悖时代的要求，但却不能抹煞鲜明的民族性特征，自有其历史的合理性"。参见郭大松《义和团与近代爱国主义论纲》，《义和团运动一百周年国际学术讨论会论文集》。事实已经证明，这种所谓的带有民族性爱国主义，恪守对传统政权的忠诚，而不顾民族的利益，结果给国家和民族带来了灾难。

〔2〕袁昶、许景澄少时都曾因太平天国的冲击被迫流亡。据《太常袁公行略》记载，袁昶十四岁时，因太平天国运动的影响"家人星散"；《许景澄年谱》记载，许景澄十六岁时，曾和父母避难于"县北闻湖之滨"。

〔3〕《中国近代史上的爱国主义》，《陈旭麓文集》第2卷，第59页。

改革的进程以"戊戌变法"而达高潮。然而，在光绪和慈禧的帝、后党争中，维新派和顽固派各拥一方展开角逐，最后以太后为首的一方发动了戊戌政变，变法终以失败而告终。戊戌政变标志着中国学习西方、追求变革的挫折和倒退，固守传统反对变革的逆流在义和团运动中达到了巅峰，主张学习西方追求变革的人员在义和团运动中遭到清算：光绪二十六年二月，朝廷下令铲平康有为、梁启超在广东本籍的祖墓；同月，悬赏十万两，缉拿康、梁，即使是朝廷呈验尸身，也一体给赏；愿得官阶者，予破格之赏；同月，编修陈鼎因所注《校邠庐抗议》"多主逆说"，命严拿监禁；六月，载漪、载勋率义和团扰及宫室，准备杀死光绪；七月，慈禧下令，将已遣戍新疆的张荫桓就地正法；同月，赐令陈宝箴自尽；同月，杀吏部左侍郎许景澄、太常寺卿袁昶；同月，处死率自立军起义的唐才常；八月，杀兵部尚书徐用仪、户部尚书立山、内阁学士联元。同月，杀珍妃，推入井中。庚子年的夏天，是一个血腥杀戮的夏天，义和团杀"洋人"、杀教民；朝廷杀"主和"大臣、杀志士仁人；"洋人"杀义和团民，杀清廷大臣。"五大臣"虽然不是变法维新的主角，但他们都经受了维新变法的洗礼，对戊戌政变的倒行逆施亦不为他们所认同。

　　"五大臣"被杀，并未经三法司会审的司法程序，上谕也是模棱两可，当事人亦不明了。据时人记载，袁昶与许景澄将被处死时，袁昶紧握许景澄的手问道："人生百年，终须有一死，死本不足惜，所不解者，吾辈究何以致死耳？"许景澄答："死后当知之，爽秋何不达也。"[1]行刑时，袁昶对监刑的刑部侍郎、徐桐之子徐承煜说："勉为之，吾待公于地下矣！"许景澄与袁昶话别时也"阳阳如平时，颜色不变"。"五大臣"被杀，时人多以忠臣蒙冤视之。中华人民共和国成立后出版的近代史著作对他们或避而不谈，或将他们视为"通洋"罪犯、"卖国贼"的观念是需要改进的。事实上，"五大臣"被杀及事后的平反，远非简单的忠奸判断。

　　为了维护在华利益，武力镇压义和团运动，是八国联军发动侵华战争的主要原因。但这次战争的爆发与慈禧太后所控制的清政府采取了错误的外交政策也有很大的关系。在列强方面，这场战争不似鸦片战争、甲午战争那样是经过长期策划、周密部署而发动的。虽然甲午战败，列强在中国纷纷划分租界和争夺势力范围，但无论哪一国都无力独吞中国。列强之间矛盾重重，无法联合采取瓜分中国的统一行动，于是不得不采取维持中国现状的政策。[2]在清廷方面，长期以来一直奉行"外须和戎"、"以夷制夷"的外交政策，但戊戌政变后，列强对康有为、梁启超等维新派的保护、对宫中"废立"的抵制以及海外"勤王"运动的宣传，使重新训政的西太后对自己政权的合法性十分担心，加上顽固派大臣控制中枢，清政府对外政策趋于冒险和强硬。义和团运动兴起，使列强既惧且恨，剿抚不定的西太后实际上对义和团采取了"主抚"政策，义和团因而迅速发展。列强以镇压义和团保护使馆为名，趁机武装干涉。当勒令归政的"假照会"和索让大沽炮台的消息传来时，西太后便决定利用义和团与洋人"大张挞伐，一决雌雄"。西太后在未接到各国"开炮轰击"大沽炮台之事时即宣布开战，违反了清政府"衅自彼开"的惯例，其原因就是西太后"急于想利用义和团对外开战以泄私愤"，[3]因此这场战争的爆发，虽然是八国联军的侵华战争，但西太后对战争的爆发负有不可推卸的责任。

战争的结局正如"五大臣"所料，京城失守，"朝廷"几被颠覆，处于"事件"中心的文臣武将，其命运更加悲惨。在兵败或京城被敌所破后自尽保全名节

〔1〕吴永：《庚子西狩丛谈》。

〔2〕相蓝欣通过大量的各国档案史料证明，"在联军方面，可以肯定的是，主导思想是恢复在华的均势。即使后起的德国和意大利也不敢抱有瓜分中国的野心。各国的档案史料中没有任何证据说明列强曾有计划以瓜分非洲的方式来肢解中国"，参见《义和团战争的起源·前言》。戚其章在《论庚子事变中的和战之争》一文中也表达了此看法："如果慈禧一伙不时玩火心急，而及早采取正确而适当的内外政策，不一定会立即爆发八国联军战争。即使帝国主义侵略中国的战争终究不可避免，在时间上也必然会推迟的。"见义和团运动史研究会编《义和团运动与近代中国社会》，四川省社会科学院出版社 1987 年版，第 334 页。

〔3〕张书田：《庚子那拉氏对外宣战原因探讨》，义和团运动史研究会编：《义和团运动论文选》，中华书局 1984 年版，第 374 页。

的清朝文臣武将有徐桐、崇绮、李秉衡、裕禄、寿山、寿富、景善等，刚毅在与慈禧一同逃往西安的途中染病不治而亡。那些和慈禧逃往西安主战派大臣，在列强一次次"惩办祸首"的要求下，都受到惩罚。据统计，战争结束后，清廷共惩处各级士绅达百余人。面对如此深灾巨祸，清廷不得不作个"交待"，先是将责任归于义和团，"义和团实为肇祸之由，今欲拔本塞源，非痛加铲除不可"[1]。在联军和清军的联合剿杀下，义和团最后被扑灭；列强提出惩办祸首后，又将责任推给"诸王大臣"，皆因"诸王大臣纵庇拳匪，启衅友邦，以致贻忧宗社……诸王大臣等，无端肇祸，亦亟应分别重轻，加以惩处"[2]。在封建专制下，乾纲独断，明明是最高决策者铸成的大错，却由臣子承担责任，"追思肇祸之始，实由诸王大臣等昏谬无知，嚣张跋扈，深信邪术，挟制朝廷，于剿办拳匪之谕，抗不遵行，反纵信拳匪，妄行攻战，以致邪焰大张，聚数万匪徒于肘腋之下，势不可遏。复令鲁莽将卒，围攻使馆，竟至数月之间，酿成奇祸。社稷阽危，陵庙震惊，地方蹂躏，民生涂炭，朕与皇太后危险情形，不堪言状。至今痛心疾首，悲愤交深。是诸王大臣等，信邪纵匪，上危宗社，下祸黎元，自问当得何罪！"[3] "五大臣"在御前会议上，明明是根据太后的"诸臣有何意见，不妨陈奏"，结果反因意见不合，被斥为"任意妄奏"。而当列强提出为"五大臣"平反的要求时，也将"五大臣"被杀的原因归之为首祸诸大臣"交章弹劾，乘机诬陷"。"上谕"对"五大臣"的死因的解释，符合长期以来臣民的一般心理。在时人称之为"五忠"时，也下意识地将"五大臣"的死因归之于肇祸的那些"奸臣"了。这些奸臣理所当然地成了专制主义皇权的替罪羊，究其原因，一方面是那些既得利益者，他们仍希望在慈禧太后的统治下继续保持自己的利益，即使如李鸿章、刘坤一、张之洞等人公然抗旨策划"东南互保"之辈也不例外；另一方面，他们也无法接受自己的主子被接受惩罚所带来的心理打击，专制主义下"皇权就是秩序"，他们害怕破坏这种秩序而影响既得利益。

　　"五大臣"之死，原因各有不同，但都与"主和"有关。"五大臣"之昭雪，由"洋人"提出，清廷开复诏旨，闭口不谈他们"主和"立场。虽然西太后曾表示"量中华之物力，结与国之欢心"，八国联军洗劫北京后民众曾树起"顺民"旗，由"惧洋"而"恨洋"而"媚洋"

的变化令人匪夷所思。政府将战争的责任先是推卸给
"义和团",再推卸给首祸诸臣,"避战主和"的外交立
场终究是难以启齿。因此谕旨中的"五大臣"的死因只
提首祸诸臣的"乘机诬陷",民众也乐意接受这个理由。
从"五大臣"死后哀荣来看,他们到也该死而瞑目了;
而他们理性思考而获得的"主和"抉择,却未被国人理
解,又当难以瞑目。"五大臣"之死是顽固派对维新派
反动的继续,是愚昧狂妄战胜理性客观的悲剧。

　　汉奸与忠臣、卖国贼与爱国者称谓的变化反映了不
同时代、不同的人对"五大臣"的评价。庚子事变期间,
"五大臣"主和,在顽固派眼里,被目为"汉奸";庚子事
变后,"五大臣"平反,被视为"忠臣";一九四九年以
后,由于受"左"的影响,出于对帝国主义的仇恨和对妥
协投降派的蔑视,"五大臣"被视为"卖国贼";一九七八
年改革开放以后,抵抗侵略与学习西方成为爱国主义的主
旋律,"五大臣"又被视为"爱国者",这是随着时代不同
人们对他们作出的不同的价值判断。

　　姑且不谈这种价值判断的主观动机,客观事实是,
许景澄等人对时局的判断、利害的权衡、灾难性后果
的分析是理性而正确的,"五大臣"不以朝廷最高决策
者的错误外交政策一意盲从,他们的理性思考并勇于
担当的精神正是后人所要继承的。庚子国难关头,他
们突破传统忠奸观的樊篱,坚守以"天下安危为己任"
的政治操守,权衡利害,生死度外,据理力谏,他们
虽然成为封建专制主义的牺牲品,但他们坚持理性和
勇于担当的"士"的精神为后来知识分子独立的政治
意识提供了某种自觉。

　　时过境迁,斯人已逝,拂去"五大臣"被杀的历
史尘埃,还原历史事件中的道德与利益冲突,在民族
危亡关头的抉择问题上,五大臣御前会议上的分庭抗
议,成为后来者言之不尽的话题。

〔1〕《义和团》
　　（四）,第
　　52页。
〔2〕同上书,
　　第58页。
〔3〕同上书,
　　第86页。

# 附 录 一

# 袁昶、许景澄庚子"三折"质疑

　　袁昶、许景澄被杀，虽然有上谕，但上谕模糊不明，并未指明因何罪遭戮，有一种很流行的说法，认为是袁昶、许景澄在义和团运动期间联衔上奏了"三折"（《奏请剿办拳匪折》、《密陈请保使馆折》、《奏请严惩祸首折》），得罪了慈禧太后和顽固派大臣，因此招来杀身之祸。袁昶、许景澄的人格魅力也因这三折更让后人景仰不已。《太常袁公行略》、《许文肃公遗稿》、《清季外交史料》、中国史学会编的《义和团》、杨家洛主编的《义和团文献汇编》等都收录了三折原文。关于义和团运动的私家撰述，大多也将这三折收录。但是关于这三折，历来都有争论：一种观点认为根本不存在三折，如章镂、程明洲、孔祥吉等[1]，一种观点只承认第一折，二、三两折不予承认，如戴玄之[2]等，还有一种观点认为三折是存在的，只不过没有上奏罢了，如恽毓鼎、沈惟贤等[3]。因此关于三折一直是个谜。笔者在前人考证的基础上，谈谈自己的看法。

## 一　"三疏"真伪辨析

　　如果能找到原始档案，那当然是最好的证明。为了廓清迷雾，孔祥吉曾于一九八六年到中国第一历史档案馆翻阅了军机处的《录副奏折》和《朱批奏折》、《随手登记档》、《早事档》、《议复档》，均未查找到袁昶奏折的原件或录副或登记。为了写论文的需要，笔者于二〇〇四年六月，带着一份侥幸心理，也去中国第一历史档案馆查档，因为此时，孔祥吉一九八六年曾经查过的档案大多制成了缩微胶卷，笔者查了光绪二十六年五月至七月的《录副奏折》、《朱批奏折》、《随手登记档》诸档册，也没有发现袁昶三份奏折。中国第一历史档案馆整理的《义和团档案史料》、《义和团档案史料续编》、《庚子清宫档案汇编》中也都没有袁昶的三份奏折。再查许景澄的奏折。许景澄在义和团运动期间有"三折"（光绪二十六年五月初八日《关外路工紧要，唐绍仪请缓调往山东折》、《拳匪焚毁丰台车站情形片》[4]及六月十三日《请暂撤大学堂折》[5]），都不是笔者所要找的三折。北京中国国家图书馆善本部所藏"许景澄奏稿"（拓片）与坊间流传的袁昶第一折《请亟图补救之法以弥巨患疏》则内容完全相同。该拓片来自北京外交部街（总理各国事务衙署的办公地点）（光绪二十六年）。第一折到底是袁昶起草的，还是袁昶、许景澄合草？三折为什么流传甚广？带着这些疑问进行了资料的搜索和考证，提出笔者的一些看法。

（一）关于第一疏"请亟图补救之法以弥巨患疏"

笔者认为第一疏是袁昶执笔。袁昶原想约许景澄同上，但最终没上。其证如下：

其一，从第一折的人称称谓来看，应该是袁昶单独执笔。在此折中，执笔人对自己的称呼为"窃"、"臣"（有六处），唯一的一处用"臣等"，但并非代指"袁昶和许景澄"二人，而是指包括袁昶在内的参加御前会议的诸大臣。[6]

其二，《乱中日记残稿》、《袁爽秋京

〔1〕见章镒《一山文存》卷三，沈云龙编：近代中国史料丛刊正编第三十三辑，文海出版社；程明洲：《所谓景善日记者》，《燕京学报》第27期，上海书店影印，1983年9月；孔祥吉：《袁昶〈乱中日记残稿〉质疑》，《史学月刊》1991年第2期。

〔2〕戴玄之：《义和团研究》，第193页。

〔3〕沈惟贤：《记袁爽秋先生轶事》，《人文月刊》第3卷第9期，民国廿一年（1932）。

〔4〕中国第一历史档案馆：光绪二十六年五月《早事档》。

〔5〕中国第一历史档案馆：光绪二十六年六月十三日军机处胶片。

〔6〕程明州在《所谓景善日记者》注171的解释为："按三疏如系爽秋单衔，则疏中不能自称'臣等'，前说盖误。这种解释不够精确。"详见《燕京学报》第27期，第165页第171条注。

卿日记》[1]可以互证。据《乱中日记残稿》五月二十二日记载："昨拟急救目前危局折，即约竹篔于今晨同上之"，可知此疏由袁昶执笔，准备与许景澄于五月二十二日早晨同上。又在《袁爽秋京卿日记》中，六月初五记载："前月召对不称旨，又上书两邸，并草一折。"可见袁昶确实起草了一折。

其三，袁昶的弟子沈惟贤可以证明。沈惟贤在义和团运动期间与袁昶一起住在京城崇文门二条的寓所，对袁昶的言行有较深的了解。在《记袁爽秋先生轶事》中，沈明确地记载了"世传袁、许有三谏疏，其第一疏为袁先生手草，第二第三则其女夫高子衡代拟，仓猝俱未及上。"[2]指明第一疏为袁昶手草。

其四，《袁京卿请剿拳匪奏疏遗墨》可以证明。这是袁昶第一折奏稿的原稿墨迹，文辞的修润与删改处一目了然。虽然是石印本，但对照其笔迹，与《袁昶手札》是相同的，所以第一折应是袁昶执笔无疑。而北京中国国家图书馆所藏"许景澄奏稿拓片"实为袁昶所作。（见附图）

其五，时人对第一折没发生怀疑。《高枏日记》记载：石生……谓袁二三折，皆上海好事人伪作。窃好事人之笔墨，博览者零杂，清真者浅快，求所谓拗折绉透者，未尝多见，至于文法更不讲求，况持论通达正大乎……[3]《高枏日记》中的石生即黄曾源，是汉军正黄旗人，时任翰林院编修，对于人们所说袁氏三折，他仅称二、三两折为上海好事人所作，并未称第一疏之伪。

其六，此折思想内容与《上庆亲王请急剿拳匪书》有诸多相同之处，更证明了是出于袁昶之手。两文相隔仅两天，集中体现了袁昶的"剿拳"思想，在两文中，都谈到了对"拳民"的"治乱国用重典"，都提到"先清城内之匪，以抚定民心，慰安洋情，乃可阻其续调之兵"。庆亲王是总理衙门的领袖之一，而且也是主张"剿拳""和洋"的，所以袁昶一方面上书庆亲王以争取支持，一方面又上疏朝廷，再争取荣禄的支持，是很明智的做法。

其七，《中外日报》认为袁昶第一疏是在荣禄的授意下写成的，这种说法毫无依据。《中外日报》于光绪二十九年四月初十、十一日连续发表了《荣禄表征》一文，列举了荣禄的种种恶行，并指出是荣禄通过门人樊增祥与袁昶的关系，暗中设圈套让袁昶按照自己的意愿从而上了"请亟图补救之法以弥巨患疏"。

> ……同时喉袁昶保己剿匪，以己不
> 与端王同党之意示天下。而荣之秘计昶
> 不知也。荣既讽昶上疏，因而挤之于死，
> 盖一则使太后信己助匪，二则知袁昶疏
> 之必传，而后为己不助匪之铁案也。[4]

《中外日报》是维新派在上海的喉舌，所载观点一向比较激进。在义和团运动期间的报道，极力批判朝廷的主抚政策，也竭力谩骂朝廷主战派之大臣。荣禄是维新派的死敌，庚子议和惩办祸首，一些主战的顽固派大臣都受到了惩罚，而主张并带领义和团攻打在北京的外国驻华使馆的荣禄却由于李鸿章等人从中斡旋，不仅没有被惩罚，而且还差点成为议和大臣代表，甚至后来还因为在义和团运动的"主和"行为而受到慈禧太后的嘉奖。《中外日报》揭露了荣禄在义和团运动中的"两面派"嘴脸。在此，先撇开荣禄在义和团运动中具体作为的评价，可以肯定的是，袁昶起草此折并非出自荣禄的授意。

第一，从个人性格来说，袁昶是一个敢于进谏，富于理性的人。袁昶最初在总理衙门时，曾为了邓承修的事极力辩护；戊戌变法时，又上疏了近万言的《戊戌条陈》，可以看出，他不是一个趋炎附势的人；庚子事变期间，他认为招抚义和团会引起列强的武装干涉，为了维护清王朝的统治，上书请求剿杀义和团完全合乎他的个性。

第二，从与荣禄的关系来看，袁昶在义

[1] 这些都是袁昶庚子年间的日记。《乱》的日记时间从五月十六日至六月二十二日，《袁》的日记时间从五月二十八日至六月二十二日，《袁》虽然时间少十二天，但叙述要比《乱》详细。

[2] 沈惟贤：《记袁爽秋先生轶事》，《人文月刊》第3卷第9期，民国廿一年（1932）。其女夫：袁昶的女婿高子衡。

[3]《高枬日记》，中国社会科学院近代史研究所近代史资料室编：《庚子记事》，第220页。

[4]《荣禄表征》，《中外日报》，光绪二十九年四月十一日。缩微号：2914－2991。上海图书馆藏。

和团运动期间，他们的政治观点是相同的，都是属于"主剿""和洋"派，只不过袁昶的态度较荣禄更激进些，而荣的态度要温和些，这是由于他们所处的政治地位决定的。在此期间，由于公事，他们的交往比较频繁。袁昶"除因公晤及照例投刺外，从未一私谒荣、刚之门"，而"讽樊劝荣亟请剿匪以图挽救则有之矣"。[1]这一点，袁昶的日记中曾有记载。袁昶、许景澄曾经拜托樊增祥劝说荣禄能"感佛阻端助庆"（感动"老佛爷"慈禧太后，阻止端亲王的行动，帮助庆亲王）。他对荣禄用大炮轰打使馆的事也不讳言。"闻略园限三日剿洗东交民巷（各国驻华使馆），今日用大炮攻打甚急"。[2]而且袁昶也不是一个趋炎附势的人。据时人记载："先生以皖南道擢升直蕃，留京内用，以三品卿兼译署堂官，时刚毅、赵舒翘用事，议增百货厘金税则，以先生管榷久，且负时名，讽令条陈而饵以大用，先生归告夫人，使我为钱江第二，宁挂席拾海月耳。委迤久之，无所献，三品缺久不补，最后乃补光禄卿而转太常。"[3]如果袁昶趋炎附势，结交刚毅、赵舒翘，岂不是一个升官的大好机遇？而且如果写了还将会有"大用"，然而百货厘金税则，增一分则增加商民负担，所以袁迟迟不写，结果得罪了刚、赵，"三品缺久不补"。

第三，袁昶建议由荣禄"请一事权"，是一种策略上的考虑。五月二十日、二十一日的御前会议上，虽然袁昶在会上和许景澄等人力净义和团"刀枪不入"是邪术，应当实力剿办，但忠言不见用，遂会后起草了第一疏。在疏中，表举荐荣禄，是因为荣禄掌管武卫军，"意在因其兵力，请一事权，以急弥匪乱，盖非有重臣主办，事权莫属，必不能以敌端逆等之横议也，至所举诸人，又皆因势利导，欲顺朝廷所信，而任事之臣加之明旨，不患其不速行遵办矣"。[4]当时虽然太后主抚的意图比较明显，但毕竟还没有公开招抚义和团，举荐她所宠信的大臣，此乃情急之中的不得已而又比较明智的办法。

第四，《中外日报》认为荣禄知道袁昶此疏必将流传证据不足。袁昶此疏草于五月二十四日中外未宣战之前，当时义和团正是高潮阶段，烧毁教堂，杀戮教民、商民店铺遭殃，行人走路遭掠，更有旧怨微嫌，藉端诬陷，人人自危，官员家宅遭掠者无几。据袁昶的儿子袁荣叟记载，"自先君尽节，次日，住宅即为乱民与兵匪肆行焚掠，故先人遗稿

仅得略事密拣间行带出，要者因置坐室已多
被劫毁，第一疏手迹仅全，余各疏稿均已仅
得抄底，其未至毁失亦幸矣。"第一疏能够保
存下来纯粹是一种偶然，所以荣禄断定此折
必将流传的说法是不符合事实的。

　　由此可证，袁昶确实起草了一份奏
折——《急救目前危局折》（又称请亟图补救
之法以弥巨患疏），且原本是想与许景澄一起
上奏，但五月二十二日，正是朝廷关于"剿
抚""和战"的关键时刻，经过前两次会议，
慈禧太后在会上"抚拳"的心态已经表露比
较明显，因此袁考虑到当时紧张态势，最终
没上。又据许景澄二十二日日记非常简短
"人内后返寓"[5]寥寥数语。如果他当天看到
袁昶的奏折，凭两人的私交，日记应该不会
不留下记载。

　　（二）关于第二疏"请速谋保护使馆维持
大局疏"

　　笔者认为，第二折非袁昶、许景澄所作，
而为他人所杜撰。理由如下：

　　其一，袁昶拒绝去使馆慰问。据袁昶日
记记载："六月二十二日，六钟，人景运门，
晤荣（禄）相，命往东交民巷慰问各（国）
公使。予辞以战乍停，初次宣慰。问答，关
系甚重，为后来张本，不敢独任。且恐主战
诸公，诟为受洋人略出与议和。贷各使一死，
弹射丛至，人言可畏。相亦谓然。商榷久之，
乃派文章京瑞往。"[6]世传此折上于六月十六
日，时使馆被围，将近二十天，设若袁昶上
了"请保护使馆以挽危局折"，此次荣禄派他
去使馆慰问各国驻华公使，应该是一个很好

〔1〕袁允肃等《太常袁公
　　行略·附录》，清光绪
　　三十一年石印本，上
　　海图书馆藏。
〔2〕《袁爽秋京卿日记》，
　　六月十一日，民国三
　　十年（1941）抄本，
　　上海图书馆藏。
〔3〕沈惟贤：《记袁爽秋先
　　生轶事》《人文月刊》
　　第 3 卷第 9 期。
〔4〕袁允肃：《太常袁公行
　　略·附录》。
〔5〕《许文肃公遗集·日
　　记》，第 974 页。
〔6〕《袁爽秋京卿日记》，
　　六月二十二日。

与各国公使商谈转圜的机会，而且袁昶作为总理衙门大臣，应当义不容辞，慷慨前往，可他觉得"不敢独任"，"人言可畏"，害怕"主战派"大臣说他"受洋人赂"拒绝了荣禄的请求。由此可见，袁昶根本没上此折。

其二，袁昶在给张之洞的信札中并未谈到与许景澄联名上书一事。六月二十三日，袁昶致张之洞的密札中称："八旗王公大臣，上自东朝，至今坚信五斗米为长城可恃也。沤（袁昶）屡屡苦口微词，为相识之旗下巨子言之，终不能悟……沤与嘉许（许景澄）反舌无教，亦可哂也。"[1]张之洞是袁昶的"座师"，也是地方督抚中坚决反对攻打使馆对外宣战者。袁昶在这封信札中也没有谈到与许景澄联合上书保护（各国驻华）使馆之事，只谈到他和许景澄劝说那些无知的王公大臣，不要相信义和团的邪术，但结果是："反舌无教（效）"，只落得声声讥笑。

其三，慈禧太后否认袁昶、许景澄有保护使馆折。光绪二十七年正月十二日，清廷谕旨："徐用仪等五员亦并无力驳攻（各国驻华）使馆之奏，何从发抄？近来各处报馆往往捏造蜚语，耸人听闻。"[2]庚子事变后，列强为了继续维护在华利益，并没有追究慈禧的责任，而且还承认她为帝国的最高统治者，慈禧太后感激涕零。如果真有请保护使馆折，列强要求发抄，慈禧太后应该不敢违抗列强的要求。

（三）关于第三疏"严劾大臣崇信邪术请旨严办疏"

此折也是他人杜撰的，非袁昶、许景澄所作。理由如下：

其一，语气、笔调不是出于袁、许之口（手）。在此折中，对顽固派大臣极尽辱骂之能事，疏中称徐桐"素性糊涂，罔识厉害"，刚毅"比奸阿匪，顽固性成"，启秀"谬执己见，愚而自用"，赵舒翘"居心狡狯，工于逢迎"，董福祥"本系甘肃土匪，比匪为奸，形同寇贼，迹其狂悖之状，不但辜负天恩，益恐狼子野心，或生他患"。请诛诸人以谢各国。台湾地区学者戴玄之以《乱中日记残稿》为论据，指出在日记中袁昶对以上顽固派大臣"皆礼敬之，尊称其官衔而不名，从无攻谩骂字句"。因此断定此疏非出袁昶之手。笔者认为戴玄之的论证是正确的。不仅在《日记》中未出现谩骂词句，在他给张之洞的信札中也从未出现谩骂词句。张之洞是"主剿""和洋"地方上的典型代表，对载漪等顽固派大臣"主抚""杀洋"行为十分不满。袁昶作为朝廷

"主抚"和"洋派"的代表，欲借张之洞等人之力，充分发挥地方督抚的作用，制止朝廷顽固派大臣的愚昧行动，袁昶在给张之洞的信札中称他们"端邸、荫相、崇文山师、刚相、展如，千里草"，也未加谩骂和嘲弄。日记、写信应该是真情流露，然其笔调、语气与此折完全不同。

其二，袁昶、许景澄给张之洞的电文未涉及此事。六月二十八日，袁昶、许景澄给张之洞的电文为："卦电敬悉。荣相足疾已愈，董军尚在都中，团就抚，不甚受约束，现奉明谕，除战争外，被害洋人教士损失物产，查明核办。土匪乱民，督抚统兵大员相机剿办等因，各使均尚存，闻现筹保护使出京，未悉办法。赫德消息不知。澄、昶叩。"[3] 许同莘是张之洞的幕僚，《庚辛史料》是许氏编《张文襄公全集》及《年谱》时从原档中辑录的，自当可信。这封电文，词气和平，与第三疏笔法全异。另外世传此折是六月二十七日上奏的，而这封电报乃是六月二十八日发出，汇报京城情形似有所好转，语气缓和，二者语气截然不同。

其三，以袁昶、许景澄的社会阅历，不可能公开要求将徐桐、刚毅及亲贵"治以重典"。袁昶、许景澄是务实而谨慎之人[4]，身为朝廷命官，虽官品不低，但终非御史大臣，上奏朝廷要求杀刚毅、徐桐及诸亲贵，不仅违反正常的弹劾程序，而且有生命危险。在联军已经步步逼近京城的情况下，他们也不可能要求太后杀大臣而引起政局的更大动荡，他们"主和"也不是毫无原则地要求与列强

〔1〕《致夫子大人函文》，（光绪二十六年六月二十三日），见《袁忠节公手札》。

〔2〕《庚子事变清宫档案汇编》，第309页。

〔3〕许同莘：《庚辛史料》，《河北月刊》第3卷第4期，民国二十四年（1935）出版。

〔4〕袁允肃：《太常袁公行略》，附录。

议和，这一点在袁昶日记中有详细的记载："见端邸，问计将安出？予力赞现公使无权，且无电邮可通，不若从各疆臣之议，以合肥为全权大臣，（驻沪亦可），电商各外部（各国外交部——引者），或面商各水师提督较灵活，一面厚集兵力，防守由津通犯京之路，张春发、陈泽霖初成军，未必得力，俟李鉴老旦夕至议之……所谓守为主，战为奇，和为辅也。邸以为然。又与荣相、夔老言之。"[1] 由此可见，袁昶面对端王的发问，既然已经说出了自己的想法，"邸以为然"，袁昶也就没有必要再上书要杀唯端王是从的徐桐、刚毅之流。而从此折的言辞语气看来，执笔者的态度是杀主战大臣，"使各国恍然于从前纵匪启衅，皆谬妄诸臣所为，并非国家本意"[2]。乞求列强的谅解，在袁昶日记中，只流露出以剿杀义和团来求得列强谅解的想法，并没有杀主战大臣以求列强谅解的想法，可见此折不是袁昶所作。

综上所述，二、三两折都不是袁昶、许景澄所作。时人高枬认为是上海好事人所作，"石生……谓袁二三折，皆为上海好事人伪作"；沈惟贤认为是袁昶的女婿代作，"其第一疏为先生手草，第二第三则其女夫高子衡所拟"。光绪二十八年十二月初三，都察院代递"编修吕佩芬等呈请将袁昶事迹宣付史馆立传由"[3]，很快军机处奉谕旨"著毋庸议"[4]。关于吕佩芬的这份奏折，在《录副奏折》中并没有查到[5]。查《宫中档光绪朝奏折》、《光绪朝朱批奏折》都没有这份奏折完整内容。因此目前对这份奏折的内容不得而知，而上谕如此快地做出"著毋庸议"的决断，大概是奏折里包含了有关三折的内容，查无实据，也就不了了之了。到宣统三年，据章梫在《一山文存》记载：

三忠授命后，海内传袁忠节三折稿甚著，俞曲园先生撰许文肃墓志铭亦采之，谓许与袁合著者，余在史馆复纂许文肃传，即据以辑录，迨复纂袁忠节传，初辑者备录三折，顾亚遽前辈复纂，删其后两折，云实未入奏，余又遍查军机内阁奏事处各档，五月以后七月初三以前实无袁忠节折件，许文肃有两折亦均言他事，则袁之第一折亦未入奏者，因并删之……

因此在章梫编撰的《国史传稿》中关于《许景澄传》和《袁昶传》并无三折事。即使这样，在众多的撰述中，大多数还是采用了许、袁合奏三疏的说法。《清史稿》仍然沿用了袁昶与许景澄合奏三折的说法，而在《清史列传》中，就舍弃了这种说法。下为"袁昶奏疏"手迹。

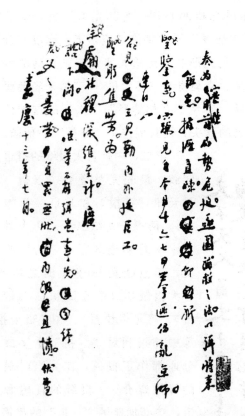

袁昶手札

## 二  "三折"流传的原因

"三折"的真伪虽然见仁见智，但"三折"的广泛传抄、传播却是不争的事实。"三折"的传播与庚子年间时局急剧变化、中央权威的信用危机、信息传播的方式以及民众心理都有很大的关系。

第一，许景澄、袁昶被杀的死因和特殊的被杀方式，激起了人们对真相的探究兴趣。许景澄、袁昶在御前会议上"主和"态度激

〔1〕《袁爽秋京卿日记》，六月二十二日。

〔2〕《严劾大臣崇信邪术请旨惩办疏》，《义和团》（四），第168页。

〔3〕中国第一历史档案馆：《随手登记档》，光绪二十八年，缩微号：160。拍号：00231。

〔4〕中国第一历史档案馆：《光绪宣统两朝上谕档》，第382页。

〔5〕很遗憾，在笔者所查中国第一历史档案馆所藏光绪二十八年录副奏折中只有该年上半年的，却下半年的则阙如。

进，引起"主战派"的忌恨，但被处决却是在一个月之后，且宣布正法的谕旨不明，引发了人们的不满。朝廷的信用受到质疑，"三折"的出现正好满足了人们渴求知道真相的心理。尤其是第三折，要求将"主战派"大臣处以重典，"主战派"矫旨将许、表杀害，比较符合正常的逻辑推理。另外据清律，凡死刑和其他重大案件都先交刑部等过堂审讯，许景澄身为二品官员、袁昶身为三品大员，[6]"然未经刑曹推问，录取招供，民间不知罪状，难免不互相猜疑"。[7]人们的这种怀疑的心理，不仅使人萌发了杜撰的念头，而且促进了"三折"的传播。

袁昶奏疏手迹

第二，中外各大报纸的报道及转载。最先完整登载"三折"的是天津《直报》和北京《新闻汇报》。两报于光绪二十六年十月底至十一月初连载了"三折"的全文，其他杂籍私述皆据之传抄。各大报纸如《中外日报》、《清议报》、《北华捷报》、《泰晤士报》等中外报刊对"三折"全文或部分地都作了报道，作为当时最大的传播媒介——报纸的宣传和报道，势必加速了"三折"的传播。

第三，"三折"得以流传体现了官僚士大夫仇洋又惧乱，苟且偷安又推卸责任的复杂社会心态。官僚士大夫刚开始大多数人还是比较同情义和团的，他们和义和团一样有着对"洋人"的痛恨之情，特别义和团提出的"扶清灭洋"的口号，以及义和团民能避枪炮的传闻，时人曾有记载，对于此事，"官无论大小，民无论男妇，大概信之者十之八九，不信者十之一二。"但义和团后来破坏铁路及进入北京的烧杀抢掠的行为，引起"洋人"要"代剿"的传闻，使他们觉得害怕不已。而袁昶的第一折其主旨就是请求朝廷重用荣禄用且剿且抚的方法"自剿"义和团，"必中国自剿，乃可免洋人助剿"，代表了人们惧乱自保的心声，因此虽然此折没有上奏，当时却代表了官僚士大夫的心声，因而在官僚士大夫间传抄很广。最早登载此折的是《清议报》。在全文登载此折时该报曾有一段特别的说明："此稿系从北京友人带来抄本，系五月二十二日袁京卿请一事权以剿拳匪之初稿也，以供众览。"[3] 随着八国联军的入侵及后来的两宫播迁，苟安的官僚士大夫一方面后悔朝廷没有采纳袁昶、许景澄在御前会议上的建议，一方面认为应该由顽固派大臣承担后果，这些又成为杜撰奏稿的直接诱因。

[1] 立山、徐用仪分别为户部尚书和兵部尚书，属从一品；联元是内阁学士，从二品；许景澄是吏部侍郎，正二品。袁昶是太常寺卿，正三品。

[2]《河南巡抚裕长片》，《义和团档案史料》（上），第593页。

[3]《清议报》第59册，光绪二十六年闰八月十一日。

# 附 录 二

## "五大臣"生平大事年表

**道光六年　一八二六年**

徐用仪生于浙江海盐县。

**道光二十年　一八四〇年**

六月，鸦片战争爆发。

**道光二十二年　一八四二年**

八月，《南京条约》签订。

**道光二十三年　一八四三年**

立山生。

**道光二十五年　一八四五年**

许景澄生于浙江嘉兴城东角里街附近祖宅。

**道光二十六年　一八四六年**

袁昶生于浙江严州府桐庐县。

**咸丰元年　一八五一年**

洪秀全起义，建号太平天国。

**咸丰八年　一八五八年**

立山由官学生奖奉宸苑笔帖式。

**咸丰九年　一八五九年**

徐用仪中顺天乡试举人。许景澄入县学。

**咸丰十年　一八六〇年**

太平军进攻嘉兴。许景澄奉祖父母及父母避难县北闻湖之滨，居
二年，贫难招拾自资，卒不废学。

袁昶家遭太平天国冲击，家人星散，不久父母相继去世。

英法联军破天津，咸丰帝避难热河，《北京条约》签订。

## 咸丰十一年　一八六一年

总理各国事务衙门成立。

## 同治元年　一八六二年

徐用仪记名以军机章京补用。

## 同治二年　一八六三年

徐用仪在总理各国事务衙门行走。

## 同治三年　一八六四年

太平天国失败。

是年，徐用仪补主事。

## 同治四年　一八六五年

许景澄学习无所不窥，尤勤奋过人，不以贫困稍挫志。暑夜读书，
辄身披重葛，足置瓦缶，非夜午不止。

夏，浙江严州山洪暴发，袁昶上书郡守，请求发粟赈灾。

## 同治五年　一八六六年

总理衙门请奖，徐用仪加四品衔。

许景澄应院试。

## 同治六年　一八六七年

秋，许景澄、袁爽秋应乡试，中式举人。是科浙江乡试副年考官
为南皮张之洞。

## 同治七年　一八六八年

四月，徐用仪补员外郎，总理衙门奏保，加三品衔。七月军机大
臣奏保，徐用仪赏戴花翎。

许景澄赴京试礼闱，连捷成进士，改庶吉士。是科一甲一名为吴
县洪文钧。

袁昶应礼部试，报罢南归，赴上海龙门书院，从师于兴化刘融斋，
又尝问经义于钟子勤，由是不为汉宋师承所囿。

联元中进士，改翰林院庶吉士（史书对联元出生年月无载）。

## 同治八年　一八六九年

徐用仪补郎中，充方略馆编修。旋保送御史，奉旨记名以御史用。

许景澄元配沈夫人病卒。

袁昶致书严郡太守宗湘文，建议整顿书院与教育。

## 同治九年　一八七〇年

徐用仪充方略馆编修，兼纂修官。

许景澄继配高夫人去世。

是年，立山京察一等，旋升八品苑丞。

## 同治十年　一八七一年

徐用仪以五品京堂候补。

散馆，许景澄授编修。联元授检讨。

是年，俄人占伊犁。

## 同治十一年　一八七二年

徐用仪因《剿平粤匪方略》告成，奉旨以四品京堂候补。

立山恭办大婚典礼事竣，赏加委护军参领衔，俟升六品丞后，以
　　员外郎尽先升用。

## 同治十二年　一八七三年

徐用仪补鸿胪寺卿，旋丁父忧。不久，又丁母忧。

六月，联元充协办院事，七月，迁侍讲。十一月，充功臣馆修纂。
　　十二月，充文渊阁校理。

是年，立山擢六品库掌。

## 同治十三年　一八七四年

许景澄晤李慈铭，甚为心折。

袁昶以举人捐内阁中书，历充方略馆、国史馆校对官。

## 光绪元年　一八七五年

许景澄大考三等。

## 光绪二年　一八七六年

徐用仪以校勘方略出力保奖，奉旨俟服阕后免补原缺，以四品京
　　堂候补。

五月，服阕，仍充军机章京。

秋，枢府始议东轺，许景澄先事辞去。郭嵩焘侍郎招之西行，亦
　　未能就。

袁昶中进士，以主事用，分户部。

国史馆议叙，立山赏加武备院卿衔。

**光绪三年 一八七七年**

徐用仪补太仆寺少卿。

许景澄记名以御史用。

**光绪四年 一八七八年**

七月，曾纪泽充出使英法大臣，许景澄作《送曾奉使西洋序》。

**光绪五年 一八七九年**

二月，联元京察一等，记名以道府用。三月，擢侍讲。

徐用仪转大理寺少卿，不久迁太常寺少卿。

许景澄充四川乡试副考官。

立山管理苏州织造。

**光绪六年 一八八〇年**

二月，联元补太平府知府。

使俄大臣崇厚，以违训约权被劾，使英法大臣曾纪泽兼任使俄大臣，办理收回伊犁事宜。许景澄向总理衙门建议"科布多、乌里雅苏台、乌鲁木齐三处勿设俄国领事"。

许景澄以侍讲升用并加二品顶戴充出使日本国大臣。

四月，立山擢郎中。八月，仍接管苏州织造，先后凡历四任。寻以丁忧回京，百日孝满，仍回织造任。

北洋海军决定向德国订购"定远"、"镇远"两铁甲舰，"济远"穹甲舰。

**光绪七年 一八八一年**

正月，许景澄丁外忧，未及东渡日本。黎庶昌代之使日。

徐用仪署都察院左副都御史，因校勘列圣《御制诗文集》，赏二品顶戴。

是年，《伊犁条约》成。

**光绪八年 一八八二年**

二月，许景澄赴杭州紫阳书院任山长。

三月，徐用仪转大理寺卿，仍在军机处担任章京。

五月，许景澄有江宁之行。

十二月，徐用仪署工部右侍郎，兼管钱法堂事务。

**光绪九年 一八八三年**

许景澄仍主紫阳书院，三月，有合肥之行。

六月，徐用仪调署左侍郎。时云南报销舞弊案发，司员书吏收受津贴银两，失于觉察，部议降级留任，奉旨准其抵消。

八月，许景澄服阕，补侍讲，辞紫阳书院事。

九月，越南事起，许景澄上《敌情叵测，筹备宜严疏》，此疏未能尽纳。

十月，徐用仪调署兵部右侍郎。

是年，袁昶考充总理各国事务衙门汉章京。

是年，立山回京供职。

## 光绪十年　一八八四年

徐用仪擢工部右侍郎，兼署兵部右侍郎，奉旨在总理各国事务衙门任职。

许景澄充任清廷驻法国、德国、意大利和奥地利等国大臣。

七月十八日，许景澄乘英国海轮前往驻节国家。

九月五日，许景澄抵德国首都柏林，八日，晤前任驻德使臣李凤苞。三十日，北洋大臣李鸿章电公委办"毛瑟枪"，一时搜购一万一千杆。

十二月，许景澄奉命接管"济远"舰，及勘定"定远"、"镇远"两铁舰。

## 光绪十一年　一八八五年

法军侵台湾，寻议和。袁昶随同吏部尚书锡珍、鸿胪寺少卿邓承修驰赴天津议法越和约。

四月二十七日，法使巴德诺（Patenotre）与李鸿章在天津签订《中法新约》。

五月二十一日，许景澄办理三舰事完竣。六月，奉谕商办购船事宜。向英国船厂订造"致远"、"靖远"两穹甲舰，德厂订造"经远"、"来远"两穹甲舰。兼充出使比利时国大臣。

十二月，许景澄辑《外国师船表》。

是年，徐用仪兼兵部左侍郎。

## 光绪十二年　一八八六年

六月，法在越南征华民"人身税"，许景澄致函袁昶，详论"人身税"不争将为各国所轻视。

八月，许景澄母亲重病，许景澄拟辞职归养，折上，未准。

许景澄鉴于海军办理不善，弊病尚多，乃上书《条陈海军办理事宜》。

安徽巡抚吴元炳以联元明决爽直，调署安庆府知府，寻回本任。

## 光绪十三年　一八八七年

春，袁昶充会典馆纂修。条陈反对总税务司提出的洋药、土药税厘并征办法。

二月，联元复调署安庆。六月，两江总督曾国荃上疏举荐联元"慈祥恺悌，宽则得众"，请调补安庆知府，诏从之。

六月，许景澄转侍读。"来远"、"经远"两舰造竣，会同在英制造之"致远"、"靖远"两舰经印度洋的锡兰回国。八月，任满，因母亲去世，上疏，乞归。洪钧奉令继任出使俄、德、奥、和（荷兰）四国大臣。

徐用仪因病奏请开缺，赏假两月，署刑部左侍郎。

## 光绪十四年　一八八八年

徐用仪调署刑部右侍郎。

四月，许景澄应粤督张之洞之邀，赴粤商榷时事，为张之洞参订《奏定芦汉铁路章程》，八月，经沪返家。

袁昶总署期满褒奖，免补主事仍以本部员外郎中遇缺即补，加四品衔。

是年，立山承修紫禁城西侧的南海工程完竣，奉懿旨赏给二品顶戴、花翎，以三院卿候补。

## 光绪十五年　一八八九年

徐用仪调补兵部左侍郎，寻转左侍郎，仍兼署刑部右侍郎，赐紫禁城骑马。

二月，许景澄复应张之洞之邀赴粤，办理德国人要求梧州开埠及西江通轮事。八月初，返里。九月，有苏杭之行。十一月，张之洞到沪与许景澄偕游长江镇江金山、焦山、北固山诸胜。

是年，袁昶记名以御史用。

## 光绪十六年　一八九〇年

徐用仪调补户部右侍郎。

张之洞移节鄂省。三月，邀许景澄赴汉游黄鹤楼、晴川阁诸胜。四月，许景澄服阙，赴京。夏，许景澄著《德国陆军纪略》（是书毁于义和团运动中）。七月，奉使俄国、奥地利、（荷兰）、德国大臣。十二月出洋，随行者有陆徵祥等人。

是年，袁昶又以总署保奖，记名以海关道员用。

**光绪十七年　一八九一年**

正月，许景澄由德国会同前任使节洪钧赴俄国接任，二十二日递国书。

二月，许景澄擢太仆寺少卿；立山擢奉宸苑卿。

三月，洪钧归国。俄人屡次要求在中国内河松花江行船，许景澄办理此事，拟有《辩论松花江节略》一文。

六月，俄人借游猎为名，派兵侵占帕米尔高原，许景澄与之力争，九月，帕米尔俄兵交涉已撤，惟地界中国、俄罗斯、阿富汗（英国殖民地）三国之间，界线须续商。

十一月，许景澄转通政司副使。立山任总管内务府大臣，旋授总管内务府大臣，兼管奉宸苑事务，复授正白旗汉军副都统。

是年大计（官员每三年一次的考绩），联元卓异，奉旨回任候升。

**光绪十八年　一八九二年**

正月，立山充右翼监督。三月，立山迁户部右侍郎，兼管钱法堂事务。

六月，徐用仪调补吏部右侍郎。

中俄交涉帕米尔事务，定界。俄国欲以萨雷阔勒为界，许景澄力争以旧议乌什别里山为界，从此而南之地属中国，从此而西南之地则属俄国，坚执不为所挠。

秋，许景澄因办理帕米尔交涉，特著《帕米尔说》及《帕米尔图叙例》。

八月，许景澄授光禄寺卿。徐用仪转左侍郎。

冬，许景澄致书陶模，告知俄国意欲占领整个帕米尔地区，并认为袁昶所论"泰西交涉之事，大率抵制、交涉二法"极为正确。

十二月，袁昶授安徽徽宁池太广道。

**光绪十九年　一八九三年**

徐用仪任职军机处。

六月，袁昶授芜湖关道。

九月，"洋人"窥测新疆和阗一带金矿，许景澄奉命调查。

冬，许景澄驻俄国使臣任期满，以帕米尔事务未了留任，补内阁学

士，兼礼部侍郎衔。

是年，立山调镶白旗满洲副都统。

## 光绪二十年 一八九四年

夏，许景澄与俄外交部约明帕米尔之事未了以前，彼此两不进兵，

以保和好。

皇太后（慈禧）六旬万寿，奉懿旨赏徐用仪太子少保衔，赐御书

"蹈规履矩"四大字，并赏穿带膆貂褂。奉懿旨，赏立山加太

子少保衔，并赏穿带膆貂褂，寻转左侍郎，兼管三库事务。

六月二十六日，命徐用仪充军机大臣。

六月，朝鲜东学党起义。

七月，中日开战，廷臣多主战者，徐用仪以为未可轻敌，言官上折

弹劾枢臣孙毓汶、徐用仪等人"朋比误国"。

十月，清海、陆军在中日战争中皆败绩。清廷大震，美遣使议和。

许景澄闻之认为："遣使议和，恐敌志太奢。"

袁昶加强防卫，招募勇营，保护教堂和商埠，并借用英国军舰泊于

长江，以威慑日本人，并对英兵"犒以羊酒，款以温语"。是年，

报效军需八千余两，赏戴花翎。

是年，联元，署安（庆）庐（洲）滁（洲）和（洲）道。

## 光绪二十一年 一八九五年

许景澄授工部侍郎。三月，马关和议成，中外大哗。许景澄闻之，

悲愤不能平，认为俄、法、德三国干涉"还辽"，"俄人怀自便之

谋，德人挟责报之意，从此事更多矣"。

六月十六日，徐用仪退出军机处和总署。

七月，许景澄与俄议定《中俄四厘借款合同》，合四亿法郎（约白

银一亿两），四厘息，九四又八分之一扣。

八月，许景澄上《变通八旗兵制并选储将校折》。

袁昶清理厘关税案，裁汰常关外销公费等款，岁万八千余两，悉数

报部，并建议轮舶运米纳厘。

是年，联元授广东惠（州）潮（州）嘉（应）道。

**光绪二十二年　一八九六年**

三月十二日，许景澄自德国前往俄国圣彼得堡，参加俄沙皇尼古拉二世加冕礼，会见由中国国内来的往贺专使李鸿章。

七月二十日，许景澄与俄订立契约设立华俄道胜银行。越三日，复与道胜银行缔结《东清铁路合同》。秋，出使俄国任期再届期满，特上疏请求退休。又言中国与德国、俄国的事烦杂，宜各派专使。十一月，许充清出使德国大臣。十二月，特派为总办黑龙江吉林交界铁路公司事宜，而公司例支公费不受。

德国驻华公使海靖向中国要求租借胶州湾为屯煤海港，总署拒之。

**光绪二十三年　一八九七年**

徐用仪兼署户部左侍郎，寻兼署户部右侍郎，兼管钱法堂事务。

一月，德国驻华公使再申要求，仍为总署所拒。

六月，张荫桓侍郎到达德国，驻德国公使许景澄陪游各海口及船炮制造厂。

十月，山东曹州教案起，德国舰艇遂踞胶州湾。

十二月，俄国舰队泊中国旅顺军港过冬。

**光绪二十四年　一八九八年**

一月，俄使索黄海口岸屯煤及造铁路之权。

二月，清廷驻俄公使杨儒，婉请俄舰退出旅顺，俄人无理拒绝。

三月，许景澄奉旨充头等钦差大臣专使俄国商办事件。十五日，李鸿章与俄订立旅顺、大连租借条约。

闰三月初一，安徽巡抚邓华熙将袁昶的奏议代奏，光绪帝看了后，在此奏折上亲书"戊戌条陈"，并于六月二十日谕令"着军机大臣会同总理各国事务王大臣切实妥速议奏"。经军机、总理衙门大臣讨论后，其中关于"请筹八旗生计"和"清理屯田"于七月二十九日颁昭施行，从而正式成为戊戌新政的重要内容之一。

闰三月十七日，许景澄协同清廷驻俄公使杨儒，与俄外交部订旅顺、大连租借续约。

四月，袁昶擢陕西按察使。

五月，袁昶擢江宁布政使，旋赏给三品京堂。

五月十八日，许景澄协同杨儒与俄外交部订东省南满支路合同。赴俄专使事竣后，特请病假归国。

七月，袁昶迁安徽按察使。

七月二十五日，许景澄抵上海，二十七日回嘉兴原籍。

八月，袁昶补直隶布政使，十七日，在总理各国事务衙门任职。

八月九日，京师大学堂成立，李盛铎等疏请许景澄与孙家鼐主其事。

九月，许景澄应召赴京，十九日，命在总理各国事务衙门任职，兼
　署礼部右侍郎，调补吏部右侍郎，转左侍郎，派充大学堂总教
　习，管学大臣，督办关内外铁路。

十月，联元入京陛见，奉旨着开缺以三品京堂候补，并在总理各国
　事务衙门任职。

十一月，徐用仪在总理各国事务衙门任职，充会典馆副总裁。立山
　奉懿旨，赐西苑门内骑马，并乘坐船只、拖床。

## 光绪二十五年　一八九九年

春，日本索福建鼓浪屿，俄国索山东庙岛群岛，意大利索浙江海门
　三门湾，许景澄等力拒之。

徐用仪迁都察院左都御使。六月，署吏部尚书。十一月，擢兵部尚
　书。十二月，孝钦显皇后以明年为德宗景皇帝三旬万寿，凡一品
　官七十以上，赐蟒服，徐用仪属于其中之一。

岁末，鲁、直两省义和团纷起。

## 光绪二十六年　一九○○年

三月，立山迁户部尚书。联元补太常寺卿。

四月，联元迁内阁学士，兼礼部侍郎衔。

五月，义和团拆毁铁路，围攻东交民巷外国使馆与教堂。

五月十四日，任命载漪管理总理各国事务衙门，礼部尚书启秀、工
　部右侍郎溥兴、内阁学士兼礼部侍郎衔那桐均被任为总理衙门
　大臣。

五月十五日，董军杀日本驻华公使杉山彬。由于英、法等欲调军队
　组成联军，入京以保护使馆与外籍人员下午，许景澄和袁昶访问
　英国驻华公使窦纳乐，劝告他们增加卫队是不必要的。

五月十六日，许景澄同其他三位总理衙门大臣敬信、那桐、赵舒翘
　一起再度访问窦纳乐，声称中国对外国人绝不会放弃对他们的保

护，仍然是要求公使停止调兵，但遭到拒绝。

五月二十日，召开第一次御前会议，许景澄言"攻杀外国使臣，必遭各国之兵合而谋我"；袁昶指出，"拳实乱民，万不可恃"，主张镇压义和团。会后，许景澄、那桐奉派出京阻止外国军队开进北京，差点儿被外国军队杀死。

五月二十一日，第二次御前会议。徐用仪首先发言，指出"用兵非中国之利，且衅不可自我先"。立山说："拳民虽无它，然其术多不效。"反对对外开战。会后，立山、许景澄、徐用仪、联元去见英国公使窦纳乐，劝说联军不要进京。

五月二十二日，第三次御前会议。

五月二十三日，第四次御前会议。联元在会上苦劝当政的慈禧太后："倘使臣不保，洋兵他日入京，鸡犬皆尽矣！"遭到顽固派大臣的忌恨。

五月二十五日，太后发布宣战上谕。

六月初二日，袁昶致函张之洞指出此次开战情由，"此事误于北洋大臣、步军统领、顺天府、五城，揣摩圣意，事前毫无防范"。

六月初五日，袁昶向荣禄提出此次决战，应该撇开俄国与日本两国，而专与在中国传教的各国为敌。

六月十八日，北京海上门户天津被英法等八国联军攻陷。

七月初三日，许景澄、袁昶被杀。

七月十七日，徐用仪、联元、立山被杀。

七月二十日，八国联军陷京师。

十月，李鸿章为全权大臣与各国议和。与列强签订了《辛丑条约》，共十二条，其中第二条为"严惩肇祸诸人及昭雪上年力陈被害各员等"。

十二月二十五日，徐用仪、立山、许景澄、联元、袁昶均开复原官。

## 光绪二十七年　一九〇一年

二月二十二日，袁、许、徐"三忠"灵柩回乡，三月初十，到达上海，上海官民组织了公祭。浙人奏建"三忠祠"于西湖，列入祀典。

十二月二十二日，诏录用五大臣子嗣，立山之子奉宸苑员外郎联荣，著以郎中补用。徐用仪之子、户部主事徐士钟，著以员外郎补用。许景澄之子、湖北候补知县许鼎钧，著以直隶州知州补用。联元之子、笔帖式椿寿，著以主事补用。袁昶之子、刑部主事袁允肃，著以员外郎补用。

## 宣统元年 一九〇九年

三月二十日五大臣加恩予谥。

八月，浙江巡抚任道镕、增韫，经奏准在浙江省城杭州西湖边建立"三忠祠"，祀典徐用仪、许景澄、袁昶三人。

## 宣统二年 一九一〇年

两江总督张人俊经谕准芜湖建立"袁昶专祠"。

十月，顺天府兼尹陆润庠、府尹凌福彭据八旗顺天绅商疏请在京师宣武门外捐建专祠，合祀立山、联元，获旨允准。

## 民国七年 一九一八年

三月二十二日，时任外交总长的陆徵祥建议在外交部"双忠祠"毗连之处修建飨堂三楹以祀徐用仪、许景澄、联元、袁昶，颜曰"四忠祠"，每年由外交部总长、次长率人于春秋二季致祭。

# 主要参考文献

一 档案资料

1. 中国第一历史档案馆之藏：《录副奏折》，缩微号：N. 658、N. 631、N. 402、N. 409、N. 396。

2. 中国第一历史档案馆之藏：《随手档》，光绪二十八年，缩微号：N. 160。

3. 中国第一历史档案馆之藏：《内务府奏稿题稿》，案卷号：447/15－56/185－194、《内务府奏稿》，案卷号：172，173。

4. 中国第一历史档案馆之藏：《内务府来文》，案卷号：1715、3407。

5. 中国第一历史档案馆之藏：《内务府奉宸苑簿册》，案卷号：244－250、251、252。

6. 中国第一历史档案馆之藏：《内务府奉宸苑谕旨簿》，案卷号：430/5－39/221－229。

7. 中国第一历史档案馆之藏：《内务府奉宸苑记事簿》，案卷号：430/5－39/244－252。

8. 《清实录》（光绪朝），中华书局1987年影印本。

9. 故宫博物院明清档案部编：《义和团档案史料》〈上、下〉，中华书局1959年版。

10. 中国第一历史档案馆：《义和团档案史料续编》（上、下），中华书局1990年版。

11. 朱寿朋、张静庐编:《光绪朝东华录》(二)(三)(四)(五),中华书局1958年版。

12. 中国第一历史档案馆编:《光绪宣统两朝上谕档》,广西师范大学出版社1996年版。

13. 天津社会科学院历史研究所编:《1901年美国对华档案:有关义和团暨辛丑条约谈判的文件》,齐鲁书社1983年版。

14. 胡滨编译,丁名楠、余绳武校:《英国蓝皮书有关义和团运动史料选译》,中华书局1980年版。

15. 中国第一历史档案馆:《清代官员履历档案全编》第4册、第5册,华东师范大学出版社2003年版。

16. 中国第一历史档案馆:《庚子事变清宫档案汇编》,中国人民大学出版社2003年版。

17. "中央研究院"近代史研究所编印:《教务教案档》卷六,1975年。

18. 中国第二历史档案馆、中国社会科学院近代史研究合编,陈霞飞译:《中国海关密档》,中华书局1990年版。

19. 孙瑞芹编:《德国外交文件有关中国交涉资料选译》,商务印书馆1960年版。

20. 张蓉初编:《红档杂志有关中国交涉史料选译》,生活·读书·新知三联书店1957年版。

21. 《英国议会文件》(British Parlimentary Papers),1900年,中国第三号;1901年,中国第三号、中国第四号,上海图书馆藏。

二　其他类型资料

1. 中国史学会主编:《义和团》(1—4册),上海人民出版社、上海书店出版社2000年版。

2. 中国社会科学院近代史研究所、中国第一历史档案馆:《筹笔偶存》,中国社会科学出版社1983年版。

3. 陈旭麓、顾廷龙、汪熙等编:《义和团运动——盛宣怀档案资料选辑之七》，上海人民出版社 2001 年版。

4. 北京大学历史系中国现代史教研室编：《义和团运动史料丛
　　编》，中华书局 1964 年版。

5. 李希圣：《庚子国变记》，上海书店 1982 年版。

6. 中国近代经济史资料丛刊编辑委员会主编：《中国海关与义和
　　团运动》，中华书局 1983 年版。

7. 杜春和等编：《荣禄存札》，齐鲁书社 1986 年版。

8. 荣禄：《荣文忠公集》，清华大学图书馆藏。

9. 中国社会科学院近代史研究所《近代史资料》编辑组编：《义
　　和团史料》（上、下），中国社会科学出版社 1982 年版。

10. 中国社会科学院近代史研究所近代史资料室编：《庚子记事》，
　　　中华书局 1978 年版。

11. 王彦威、王亮：《清季外交史料》（四）、（五），沈云龙主编：
　　　近代中国史料丛刊三编第二辑，台湾文海出版社影印本。

12. 陈义杰整理：《翁同龢日记》（四）、（五）、（六），中华书局
　　　1998 年版。

13. 李慈铭：《越缦堂日记》，上海商务印书馆影印，民国九年
　　　（1920）。

14. 任青、马忠文编：《张荫桓日记》，世纪出版集团、上海书店
　　　出版社 2004 年版。

15. 《那桐日记》，《北京档案史料》2001 年第 4 期。

16. 中国历史博物馆编，劳祖德整理：《郑孝胥日记》第二册，中
　　　华书局 1993 年版。

17. 吴汝纶编：《李文忠公全集·朋僚函稿》，沈云龙主编：近代
　　　中国史料丛刊正编第四辑，台湾文海出版社影印本。

18. 《李文忠公全集·奏稿》，沈云龙主编：近代中国史料丛刊续
　　　编第七十辑，文海出版社影印本。

19. 顾廷龙、叶亚廉主编：《李鸿章全集》（电稿），上海人民出版
　　　社 1985 年版。

20. 中国史学会编：《洋务运动》（二），上海人民出版社 2000

年版。

21. 《刘忠诚公（坤一）遗集》，沈云龙主编：近代中国史料丛刊正编第二十六辑，台湾文海出版社影印本。

22. 郭廷以：《近代中国史事日志》，中华书局1987年版。

23. 王铁崖编：《中外旧约章汇编》，生活·读书·新知三联书店1957年版。

24. 王树楠：《新疆图志》，上海古籍出版社1992年版。

25. 甘肃师范大学历史系编：《帕米尔资料汇编》，复旦大学图书馆藏1978年印刷。

26. 陈旭麓等编：《甲午中日战争——盛宣怀档案资料选辑之三》，上海人民出版社1982年版。

27. 中国史学会编：《中国近代史资料丛刊·中日战争》，上海人民出版社2000年版。

28. 戚其章主编：《中国近代史资料丛刊续编·中日战争》，中华书局1989年版。

29. 中国近代经济史资料丛刊编辑委员会：《中国海关与中日战争》，中华书局1983年版。

30. 陆奥宗光著，伊舍石译：《蹇蹇录》，商务印书馆1963年版。

31. 褚德新、梁德主编：《中外约章汇要》（1689—1949），黑龙江人民出版社1991年版。

32. 中国史学会编：《戊戌变法》，上海人民出版社2000年版。

33. 清华大学历史系编：《戊戌变法文献资料系日》，上海书店出版社1998年版。

34. 《戊戌变法档案史料》，沈云龙主编：近代中国史料丛刊三编第三十二辑，台湾文海出版社影印本。

35. 楼宇烈整理：《康南海自编年谱》，中华书局1992年版。

36. 黄濬著：《花随人圣庵摭忆》，上海古籍书店1983年版。

37. 上海图书馆编：《汪康年师友书札》（二），上海古籍出版社1986年版。

38. 《袁爽秋京卿日记》，民国三十年，抄本，上海图书馆藏。

39. 袁允肃：《太常袁公行略》，清光绪三十一年，石印本，上海
　　图书馆藏。

40.《袁太常戊戌条陈》，清光绪二十八年，铅印本，上海图书
　　馆藏。

41.《袁忠节公手札》，商务印书馆，民国二十九年，影印本，上
　　海图书馆藏。

42.《袁忠节公遗札》，民国三十七年，影印本，华东师范大学图
　　书馆藏。

43.《袁忠节公奏稿》，影印本，上海图书馆藏。

44.《渐西村人初集》，沈云龙主编：近代中国史料丛刊正编第六
　　十一辑，台湾文海出版社。

45. 袁昶遗墨，上海图书馆藏。

46.《袁忠节公遗诗补刻三卷》宣统二年十月版，上海图书馆藏。

47. 袁昶：《于湖文录》铅印本，四册，湛然精舍，北京中国国家
　　图书馆藏。

48. 袁昶：《渐西钝叟遗文》稿本，上海图书馆藏。

49. 袁昶：《于湖小集》，《续修四库全书》，第一五六五册。

50. 袁昶：《毗邪台山散人日记》，抄本，二十四册，北京中国国
　　家图书馆藏。

51. 许同莘著：《许文肃公（景澄）遗集》，沈云龙主编近代中国
　　史年料丛刊第十九辑，文海出版社影印本。

52. 高树撰、严一萍增补：《许文肃公年谱》，刻本，一九六四年。

53. 钱应溥撰：《诰授光禄大夫太子少保兵部尚书筱云徐公家传》，
　　刻本，北京中国国家图书馆藏。

54. 王彬修、徐用仪撰：《中国地方志集成·光绪海盐县志》。

55. 徐用仪：《竹隐庐时文》，刻本，清光绪三年（一八七七年），
　　北京中国国家图书馆藏。

56. 苑书义、孙华峰、李秉新主编：《张之洞全集》，河北人民出
　　版社 1998 年版。

57. 葛虚存：《清代名人轶事》，沈云龙主编：近代中国史料丛刊

三编第四辑，文海出版社影印本。

58. 汪兆镛辑：《碑传集三编》，沈云龙主编：近代中国史料丛刊正编第三十四辑，文海出版社影印本。

59. 林学缄：《直东剿匪电存》，沈云龙主编：近代中国史料丛刊正编第八十四辑，文海出版社。

60. 李岳瑞：《春冰室野乘》，沈云龙主编：近代中国史料丛刊正编第六十辑，文海出版社。

61. 吕海寰：《庚子海外记事》，沈云龙主编：近代中国史料正刊第二辑，文海出版社。

62. 赵尔巽等撰：《清史稿》，中华书局 1976 年版。

63. 王钟翰点校：《清史列传》，中华书局 1987 年版。

64. 蔡冠洛：《清代七百名人传》，北京中国书店 1984 年版。

65. 缪荃孙纂录：《续碑传集》，沈云龙主编：近代中国史料丛刊第九十九辑，文海出版社。

66. 沃丘仲子：《近代名人小传》，中国书店 1988 年影印。

67. 王镜航编：《庚辛之际月表》，沈云龙主编：近代中国史料丛刊第一辑，文海出版社。

68. 梁章钜：《枢垣纪略》，沈云龙主编：近代中国史料丛刊正编第十三辑，文海出版社。

69. 叶昌炽：《缘督庐日记》，影印本，江苏古籍出版社 2003 年版。

70. 王树敏、王延熙：《皇清道咸同光奏议》，沈云龙主编：近代中国史料丛刊正编，文海出版社。

71.《芜湖新修县志·序》，《中国方志丛书八十八种安徽省芜湖县志》（一）。

72. 廖寿恒：《抑斋日记》，稿本，上海图书馆藏。

73. 张树林主编：《张元济年谱》，商务印书馆 1991 年版。

74.《海盐文史资料》第一辑。

75. 中国社会科学院近代史研究所、近代史资料编辑编：《近代史资料》第九十七号。

76. 青岛市博物馆等编：《德国侵占胶州湾史料选编（1897—1898年）》，山东人民出版社 1987 年版。

77. 袁荣叟等纂：《胶澳志》，胶澳商埠局 1928 年版。

78. 辜鸿铭等著：《清代野史》，巴蜀书社 1987 年版。

79. 三门县志编纂委员会：《三门县志》，浙江人民出版社 1992年版。

80. 骆惠敏编，刘桂梁等译：《清末民初政情内幕——莫理循书信集（1895—1912）》，知识出版社 1986 年版。

81. 袁昶：《会试朱卷》，北京中国国家图书馆藏。

82. 国家图书馆藏：《清代孤本外交档案》第二十九册，全国图书馆文献缩微复制中心 2004 年版。

83. 徐用仪等：《冯志青所接书札》，稿本，粘贴，北京中国国家图书馆藏。

84. 刘锡鸿：《驻德使馆档案钞》，吴相湘编，《中国史学丛书三十六》，台湾学生书局 1966 年版。

85. 王树楠：《新疆图志》，上海古籍出版社 1992 年版。

## 三　相关研究著作及论文

1. 郑天挺：《清史探微》，北京出版社 1997 年版。

2. 林华国：《历史的真相——义和团运动的史实及其再认识》，天津古籍出版社 2002 年版。

3. 〔美〕马士：《中华帝国对外关系史》，上海书店出版社 2000年版。

4. 王树槐：《外人与戊戌变法》，上海书店出版社 1998 年版。

5. 汤志钧：《戊戌变法史》，上海社会科学院出版社 2003 年版。

6. 戚其章：《甲午战争史》，人民出版社 1990 年版。

7. 王芸生：《六十年来中国与日本》，生活·读书·新知三联书店 1980 年版。

8. 黄遵宪著、钱仲联笺注：《人境庐诗草笺注》（下），上海古籍出版社 1981 年版。

9. 李剑农：《中国近百年政治史》，复旦大学出版社 2002 年版。

10. 复旦大学历史系编：《沙俄侵华史》（四），上海人民出版社 1976 年版。

11. 相蓝欣：《义和团战争的起源》，华东师范大学出版社 2003 年版。

12. 义和团运动史研究会编：《义和团运动史论文选》，中华书局 1984 年版。

13. 齐鲁书社编辑部编：《义和团运动史讨论文集》，齐鲁书社 1982 年版。

14. 中国义和团运动史研究会编：《义和团运动与近代中国社会》，四川省社会科学院出版社 1987 年版。

15. 中国义和团研究会编：《义和团与近代中国社会国际学术讨论会论文集》，齐鲁书社 1992 年版。

16. 苏位智、刘天路编：《义和团 100 周年国际学术讨论会论文集》，山东大学出版社 2002 年版。

17. 陈振江、程啸：《义和团文献辑注与研究》，天津人民出版社 1985 年版。

18. 廖一中、李德征：《义和团运动史》，人民出版社 1981 年版。

19. 《范文澜全集》第九卷《中国近代史》（上），河北教育出版社 2002 年版。

20. 戴玄之：《义和团运动研究》，中华学术著作奖助委员会 1963 年版。

21. 陈捷：《义和团运动史》，沈云龙主编：近代中国史料丛刊正编第六十五辑，文海出版社影印本。

22. 路遥：《义和团运动史研究》，齐鲁书社 1988 年版。

23. 陈旭麓：《近代中国社会的新陈代谢》，上海人民出版社 1992 年版。

24. 陈旭麓：《近代史思辨录》，广东人民出版社 1984 年版。

25. 谢俊美：《政治制度与近代中国》，上海人民出版社 2000 年版。

26. 谢俊美：《翁同龢传》，中华书局 1994 年版。

27. 本书编写组编著：《沙俄侵略中国西北边疆史》，人民出版社 1979 年版。

28. 丁韪良：《万国公法》，上海书店出版社 2002 年版。

29. 詹尼斯、瓦斯修订，王铁崖等译：《奥本海国际法》，中国大百科全书出版社 1995 年版。

30. 姜鸣：《龙旗飘扬的舰队：中国近代海军兴衰史》增订本，生活·读书·新知三联书店 2002 年版。

31. ［德］克劳塞维茨著，中国人民解放军军事科学院译：《战争论》（1—3 卷），商务印书馆 1978 年版。

32. 吴相湘：《近代史事论丛》第一册，传记文学出版社 1978 年版。

33. 苏同炳：《中国近代史上的关键人物》，百花洲文艺出版社 2000 年版。

34. 桑兵：《庚子勤王与晚清政局》，北京大学出版社 2004 年版。

35. 黄金祺：《概说外交》，世界知识出版社 1995 年版。

36. 罗福惠等：《中国民族主义思想论稿》，华中师范大学出版社 1996 年版。

37. 雷颐：《历史的裂缝——近代中国与幽暗人性》，广西师范大学出版社 2007 年版。

38. C. P. Skrine and Pamela Nitingale：*Macartney at Kashgat*，England，1973.

39. "*Mrs. Congers Own Story of the Horrers*"，*Peking Academy Siege of Peking*，1900. 北京中国国家图书馆藏。

40. *Papers Related to Foreign Relations of the United States*，1900，Washington D. C.，1902.

41. W. A. P. Martin，*the siege of Peking*，*New York*，1 Chesrer C，Tan，*The Boxer Catastrophe*，*Columbia*，University Press，New York，1955.

42. George Nye Steiger，*China and Occident*，*the Origin and Devel-*

*opment*，Yale University Press. 1927.

43. 周育民：《己亥建储与义和团运动》，《清史研究》2000 年第 11 期。

44. 欧阳跃峰：《义和团运动时期慈禧太后心态剖析》，《史学月刊》2003 年第 4 期。

45. 李育民：《论清政府的信守条约方针及其变化》，《近代史研究》2004 年第 2 期。

46. 茅海建：《戊戌政变的时间、过程与原委——先前研究各说的认知、补正、修正》（三），《近代史研究》2002 年第 6 期。

### 四 报刊杂志

1.《申报》。

2.《中外日报》。

3.《清议报》。

4.《小说日报》。

5.《河北月刊》。

6.《人文月刊》。

7.《越风半月刊》。

8. *The North China Herald*（《北华捷报》）。

9. *The Times*（《泰晤士报》电子版）。

10. Nineteenth Century and After，1920，No. 526，Dect. London.

# 后　记

2002 年秋，我考入华东师范大学历史系中国近现代史专业攻读博士学位，受业于谢俊美教授。刚入学不久，我就参与了广东教育出版社策划的"国学传承丛书·大师与弟子"的撰写工作，《钱穆与他的弟子》一书由我撰写。在师友的帮助下，书稿如期完成了。本想博士论文选题，就以钱穆为中心展开，可以省心省力。谁知导师认为这样的心态在学术上是最忌讳的，要求我选择在学术上具有挑战性的课题。后来在导师的建议下，选择了"庚子事变中被杀五大臣研究"作为我的博士论文选题。说句心里话，当时心里真害怕，庚子事变、义和团运动、"八国联军"侵华战争，这些都似应是史学界研究得很透彻的课题，名人大家辈出，要想在此领域继续研究，能否深入下去？五个大臣资料分散，如何将他们从个案到群体联系起来分析，他们被杀的原因究竟是什么？如何评价他们对内主张剿杀义和团对外主张妥协求和的政治主张？随着资料搜集的进展，我逐渐被五大臣在御前会议的大胆陈奏所感染，为他们的被杀而遗憾，为《辛丑条约》的签订而愤慨。学人的历史责任感让我最终战胜了曾经想放弃此项研究的念头。本书即是在我的博士论文《庚子事变中被杀五大臣研究》的基础上修改而成的。

本课题能顺利完成，离不开师长、领导、同学、朋友的帮助和鼓励，在此将由衷的感谢献给他们吧。

——导师谢俊美教授。先生的勤奋有恒、严谨渊博让我赞叹不已，谦虚宽容、奖掖提携催我奋进。先生对论文对书稿的悉心指导，对学术研究的谆谆教导将使我受益一生。

　　——南京大学张宪文教授、浙江大学金普森教授、复旦大学吴景平教授、戴鞍钢教授、华东师范大学李学昌教授、胡逢祥教授、忻平教授、刘学照教授、朱政惠教授、易惠莉教授，他们或参加了我的论文评阅，或是参加了答辩会，他们提出的宝贵意见成为论文修改的重要依据。

　　——哈佛大学费正清东亚研究中心研究员孔祥吉先生、北京大学茅海建教授、复旦大学沈渭滨教授、上海师范大学的邵雍教授、已故福建师范大学的林庆元教授、浙江嘉兴市委党校陈伟桐先生对我的研究给予了无私的帮助和指导。

　　——供职的江苏省盐城师范学院的领导和同事给予了真诚的支持和关爱。

　　——华东师范大学图书馆、上海图书馆、中国国家图书馆（北京）、中国第一历史档案馆、浙江省图书馆为查阅资料提供热忱的帮助。

　　——中国社会科学出版社李是先生为书稿的出版给予了支持，并对书稿的修改提出了许多宝贵的意见。

　　——读博期间，与室友戴银凤、齐克彬、李春玲，同学李巨澜、郝先中、田玉洪、张欣、王祖奇、吴忠良等人的学术交流给了我许多有益的启示。

　　——丈夫李荣庆先生和女儿李思齐的理解和支持。

　　——书中引用、参考了众多专家学者的研究成果，一并致谢。

　　本书能顺利出版，还要感谢江苏省高校哲学社会科学研究项目资助和江苏省盐城师范学院博士科研启动金资助。

　　对于书中的不足之处请读者不吝赐教。